Ullstein

ÜBER DAS BUCH:

»Innovations-Ökologie« zeigt die Möglichkeiten einer ökologischen Transformation der Industriebetriebe auf. Sowohl die kleinen, mittleren als auch großen Unternehmen werden in der vorliegenden Zusammenschau berücksichtigt. Ansätze, Konzepte und Anleitungen hierzu werden in diesem Buch präsentiert: Ökobilanz, Umweltverträglichkeitsprüfung und Technologiefolgenabschätzung gehören genauso dazu wie systemisches Management, Selbstorganisation und nichtlineare Planungssysteme, um nur einige zentrale Begriffe zu nennen. Nur die Bilanz tiefenökologischen Denkens kann einen wirklichen Beitrag zu einer reduzierten Umweltbelastung im wirtschaftlichen Bereich leisten – und so wird die Perspektive eines bewohnbaren und ökologisch vitalen Planeten realistisch.

DIE AUTOREN:

Rüdiger Lutz ist Professor für Design, Architekt, Zukunftsforscher und Psychologe. Von 1979 bis 1981 war er Mitarbeiter am Institut für Zukunftsforschung in Berlin, dann Leiter des Kommunikationszentrums für Zukunfts- und Friedensforschung in Hannover. Er ist Mitbegründer von Alternativtechnik-Gruppen, baute zusammen mit Robert Jungk Zukunftswerkstätten auf und leitete die Zukunftswerkstatt Tübingen. Daneben lehrte er Design- und Planungstheorie an Universitäten im In- und Ausland. Seit 1990 führt er die Innovations-Ökologie als Geschäftsführer beim niedersächsischen Möbelhersteller Wilkhahn ein.
Weitere Veröffentlichung (u. a.): *Die sanfte Wende. Aufbruch ins ökologische Zeitalter* (1987).

Fritjof Capra beschäftigt sich seit mehr als zehn Jahren mit den philosophischen und gesellschaftlichen Konsequenzen der modernen Naturwissenschaften. 1966–1974 Forschungsaufträge an der Universität von Orsay, an der University of California, im Zentrum für Linear-Beschleunigung in Stanford/Kalifornien und an der Universität von London. In den 80er Jahren gründete er das Elmwood-Institute in Berkeley. Heute gilt Capra als einer der führenden Darsteller und Interpreten des wissenschaftlich-ganzheitlichen Denkens.
Weitere Veröffentlichungen (u. a.): *Das Tao der Physik* (1984); *Das neue Denken* (1992); *Wendezeit* (1992).

Ernest Callenbach ist Gründungsmitglied des Elmwood Institute und wurde vor allem durch seine Novelle »Ökotopia« weltbekannt. Er gilt als einer der wenigen Autoren, die eine positive Zukunftsvision entwickelten.
Weitere Veröffentlichung (u. a.): *Ökotopia* (1990).

Sandra Marburg war für die Global File Studie Mitarbeiterin des Elmwood-Institute. Sie ist eine engagierte Ökologin und lehrt als Dozentin für Umweltgeschichte und Geographie an der University of California und dem Chabot College in Berkeley.

Rüdiger Lutz (Hrsg.) · Fritjof Capra
Ernest Callenbach · Sandra Marburg

Innovations-Ökologie

Strategien für umweltbewußtes Management

Aus den Global-File-Reports des Elmwood-Institute Berkeley
und der Zukunftswerkstatt Lab Germany

Ullstein

Management
Ullstein Buch Nr. 35440
im Verlag Ullstein GmbH,
Frankfurt/M – Berlin

Ungekürzte Ausgabe

Umschlagentwurf:
Theodor Bayer-Eynck

Printed in Germany 1994
Druck und Verarbeitung:
Ebner Ulm
ISBN 3 548 35440 8

November 1994
Gedruckt auf alterungsbeständigem
Papier mit chlorfrei
gebleichtem Zellstoff

Von Rüdiger Lutz
in der Reihe
der Ullstein Bücher:

Die sanfte Wende (34392)

Die Deutsche Bibliothek –
CIP-Einheitsaufnahme

Innovations-Ökologie : Strategien für
umweltbewußtes Management ; aus den
Global-File-Reports des Elmwood Institute
Berkeley und der Zukunftswerkstatt Lab
Germany / Rüdiger Lutz (Hrsg.). Fritjof Capra
; Ernest Callenbach ; Sandra Marburg. –
Ungekürzte Ausg. – Frankfurt/M ; Berlin :
Ullstein, 1994
(Ullstein-Buch ; Nr. 35440 : Management)
ISBN 3-548-35440-8
NE: Lutz, Rüdiger [Hrsg.]; Capra, Fritjof;
Callenbach, Ernest; Marburg, Sandra; GT

Inhalt

I. Einstieg

„Wir gehen mit dieser Erde um, als hätten wir noch eine zweite im Kofferraum".

Jane Fonda, Schauspielerin und Umweltaktivistin (1981)

„Was immer der Erde widerfährt, widerfährt auch den Kindern der Erde. Wenn die Menschen auf die Erde spucken, bespucken sie sich selbst.

Denn dies wissen wir:

Die Erde gehört nicht dem Menschen, der Mensch gehört der Erde. Alle Dinge sind miteinander verbunden . . .

Der Mensch hat das Netz des Lebens nicht gewoben, er ist nur ein Strang in diesem Netz. Was immer er dem Netz antut, tut er sich selber an."

Häuptling Seattle in seiner Rede vor dem Präsidenten der Vereinigten Staaten von Amerika, (1855)

„Wie der Verlauf früherer Krisen zeigt, wird sich das wirtschaftliche Gleichgewicht erst auf dem Weg der in ungeheurem Umfang stattfindenden Vernichtung menschlicher und sachlicher Werte wiederherstellen."

Max Horkheimer (1932)

Aus: Bemerkungen über Wissenschaft und Krise, in: Zeitschrift für Sozialforschung Jahrgang I/1932, S. 2

1. Epilog

Es mag ungewöhnlich erscheinen, ein Buch mit einem Epilog einzuleiten, dazu noch eines, welches die Zukunft von Industrieproduktion und Management zum Thema hat. Doch wer die Sachlage kennt, wird sich schon weniger darüber wundern. So ist es inzwischen kein Geheimnis mehr, daß das Versprechen des technologischen Fortschritts, die Menschheit mit immer besseren Gütern und Dienstleistungen zu versorgen, angesichts der existentiellen und drohenden Krisen völlig verblaßt und in Irrelevanz versinkt. Denn was soll zum Beispiel die Aussicht auf ein Leben auf dem Mars im Jahre 2100, wenn wir nicht wissen, wie wir die Zeit bis dahin überleben sollen? Die Paradoxie des Fortschritts wird heute in der letzten Dekade des 20. Jahrhunderts deutlich wie nie zuvor: Gerade die Technologie, die zur Lösung verschiedenster Probleme entwickelt wurde, erweist sich heute als Hauptverursacher unserer inneren und äußeren Zerstörung. Diese Aussage hat nun nichts mit blinder Technophobie zu tun, sondern eher mit der weltanschaulichen Grundstimmung, die damit verbunden ist und schon vor der industriellen Revolution von Johann Wolfgang von Goethe in seinem Frühwerk ,,Wilhelm Meisters Wanderjahre" gesehen wurde:

,,Das überhandnehmende Maschinenwesen quält und ängstigt mich: es wälzt sich heran wie ein Gewitter, langsam, langsam; aber es hat seine Richtung genommen, es wird kommen und treffen."

Heute stehen wir mitten im Donnerhagel und Blitzgewitter dieses ,,Maschinenwesens". Es hat uns überrollt, die Natur plattgedrückt und schon den Himmel aufgerissen. Es hat auch schon unsere Körper und Seelen erfaßt und eine Gesellschaft zur Maschinerie geformt, die im Digitaltakt virtueller Realitäten lebt.

200 Jahre Industrialisierung haben gereicht, um eine Umwelt und Ressourcen, die in Milliarden von Jahren entstanden sind, derart zu ,,verändern", daß die Zukunft der Menschheit in Frage gestellt ist.

Oder wie es der Club-of-Rome-Ökonom Orio Giarini so treffend ausdrückt:

,,Das Produktionssystem der Industriegesellschaften ist im wesentlichen ein Prozeß der Transformation von Rohstoffen in Müll."

Der lineare Produktions- und Abfallerzeugungsprozeß

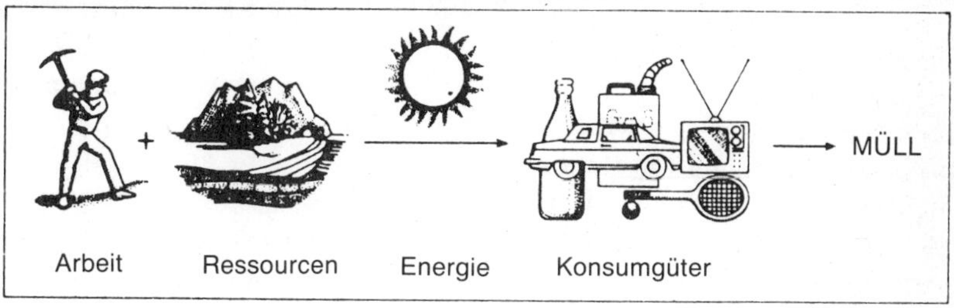

Dieser Aussage ist im Grunde lediglich hinzuzufügen, daß sich dieser „Transformationsprozeß" ständig beschleunigt und bislang keine der beängstigenden Exponentialkurven gebremst oder abgeschwächt werden konnte. All dies deutet auf eine unvermeidliche Katastrophe hin, es ist der direkte Kurs auf den Eisberg, der die Titanic zum Sinken brachte – und deshalb sprechen auch viele Zukunftsforscher in diesem Zusammenhang vom Titanic-Syndrom der industriellen Welt, von Armageddon oder den vier apokalyptischen Reitern in Form von Vernichtung sämtlicher wichtigen Lebensmedien: Luft, Wasser, Boden und Atmosphäre.

Nichts ist heute gefährlicher als ökonomischer Erfolg. Dieser scheinbar absurde Satz wird verständlich, wenn man sich vergegenwärtigt, daß Erfolg zwanghaft mit Wachstum gekoppelt ist – und zwar nicht mit linearem stetigen Wachstum, sondern exponentiellem Zuwachs.

Die Steigerungsrate der Industrieproduktion in unserem Jahrhundert

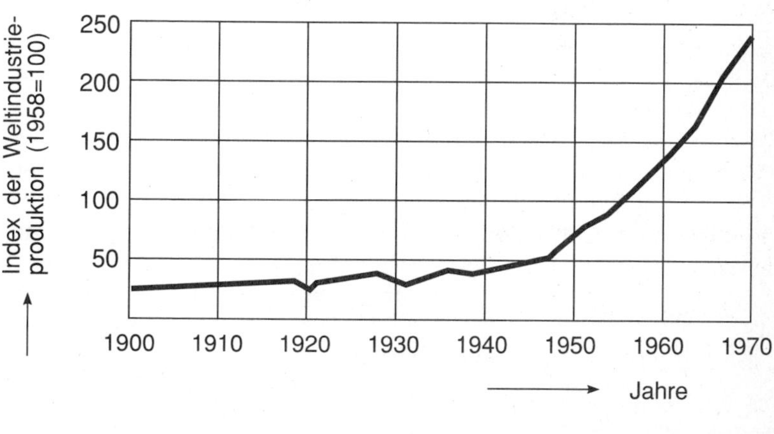

Systeme, die jedoch eine solche Dynamik aufweisen, sind zum Kollaps verdammt, denn ausschließlich positive Rückkoppelung ist letztendlich tödlich.

Seit die „Grenzen des Wachstums“ 1972 vom Club of Rome proklamiert wurden, ist dies eigentlich Allgemeingut. Dennoch hat sich in den letzten 20 Jahren an der Grundströmung nichts geändert.

Die existenten Bremskräfte und Widerstandsbewegungen waren bislang zu schwach und marginal, um der Megamaschine Paroli bieten zu können. Sie wurden teilweise einfach überrollt, ignoriert oder auch mal als grüne Dekoration benutzt – konnten aber keine Kursänderung bewirken. Daß sie wichtig waren und sind, wird sich noch zeigen, aber erst einmal stehen sie zusammen mit der globalen Titanic-Besatzung im sauren Regen und sehen einer immer näherkommenden Wasserlinie entgegen, einer Zukunft, die kein Prinzip Hoffnung mehr gelten läßt.

Deshalb steht der Epilog am Anfang dieses Buches, es ist ein Abgesang auf den schon untergehenden Industrialismus, auf eine menschheitsgeschichtlich recht kurze Periode grenzenloser Expansion und omnipotenter Fortschrittsgläubigkeit, die uns alle zu Robotern einer menschen- und naturverachtenden Megamaschine versklavte. Die Zauberlehrlinge der Moderne haben die Geister, die sie riefen, nicht mehr im Griff und sprechen von „Risikogesellschaft“ und „Chaos-Management“. All das spricht für einen notwendigen Wandel, eine Transformation von Mensch, Technik und Gesellschaft, die nicht zu Unrecht oft mit der kopernikanischen Wende verglichen wird. Daß dies jedoch alles gleichzeitig passiert – Umweltzerstörung, Technologiekrise, Bevölkerungsexplosion, Bewußtseinswandel –, macht das besondere Dilemma auf der Titanic aus: Wir müssen aus den Teilen der untergehenden Titanic die Rettungsboote und Archen der neuen Gesellschaft bauen.

Und wir müssen mit den Menschen, der vorhandenen Besatzung der Titanic an diesen neuen Projekten arbeiten. Dies ist wohl der schwierigste Teil des gesamten Unternehmens: Die alten Strukturen und Programme im Kopf, aber neuartige Probleme und unbekanntes Terrain, Untiefen der Seele und der Umwelt – Quo vadis Homo ecologicus?

Ohne einen grundlegenden Bewußtseinswandel und den entsprechenden Verhaltensreformen wird die Ökologisierung nicht stattfinden können – es gibt keine umweltfreundliche Ersatz-Titanic, sondern nur eine konsequente Innovation im Sinne von Joseph A. Schumpeter, der diesen inzwischen so beliebten Begriff als einen ,,*Prozeß der schöpferischen Zerstörung" definierte*. Innovation ist also nicht bloße Neuerung von existenten Formen und Verfahren, sondern ein qualitativer Sprung vom alten Denken zum neuen Erkenntnismodell, ein Wahrnehmungsbruch, welcher nicht ohne Tiefgang und womöglich Untergang möglich ist. Bevor das Neue entstehen kann, muß das Alte vernichtet, vergessen, zerstört werden. Oft, viel zu oft werden harmonische Übergangsmodelle für individuelle, kollektive und gesellschaftliche Transformationen angeboten, ohne zu erwähnen, daß dieses ,,*Stirb und Werde" eine unabdingliche Grundvoraussetzung für die echte Erneuerung von Mensch und Gesellschaft ist.*

Unser Industriesystem befindet sich genau in dieser Phase des bewußten Sterbens (jeder ,,Insider" wird dies bestätigen, wenn die Medien nicht dabei sind), aber es fehlen die Modelle und Konzepte für den Absprung, den Umstieg, die Transformation zur nachindustriellen, ökologischen Produktion und Organisation. Und genau dafür ist dieses Buch geschrieben. Nicht als Rezept oder Lehrbuch, jedoch als Anregung und Erfahrungsbericht von Bereichen, die sich schon in dieser neuen Welt, der ,,*Terra Incognita*" versuchen – ohne doppelten Boden, Sicherungsgurte und Rückendeckung: Pioniere der ökologischen Gesellschaft, die nicht aufgeben wollen angesichts der drohenden Katastrophen, sondern nach realistischen Übergangsformen suchen, die mögliche und wahrscheinliche Opfer und Verluste so gering wie möglich halten.

Dennoch wird es nicht ohne Brüche und Abstürze gehen, es gibt keinen leichten Weg zum neuen Zeitalter der ökologischen Welt – wer dies verspricht (und das sind nicht wenige), macht sich und anderen etwas vor, vergißt die Qualität der inneren und äußeren Läuterung durch Leidensdruck, Angst und Hoffnungslosigkeit. Aber danach geht es weiter, es gibt ein Licht am Ende des Tunnels – und wir sind auf dem Weg.

Mit Hilfe unorthodoxer Formen wie der Zusammenarbeit ungewöhnlicher Organisationen haben wir hier etwas zusammengestellt, was Ökonomie, Ökologie und Industrie betrifft und gleichzeitig transzendiert, denn unser Produktionssystem darf nicht mehr allein als technisches Problem gesehen werden, das etwas mehr Umweltschutz bedarf. Nein – es ist unser aller Aufgabe, die Megamaschine, die Titanic umzubauen zu einem tatsächlich lebenswertem Gefährt, das uns sicher in die nähere und fernere Zukunft bringt.

2. Danksagung

Dieses Buch ist eine echte Koproduktion internationaler und interdisziplinärer Aktivisten der ökologischen Wende: Dem kalifornischen Elmwood Institute in Berkeley und der deutschen Zukunftswerkstatt, Future Lab Institute.

Diese Institute basieren auf Individuen, nicht auf Organisationen. Es ist meine langjährige Zusammenarbeit mit Fritjof Capra, die dazu führte, daß wir hier eine globale Zusammenschau der möglichen Transformation der Industriegesellschaft präsentieren. Ernest Callenbach, weltweit bekannt geworden durch seine positive Utopie „Ökotopia", gab einen wichtigen Anstoß zur Neuformulierung unserer Zukunftsmodelle. Er wirkte bei diesem Konzept ebenso mit wie Sandra Marburg, Geologin und Ökologie-Dozentin an der University of California.

Zu dieser Gesamtbetrachtung gehört auch zum einen der Möbelhersteller Wilkhahn in Bad Münder, wo die Konkretisierung des hier vorgestellten Ansatzes mit allen Pionierproblemen stattfindet, und zum anderen das Institut für ökologische Wirtschaftsforschung, Berlin (IÖW), das kompetent beratend den Ökologisierungsprozeß bei Wilkhahn unterstützt. Besonderen Dank geht an die IÖW-Mitarbeiter Hendrik Halley und Sabine Lehmann, die dieses Projekt leiten. Dabei ist anzumerken, daß dieses Projekt „Umwelt-Controlling" durch das Land Niedersachsen gefördert wird, die Ministerien für Wirtschaft und Umwelt sind dabei maßgeblich beteiligt. Fördernd war auch Esprit de Corps, die internationale Bekleidungsfirma, die das Basisprojekt in den USA unterstützte.

Dank auch an die Mitarbeiter der Firma Wilkhahn und die „Vorarbeiter" und Rechercheure beim Elmwood Institute und der Zukunftswerkstatt: Leonore Goldman, Nicole Jordan, Regina Münch, Konrad Sander, Rudolf Schwarz, Sabine Skoecz, James Warner.

Übersetzungen: Petra Loesch, Rüdiger Lutz, Francis Marburg, Benno Schmid-Wilhelm, Birgit Schöbitz.

Last, but not least sei dem Verlag gedankt, der diese komplexe Zusammenarbeit zu einem glücklichen Ende brachte, insbesondere Britta Schenk und Eva Steckenleiter.

Rüdiger Lutz
Berkeley und Hannover 1992

II. Präludium

1. Wo wir stehen

Seit Mitte der 80er Jahre erleben Deutschland und einige andere europäische Länder im Bereich umweltfreundlicher Produkte und Dienstleistungen eine alle Vorstellungen überbietende Nachfrage. Ein Trend, den viele Betriebe geschickt auszunutzen verstehen. Dieser Markt übersteigt bald die 100 Milliarden-Grenze. Ähnliche Wachstumsraten werden für die 90er Jahre höchstens auf dem mikro-elektronischen Sektor erwartet. Aufgrund dieses Anreizes wurde der Ausdruck „umweltbewußt", „natürlich" oder „ökologisch" schon bald mit der jeweiligen Corporate Identity und dem Firmenimage verknüpft. Heutzutage befassen sich über die Hälfte aller größeren deutschen Betriebe mit Innovationen im Bereich des Umweltschutzes.

Viele Firmen haben umwelttechnische Berater oder Umweltbeauftragte eingestellt. Dieser Trend wird ungebrochen weitergehen, verstärkt durch die gesetzlichen Auflagen und staatlichen Restriktionen. Eine Erhebung des europäischen Zentrums für Fort- und Weiterbildung ergab, daß über eine Million Stellen für umwelttechnisch ausgebildete Mitarbeiter geschaffen werden müssen, um den Regelungen des europäischen Binnenmarktes ab 1992 Genüge zu tragen. Daß die 90er Jahre zum Jahrzehnt der Umwelt und des Umweltschutzes werden könnten und welches die entscheidenden Ursachen in der jüngeren Geschichte für diese Neuerung sind, soll in diesem Kapitel ausgeführt werden. Es ist selbstverständlich nur ein Überblick und soll zusammenfassen, vor welchem Hintergrund sich ein umweltbewußtes Management heute und in näherer Zukunft bewegt.

Die 90er Jahre sind bereits das Jahrzehnt der Umwelt, aufgrund von Ereignissen, die außer Kontrolle geraten sind. Wir werden gegenwärtig mit einer Vielzahl globaler Probleme konfrontiert, deren Ursachen zumeist auf einen hemmungslosen Raubbau und Ausbau der Industrie und unserer Produktionstechnik zurückzuführen sind.

Über das wirkliche Ausmaß und die Bedeutungen dieser Probleme wurden schon breitangelegte Untersuchungen durchgeführt. Eine der besten Quellen ist der jährlich vom Worldwatch-Institut in Washington herausgegebene State of the World-Report. Bei dieser jährlichen Einschätzung des Umweltgesundheitszustandes unserer Planeten werden seit Jahren die gleichen alarmierenden Beobachtungen gemacht. Die Waldflächen verkleinern sich, die Wüstenflächen nehmen zu, die nutzbare Ackerfläche schwindet und die uns vor schädlichen ultravioletten Strahlungen schützende Ozonschicht nimmt ab. Die Temperatur der Erdatmosphäre selbst nimmt zu, während andererseits die Anzahl der verschiedenen tierischen und pflanzlichen Arten zurückgeht.

Trotz all diesem vermehrt sich die Weltbevölkerung ungebremst, vor allem durch den exponentiellen Zuwachs in der südlichen Hemisphäre, und damit nimmt die Kluft zwischen arm und reich ständig zu.

Die Analyse dieser Weltprobleme hat immer wieder gezeigt, daß keines davon isoliert betrachtet werden kann. Die Weltproblematik ist eine Systembetrachtung, da die einzelnen Bereiche eng miteinander verknüpft sind und alle voneinander abhängen. Mehr und mehr Wissenschaftler und Menschen betrachten diese Probleme unserer Zeit nur noch als Einzelaspekte einer einzigen Krise, die mit unserer spezifischen Weltanschauung und Wahrnehmung zu tun hat. Die Sichtweise der Dinge und der Konflikte verändert sich rasch.

Das Netzwerk der Krise

Die paradigmatischen Hauptmerkmale der superindustriellen Krise in ihrem globalen Kontext

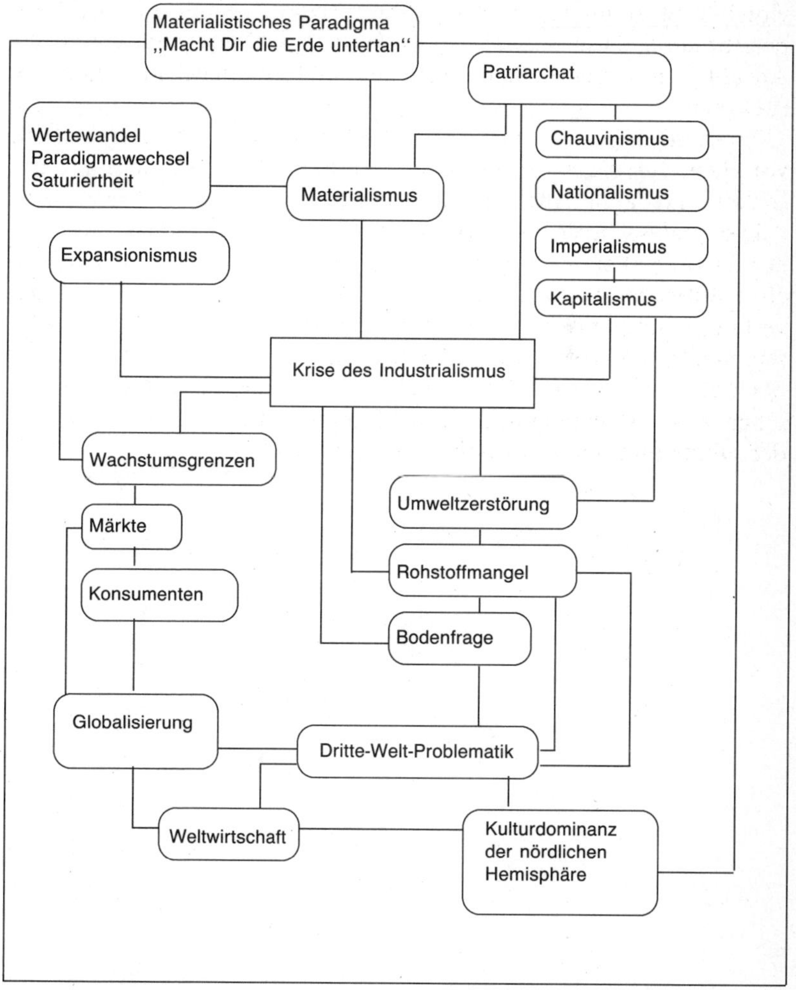

Doch zur gleichen Zeit sind viele Menschen noch befangen in der Weltanschauung, mit der sie aufgewachsen sind und die nun in keiner Weise mehr den Problemen gerecht wird. Schon seit vielen Jahren entwickeln einige Forscher, Philosophen, Wissenschaftler, Praktiker und die unterschiedlichsten sozialen Bewegungen und Netzwerke eine neue Vision der Realität, die für unsere Produktionstechnik, unsere Wirtschaft, unsere sozialen Institutionen bald maßgeblich sein wird. Wir befinden uns mitten in einer kulturellen Transformation, die zu einer veränderten Weltanschauung in bezug auf Wissenschaft und Gesellschaft, auf Technik und Wirtschaft führen wird, und wir erleben einen *Paradigmenwechsel*, einen Wandel unseres Bewußtseins, welcher so grundsätzlich ist, daß kaum abzusehen ist, welche Ausprägung dies alles im nächsten Jahrhundert erfahren wird.

Das Paradigma ist ein Vermittler zwischen den schon fühlbaren, aber schwer zu definierenden und explizierbaren Aspekten einer erweiterten Wirklichkeitssicht und den konkreten empirischen Daten und Fakten, beziehungsweise den daraus abgeleiteten Theorien. Um es philosophisch auszudrücken: Das Paradigma ist der Mittler zwischen Mythos und Logos, den beiden Polen unserer Erkenntnismöglichkeit.

Wir können uns den Stellenwert von Paradigmen in einem *Pyramiden-Schichtenmodell* folgendermaßen vorstellen:

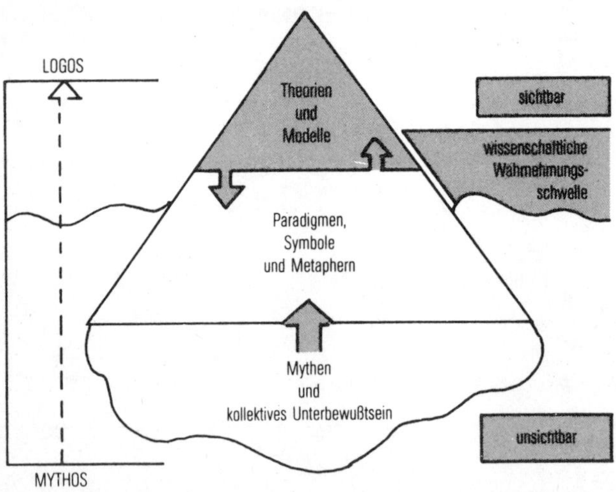

Dabei wird deutlich, wie bedeutsam die tieferen Schichten gegenüber der Spitze des Eisbergs sind, welche meistens nur beachtet wird.

Ausgehend von Thomas S. Kuhns fundamentalem Werk über die „Struktur wissenschaftlicher Revolutionen" wollen wir hier das ökologische Denken als grundsätzlich neue Perspektive der Planung und Umweltgestaltung ansehen. Das bedeutet, daß sich eine alternative Gesamtsicht dessen, was bisher unter Planern, Umweltgestaltern und Experten als richtig, gut und erstrebenswert angesehen wurde, entwickelt. Kuhn nennt diesen *Referenzrahmen*, auf den sich die Vertreter einer Fachdisziplin explizit und auch implizit beziehen, ein Paradigma. Wir können diesen ideologischen Kontext einer Wissenschaft oder Fachdisziplin am besten mit dem guten deutschen Wort Weltanschauung interpretieren. Innerhalb der internationalen wissenschaftlichen Auseinandersetzung etablierte sich jedoch der Begriff Paradigma wie folgt:

„Ein Paradigma ist ein fundamentales Gesamtbild einer Sache oder eines Problemzusammenhangs in der Wissenschaft. Es dient als Definitionshilfe des Studiengegenstandes, welche Fragen anstehen und wie sie gestellt werden sollen, und nach welchen Regeln die erzielte Antwort interpretiert werden sollte. Das Paradigma ist der größte gemeinsame Konsens innerhalb einer Wissenschaft und ermöglicht die Unterscheidung einer Wissenschaftsdisziplin von einer anderen. Es definiert und faßt zusammen, differenziert und bezieht die Beispiele, Theorien, Methoden und Instrumente aufeinander."

Das herkömmliche Paradigma versteht das Universum als ein mechanistisches System, das aus elementaren Grundbausteinen besteht, und es sieht unsere gesamte Realität als eine Art Billardspiel von verschiedenen Massenkörpern an. Es begreift auch das menschliche Dasein als ewigen Konkurrenzkampf ums Überleben und sieht seinen Fortschritt nur in den materialistischen Wachstumsformen von Wirtschaft und Technologie.

Der Paradigmenwechsel, wie er 1976 definiert wurde

Industriegesellschafts-Paradigma	*Nachindustrielles Paradigma*
Materielles Wachstum	Materielle Genügsamkeit, verbunden mit psychischer und geistiger Entwicklung
Der Mensch steht über der Natur	Der Mensch ist Teil der Natur
Konkurrenz der Selbstinteressen	Aufgeklärtes Selbstinteresse
Ausgeprägter Individualismus	Kooperativer Individualismus
Rationalismus	Rationalismus und Intuition
Ausprägungen	
Große, unübersichtliche Lebens- und Arbeitsbereiche	Kleinere, durchschaubare Lebens- und Arbeitsbereiche
Wachstum materieller Komplexität	Reduzierung materieller Komplexität
,,Weltraum''-Technologie	Angepaßte Technologie
Konsum als Grundlage der Identität	Die Entwicklung innerer Fähigkeiten und zwischenmenschlicherer Beziehungen als Grundlage der Identität
Zentrale Regulierung und Kontrolle auf nationalstaatlicher Ebene	Größere lokale Selbstbestimmung, verbunden mit der Herausbildung globaler Institutionen
Spezialisierte Arbeitsfunktionen durch die Arbeitsteilung	Integrierte Arbeitsbereiche (z.B. Teamarbeit, Vielseitigkeit des Arbeitsplatzes usw.)
Orientierung am äußeren Wachstum	Gleichgewicht zwischen äußerem und innerem Wachstum
Massenhaft produzierte, schnell verbrauchte, standardisierte Produkte	Handwerklich hergestellte, dauerhafte, individuell angepaßte Produkte
,,Lifeboat''-Theorie (Rettungsboot-Theorie) in bezug auf die Gestaltung der Beziehungen mit anderen Ländern	Raumschiff-Ethik
Kulturelle Vereinheitlichung, teilweise Akzeptierung von Vielfältigkeit	Kulturelle Heterogenität, Bemühen um Vielfältigkeit
Großer Streß und Sachzwänge	Entspannte Existenz

Quelle: Lutz, Rüdiger: Die sanfte Wende, München 1984

Doch dieses Uhrwerkmodell der Realität geriet in den letzten Jahren ins Schwanken. Daß die Welt eine Maschine, ein Mechanismus ist, wird von immer mehr Menschen bezweifelt. Daraus entwickelten sich nun die radikalen Denkansätze des neuen Paradigmas.

Dieses neue Paradigma, welches selbstverständlich noch nicht voll ausgereift ist, kann man als *ganzheitliche Weltanschauung* bezeichnen, das heißt, daß die Realität als strukturiertes Ganzes verstanden wird und nicht länger als eine reine Anhäufung von definierten Einzelteilen. Dieses neue Paradigma wird auch oft mit dem Begriff der ökologischen Weltanschauung verknüpft. Dabei ist wichtig, zu erkennen, daß dieses Ökologieverständnis mehr als nur den Umweltschutz bedeutet. Es geht um die Erkenntnis der fundamentalen gegenseitigen Abhängigkeit aller Phänomene sowie der Tatsache, daß wir alle in die zyklischen Prozesse der Natur eingebunden sind und uns davon nicht lösen können.

Je nach den geschichtlichen Einzelentwicklungen, regionalen und nationalen Unterschieden, nimmt das neue Paradigma in den verschiedenen Ländern ganz unterschiedliche Züge an. Es ist keine Frage, daß im internationalen Vergleich Deutschland zu den Ländern gehört, wo sich dieses *ökologische Bewußtsein* und auch der Umweltschutz mit am weitesten entwickelt haben.

An der Vorreiterrolle Deutschlands läßt sich gut darlegen, welche Veränderungen auch in den anderen Ländern in Zukunft eintreten werden.

Ein beachtlicher Wandel im Verhalten der Verbraucher und Hersteller kann konstatiert werden. Ökologie ist ein Marketing- und Verkaufsfaktor. Und dies ist nur zu verstehen vor dem Hintergrund der politischen und kulturellen Ereignisse der letzten 20 Jahre, die sich in den drei folgenden Herausforderungen verdichten.

1. Verstärktes Umweltbewußtsein der Öffentlichkeit

Was in den 70er Jahren als Alternativ- und Gegenbewegung zu neuen Subkulturen führte, ist inzwischen zu einer wichtigen Hauptströmung in der Gesamtgesellschaft geworden.

Hauptsächlich aufgerüttelt durch die großen Umweltkatastrophen der 80er Jahre, Bhopal, Tschernobyl, Seveso und Tschernobâle, gemeint ist der Chemieunfall in Basel, wird inzwischen solches Umweltbewußtsein nicht mehr als alternative Spinnerei abgetan, sondern von Konsumenten aus allen Schichten und Interessenslagen akzeptiert.

Durch dieses geschärfte Umweltbewußtsein mußten auch die Hersteller umdenken. Der Anreiz, als Firma und Unternehmen umweltverantwortlich zu sein, steigerte sich in einem Zeitraum von ca. acht Jahren um ein Zigfaches.

2. Protestbewegungen und alternative Technologien

In der Folge der europäischen Studentenbewegung seit 1968 entwickelte sich ein Widerstand gegen neue Technologien als eine Form der politischen Arbeit. Obwohl am Anfang nur als reine Gegenbewegung und mit der Absicht, „Sand ins Getriebe streuen" zu wollen, entstanden bald neue alternative Konzepte von Technologie und Ökologie, die von dem neuen Paradigma getragen sind und damit die traditionellen Rechts-/Links-Ideologien immer mehr verdrängten. Dies steht auch in ganz engem Zusammenhang mit der

3. Politik der Grünen

Die Gründung einer Grünen Partei und deren Erfolge bei der Einbringung kritischer ökologischer Themen in den politischen Dialog übten auf den rechtlichen Rahmen der deutschen Marktwirtschaft und vor allem auf die Politik der traditionellen Parteien einen beträchtlichen Einfluß aus.

Inzwischen haben sämtliche Volksparteien die einstmals radikalen Forderungen der Grünen absorbiert und zu ihrem eigenen Thema gemacht. Wer heute vom ökologischen Umbau der Industriegesellschaft spricht, ist kein „weltfremder Spinner" mehr, sondern ein umweltverantwortungsbewußter Vordenker der Industriegesellschaft. (Graphik s. S. 21)

Diese drei Herausforderungen ergaben die Notwendigkeit, auch in der Wirtschaft ein umweltbewußtes Management zu betreiben. Immer mehr Unternehmen erkennen, daß sie jenes ökologische Management als wesentlichen Bestandteil des Firmenimages und der Unternehmenskultur betrachten müssen. Und daß dadurch eine langfristige Konkurrenzfähigkeit gewährleistet ist und daß sich ein solches

Die dringlichsten Probleme, die in der Bundesrepublik Deutschland zu lösen sind

Spontane Antworten, in % (Mehrfachnennungen möglich)

	1985	1986	1987	1988	1989	**1990**
Ost- und Deutschlandpolitik	3	2	8	3	47	**46**
Umweltschutz	41	43	53	57	29	**32**
Arbeitslosigkeit	76	65	61	57	39	**31**
Wohnungsproblem	1	0	1	2	31	**16**
Rentenproblematik/erhöhung	13	14	13	14	8	**6**
Ausländerfrage	2	16	6	5	6	**5**
Asylantenproblem	4	11	6	8	3	**2**
Preisentwicklung	1	1	0	1	2	**5**
Friedenssicherung	18	12	22	13	3	**6**

UBA 1991

Denken und Verhalten in Anbetracht der künftig sich entwickelnden Märkte und auch der gesetzlich geltenden Bestimmungen als strategisch weise zeigen würde.

2. Wie es anfing

Eine kleine Retrospektive des kulturellen und politischen Hintergrundes der Ökologie- und Alternativ-Bewegung in Deutschland:

Vor 20, 30 Jahren wurden Bücher über das Jahr 2000 geschrieben, sowohl von Wissenschaftlern, wie auch Schriftstellern und Journalisten, die phantastische Voraussagen und Ziele für das Jahr 2000 festlegten.

Geprägt vom positivistischen Fortschrittsglauben der 50er und 60er Jahre enthalten diese Schriften zwar viele interessante Spekulationen über zukünftige Technologien und Produkte, jedoch erstaunlich wenig über die schon damals erkennbaren wachsenden Probleme, wie zum Beispiel der rapide Anstieg der Weltbevölkerung, das Wettrüsten oder die Umweltzerstörung.

Ein breiteres Interesse entstand erst in Begleitung des aufkeimenden Widerstands gegen Atomkraftwerke. ,,Lieber heute aktiv, als morgen radioaktiv" war der weltbekannte Spruch der Winzer bei ihren Protestkundgebungen 1973 in Wyhl. Durch diese Aktion wurde dieses kleine D)rf im Schwarzwald zum Symbol und Ausgangspunkt einer historischen Bewegung. Wyhl war einer der Standorte von acht geplanten Atomkraftwerken entlang des Rheins. Die Pläne lagen fertig in den Schubladen, als sich plötzlich der unerwartete und lautstarke Protest der Winzer erhob. Diese Demonstranten waren keineswegs intellektuelle Studenten, wie damals 1968, sondern hauptsächlich Bauern, Landarbeiter und Dorfbewohner, die in ihrer direkten Nachbarschaft keine Atomkraftwerke wollten. Die Winzer befürchteten vor allem eine nachlassende Qualität ihrer Weine und einen damit verbundenen Verlust. Wer will schon Wein kaufen, von dem jedermann weiß, daß er aus einer Gegend kommt, in deren unmittelbarer Nähe ein Atomkraftwerk steht?

Diese Proteste waren das erste Vorspiel einer landesweiten Umweltschutzbewegung. Auch die kritischen Studenten der nahegelegenen Universität Freiburg wurden jetzt aufmerksam, begleiteten den Widerstand der betroffenen Winzer und brachten es insgesamt zu einem gesteigerten Umweltbewußtsein, was auch dazu führte, daß man über Möglichkeiten des Weinbaus ohne chemische Mittel und Zusatzstoffe nachdachte und diskutierte.

Es kam zum Bau der Volksuniversität in Wyhl, in der schon bald täglich Seminare, Konferenzen und Diskussionsrunden durchgeführt wurden. So wurde der Grundstein für eine Bewegung gelegt, die im Gegensatz zu den 68er Aufständen auch in der Bevölkerung eine breite Unterstützung fand.

Zufällig – oder nicht – kam zum gleichen Zeitpunkt der Club of Rome Bericht ,,Grenzen des Wachstums" in die bundesdeutsche Presse. An Volks-, Hoch- und regulären Schulen kamen die ersten Kurse zum Thema ,,Umweltschutz" auf den Plan. ,,Die Grenzen des Wachstums" waren heiß umstritten und führten damals noch zu einer klaren Polarisierung zwischen Umweltschützern und Unternehmen.

Dennoch konnte nicht verhindert werden, daß durch die Wyhler Aktion überall in Deutschland sich Menschen zu Bürgerinitiativen zusammenschlossen. Es gab eine neue soziale Bewegung, die selbstorganisierend gegen auftretende Probleme protestierte. Ob es um Wohnungssanierung, Straßenbau oder Konsumverweigerung spezieller Produkte ging, überall schossen Bürgerinitiativen wie Pilze aus dem Boden, und die Politiker in Stadt, Land und selbst in Bonn mußten sich diesem Phänomen stellen.

Diese Subkulturen und marginalen Bewegungen der 70er Jahre erfuhren innerhalb eines Jahrzehnts eine große Beachtung in der Gesellschaft, nicht in der speziellen Form der Landkommunen, sondern durch ihre Integration in die uns allen bekannte Geschäftswelt und Industrie. In allen Städten gab es bald diese Alternative Szene der Naturkostläden, Bio-Bäckereien und Handwerksbetriebe. Aber inzwischen ist in fast jedem Supermarkt oder Betrieb und Kaufhaus eine entsprechende Ecke selbstverständlich. Aus einer Randerscheinung wurde ein Mittelklassephänomen der an ihre Grenzen stoßenden Industriegesellschaft.

Was Ende der 60er Jahre in den Wohngemeinschaften betrieben wurde, machen heute hochbezahlte Therapeuten in den Wohngemeinschaften und den Selbsterfahrungsgruppen in jeder großen Stadt. Ökologisches Bauen und alternative Technologien, die noch Mitte der 70er Jahre als unwirtschaftlich und ästhetisch nicht verträglich vom jeweiligen Planungsamt verboten werden konnten, werden heute von den namhaftesten Architekten in die Großprojekte integriert. Selbstverständlich heißt das nicht, daß sämtliche Ideen der Gegenbewegung von Wyhl bis zur Fabrik für Kultur und Freizeit in Berlin heute realisiert sind, aber Aspekte davon flossen in die Gesellschaft ein.

Dazu war es allerdings erforderlich, daß diese Konzepte aus der alternativen Ecke heraus in die breitere gesellschaftliche Diskussion getragen wurden. Während nämlich anfangs all diese Modelle nur in der Szene diskutiert wurden, fanden sie in konservativen Kreisen keinen Eingang. Erst mit dem Erscheinen des Buches von dem Christdemokraten Herbert Gruhl „Ein Planet wird geplündert“ änderte sich dieser Zustand abrupt. Dieses Buch vertrat eigentlich genau die Idee, die die Alternativ-Bewegung seit Jahren verzweifelt versuchte, unters Volk zu bringen. Es wurde zu einem Bestseller mit einer Auflage von mehreren hunderttausend und überstieg damit die Verkaufsziffern der kleinen alternativen Verlage um ein Vielfaches.

Das Besondere an Gruhls Buch war, daß ein Politiker des konservativen Lagers die Politik der wachstumsabhängigen Industriestaaten kritisierte und auf die Konsequenzen dieses Handelns hinwies. Nun begann die öffentliche Diskussion solcher Themen wie Umweltschutz und Solartechnik, Atombewegung und ökologische Landwirtschaft. Auch die Publikationen und teilweise die Vertreter der Alternativ-Szene wurden salonfähig. Die deutsche Industrie entdeckte das Feld der Umwelttechnologie, und die Medien taten ein übriges, um der Ökologie zu einem wachsenden Bekanntheitsgrad zu verhelfen. Bald gab es keine Zeitschrift mehr, die nicht auch über Naturkost, ganzheitliche Medizin, ökologisches Wohnen und Bauen und andere alternative Themen zu berichten hatte.

Das gesteigerte Umweltbewußtsein führte zu einem politischen Phänomen – der Partei der Grünen – der „Antipartei-Partei". Herbert Gruhl selbst war ein Mitbegründer dieser neuen Partei, Umwelt- und Friedensbewegung sowie zahlreiche Bürgerinitiativen und verschiedenste Gruppen der Ausläufer der Studentenbewegung und der liberalen und radikalen Linken verschmolzen zu einer beeindruckenden Manifestation des politischen Bewußtseins.

Bei den Grünen vereinigten sich zahlreiche isolierte oppositionelle Gruppen, die individuelle Aspekte der Altparadigmen und deren Konsequenzen ablehnten, zu einer wahren Alternativen Bewegung, die scheinbar eine einheitliche neue positive Richtung proklamierte. Damit war der entscheidende Faktor für das Überwinden der 5 %-Hürde bei der Deutschen Bundestagswahl 1983 gegeben.

Doch nicht nur in der Politik fand nun das ökologische Paradigma Eingang, sondern auch allgemein in Kultur und Gesellschaft sowie in den Schulen und Hochschulen. Hilfreich dafür waren solche Konzepte wie zum Beispiel die Wanderausstellung „Unsere Welt als vernetztes System", die der Biologe Frederic Vester mit seiner Studiengruppe entwickelte und welches erfolgreich die komplexen Vernetzungen anhand eindrucksvoller anschaulicher Modelle demonstrierte und den Besucher zum Mitmachen anregte.

Überall begann in dieser Zeit eine Phase des Analysierens, Sammelns, Planens und Gestaltens praktikabler Alternativen. Es wurden ganze Enzyklopädien zusammengestellt beziehungsweise wenigstens Kataloge, von denen das herausragende Beispiel, an dem sich dann auch viele deutsche Gruppen orientierten, der amerikanische Whole Earth Catalogue war.

Ökologie wurde praktisch. ,,Wie kann man gesünder auf dieser Erde leben? Wie kann man unsere Städte, unsere Häuser ökologisieren und wie kann eine Produktion erzielt werden, die umweltverträglich ist?"

Als Utopie dieser Tage der späten 70er und der 80er Jahre kann man Ernest Callenbachs Roman ,,Ökotopia" wahrscheinlich als detaillierteste Vision einer nachindustriellen Zukunft bezeichnen. War bislang Zukunftsforschung und Zukunftsvision mit Dystopien, also mit negativen Vorstellungen der nahen und fernen Zukunft verbunden, so war Ökotopia zum ersten Mal eine wünschenswerte und lebenswerte Zukunftsvision.

In den 80er Jahren begann die Transzendierung der ,,Small is beautiful"-Ideologie, das heißt der reinen Orientierung auf die lokalen und regionalen Probleme und Lebensmöglichkeiten. Immer mehr Menschen erkannten, daß sich Umweltszenarien nicht auf die örtlichen Maßstäbe beschränken ließen, sondern global gesehen werden mußten.

Ein Meilenstein für die Bewußtseinsentwicklung der Globalität unserer Probleme war das von der Carter-Regierung in Auftrag gegebene und 1980 veröffentlichte Werk ,,Global 2000". Dieser Report, von dem in Deutschland mehr Ausgaben als in jedem anderen Land der Welt verkauft wurden, lieferte eine mit vielen Statistiken und Untersuchungen untermauerte Bestätigung der zehn Jahre alten These des Club of Rome von den Grenzen des Wachstums. Geschärft wurde auch das Bewußtsein über die globale Interdependenz durch den Brandt-Report ,,Nord-Süd – ein Überlebensprogramm". Durch diesen Report richtete sich die weltweite Aufmerksamkeit auf die Tatsache, daß internationale Beziehungen nicht nur nach Ost-West-Kriterien beurteilt werden sollten, was sich inzwischen mehr als bestätigt hat, sondern nach Nord-Süd-Kriterien, aus der Beziehung zwischen den reichen Industriestaaten, die sich überwiegend in der nördlichen Hemisphäre zwischen Stockholm und Rio befinden, und den armen Ländern der südlichen Erdhälfte.

Die 80er Jahre waren dabei der Durchbruch der ökologischen Idee mittels der Partei ,,Die Grünen" und der Umwelt- und Friedensbewegung.

Zwei Jahre später erweiterte der Report der Palme-Kommission ,,Comexecurite" dieses neue Bewußtsein auch auf die militärischen Themen und vertrat die einmütige Forderung, daß ein Festhalten an nationalen Sicherheitskonzepten nicht nur nicht mehr ausreicht, sondern äußerst gefährlich ist und ersetzt werden muß durch ein Konzept der globalen Sicherheit.

Die Entwicklung von Umweltbewußtsein und Ökologie-Bewegung zwischen den zwei großen UNO-Umweltkongressen Stockholm (1972) und Rio de Janeiro (1992) in Deutschland

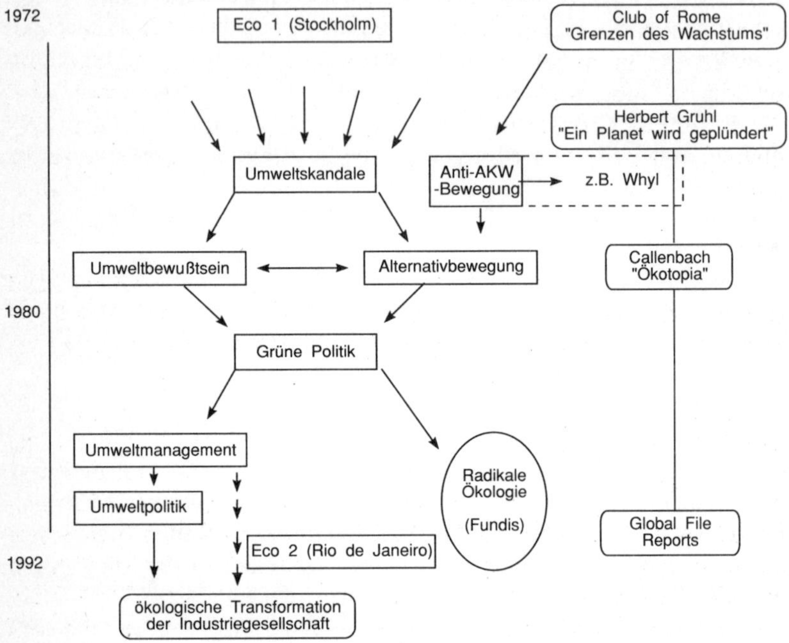

In der zweiten Hälfte der 80er Jahre wurden die ökologischen Studien und Alternativ-Szenarien immer differenzierter. Die Stufe der Haushaltsökologie (Wasser sparen, Abfalltrennung, rationelle Energienutzung) wurde Allgemeingut, und nun wandten sich die Forschungsinstitute, wie zum Beispiel das Freiburger Öko-Institut oder auch die Vielzahl der in der Arbeitsgemeinschaft ökologischer Forschungsinstitute zusammengefaßten Gruppierungen schwierigeren Themen zu.

Wirtschaftliche Zusammenhänge, gesellschaftliche und kulturelle Paradigmen, Umweltschutz und Technik, Arbeit ohne Umweltzerstörung, dies alles wurde untersucht und diskutiert. Die Ergebnisse dieser Pionierarbeiten liegen nun fast überall in Deutschland vor. Ein Prozeß der wachsenden Integration, Koordination und Kooperation ist im vollen Gange. Dies bedeutet aber noch nicht, daß er verinnerlicht wurde. Analysiert man die verschiedenen Stadien der Protestaktionen und der Alternativ-Bewegungen, wie sie zum Beispiel in der Studie von Josef Konrad vom Internationalen Institut für Umwelt und Gesellschaft in Berlin durchgeführt wurden, dann läßt sich feststellen, daß zum Beispiel bis ungefähr 1970 technischer Fortschritt, auch wenn er schädliche Nebenwirkungen hatte, nicht in Frage gestellt war.

Erst ab den 70er Jahren begann sich eine Gegenbewegung zu formieren zum Beispiel als Bürgerinitiativen, die sich gegen eine zu rapide städtebauliche Veränderung ihrer Lebensumwelt wehrten. Stichwort: Flächensanierung. Oder – dann noch viel prägnanter – als Angst vor der Atomkraft.

In neuerer Zeit kommen weitere Themen, wie Genforschung, Datenschutz und Waldsterben hinzu. Generell kann man sagen, daß heute kein öffentlich relevantes Thema mehr von einer solchen Gegenbewegung verschont bleibt.

Interessant ist, daß diese neue Widerstandsbewegungen gegen bestimmte Technologien und Umweltveränderungen sich quer durch die Gesellschaft ziehen und nicht auf eine bestimmte Gruppe reduziert werden können. Auch von den etablierten politischen Parteien lassen sich Protestler und Sympathisanten einer Technologie finden, und schon gar nicht läßt sich diese Form der gesellschaftlichen Entwicklung in das alte Rechts-Mitte-Links-Schema drücken.

Ebenso wie die Rechts-/Linkspolarisierung wird die hierarchische Basis-Überbaukonstruktion in Frage gestellt. Die Klassifizierung nach einer Rolle einer entscheidungstragenden technokratischen Elite, der eine befremdete, abhängige Bevölkerung entgegensteht, wurde immer irrelevanter und unakzeptabler. Die zentrale Frage dieser Debatte lautet nicht mehr, wer technologischen Fortschritt bestimmt und davon profitiert, sondern ob die Gesamtgesellschaft gut daran tut, diesen Weg des Wachstums und Fortschritts weiterzugehen.

Diese konzeptionelle Umschichtung bietet ungeahnte Möglichkeiten für menschliche Kreativität, für Initiativen und eben auch für Unternehmergeist. Eine von diesen alten Kategorien freie Sichtweise, kann durch ihre Flexibilität und Komplexität die Weisheit und den kreativen Durchblick erlangen, der zur Lösung der anstehenden Probleme erforderlich ist.

Dies ist nun kein oberflächliches Harmoniestreben, sondern eine grundsätzliche Rückbesinnung auf ein mögliches qualitatives Wachstum anstelle des materialistisch fixierten quantitativen Wachstumssyndroms, welches sich durch ein höheres Bruttosozialprodukt ausdrückt.

In den 80er Jahren wurden eine Vielzahl von Studien und Veröffentlichungen erstellt, die sich mit diesem Konzept eines qualitativen Wachstums befassen. Der von der Schweizer Regierung in Auftrag gegebene NAWU-Report prägte folgende Definitionen: Qualitatives Wachstum ist die Erhöhung der Lebensqualität bei gleichbleibender Nutzung der Rohstoffe und nicht ansteigender Umweltbelastung. Unter Lebensqualität verstehen wir die Befriedigung materieller und ideeller Bedürfnisse, das heißt, wir sprechen von einer Dimension, die über den bloßen wirtschaftlichen Wohlstand hinausgeht.

Abgeleitet aus dieser Definition ergeben sich folgende Ziele:

- Rückbesinnung auf Produkte, die ihren Beitrag zu einer verbesserten Lebensqualität leisten,
- Reduzierung der Verwendung nicht wiederverwertbarer Rohstoffe,
- Verringerung der Umweltbelastung bei der Produktion
- und Verbesserung der Bedingungen am Arbeitsplatz.

Die Hoffnung auf Umweltvorteile bei der Rückbesinnung auf diese Ziele, gründet sich auf der Prämisse, daß eine begrenzte Verarbeitung von Rohstoffen zu einer Verringerung des Schadstoffausstoßes und der Abfallproduktion führt, so daß sich auch die Produktionskosten und die Umweltbelastung entsprechend verringern.

Erste Untersuchungen, wie die Studie des internationalen Instituts für Umwelt und Gesellschaft in Berlin, welche sich über einen Zeitraum von 1979 bis 1983 und über das Ausmaß der Umweltbelastung in 31 Industriestaaten bezog, konnte anhand einiger ausgewählter Faktoren nachgewiesen werden, daß das Verhältnis Pro-Kopf-Einkommen eines Landes zu seiner Umweltbelastung eine deutliche Veränderung erfuhr. Waren noch bis 1973 Steigerungen von Pro-Kopf-Einkommen und Umweltbelastung stark korreliert, so veränderte sich dies ab 1973 beträchtlich. Es gelang also mehreren Ländern bis 1983, ein hohes Pro-Kopf-Einkommen zu erzielen bei gleichzeitig drastisch reduzierten harten Komponenten, das heißt Umweltbelastungen. Dies trifft vor allem für Schweden, Österreich, die Schweiz, Japan und Deutschland zu.

Grafik 1: Die wirtschaftlichen Strukturveränderungen in Schweden, 1970 – 1983

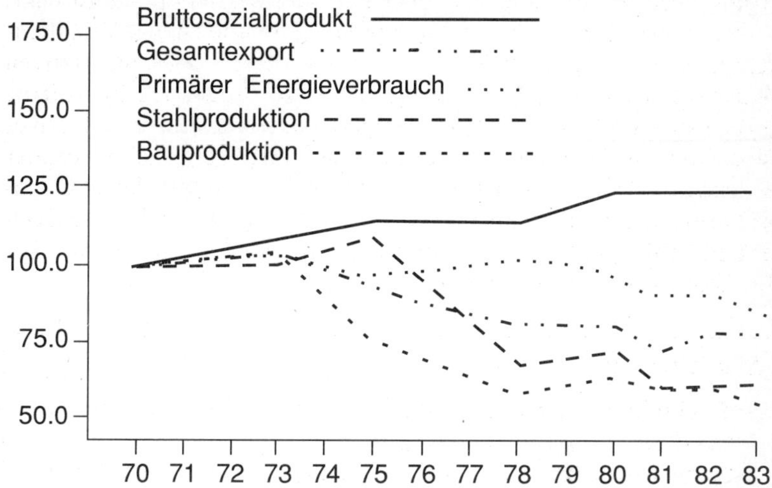

Grafik 2: Die wirtschaftlichen Strukturveränderungen in Japan, 1970 – 1983

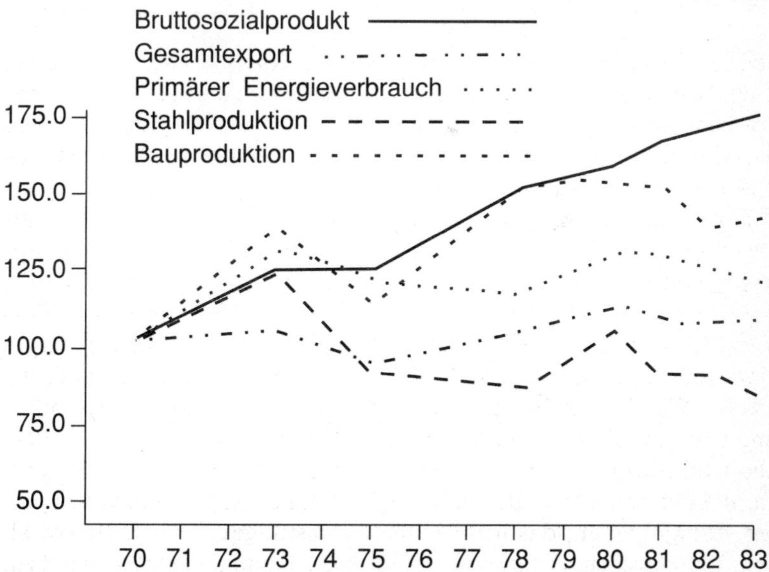

Aspekte der ökologischen Transformation

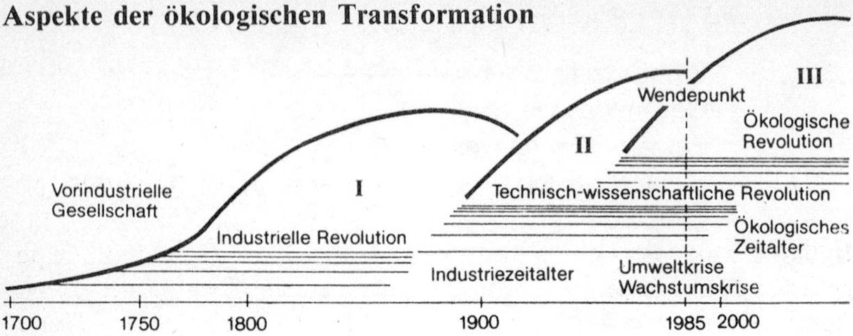

Gegenüberstellung der Charakteristika der drei Wellen, wobei wir uns in der superindustriellen Phase befinden, dem Übergang von der industriellen zur nachindustriell-ökologischen Phase (ca. ab 2005)

I Industriegesellschaft	II Superindustrielle Gesellschaft	III Nachindustrielle Gesellschaft
Patriarchale, hierarchische Top-Down Strukturen	Rollenwandel und -brüche Hierarchiekonflikte	flexible, netzwerkartige Modelle funktionelle Leitung, Synergie
Wachstumseuphorie	Wachstumsgrenzen	Prinzip der Nachhaltigkeit
Quantitative Fixierung	„qualitatives“ Wachstum	Ingetratives Wachstum
Umweltverschmutzung	Umweltgesetze	Umweltrestauration
Naturverbrauch	Umweltverträglichkeits-prüfungen	Ökosystemgestaltung
Rohstoffausbeutung	Recycling, Einsparung	künstliche „Naturprodukte“
Abfall/Müllprobleme	„intelligente“ geschlossene Systeme	Naturintegrative Prozesse
materielle Grundhaltung	Saturiertheit, Stagnation	nachmaterielle Sinnorientierung
Proletarisierung	De-Proletarisierung	kosmopolitische Perspektive
Klassenbildung	Pluralismus, Confetti-Society	virtuelle Communities
Sozialgesetze	Wohlfahrtsstaat	Grundsicherung
Produktorientierung	Erlebnisorientierung	Erkenntnisorientierung
mechanistische Modelle	kybernetische Modelle	systematische Modell
lineare Zeitvorstellung	Zeitfraktale Flexibilisierung	Parallelzeitstrukturen
territoriale Expansion	Globalisierung, Planetarismus	Regionalisierung weltweit

III. Zukünfte und Szenarien

1. Anleitung zur Szenario-Konstruktion

In der Zukunftsforschung und Prognostik gewinnt eine Methode gegenwärtig ständig an Bedeutung. Gemeint ist die Technik des Szenarioschreibens. Neben den traditionellen Methoden der linearen Trendfortschreibung oder der reinen Problemidentifikation, ist die Szenariotechnik vor allem dort erforderlich, wo es um qualitative und nicht nur quantitative Veränderungen geht.

Gerade in Zeiten, wo strukturelle Innovationen und Entwicklungsbrüche offensichtlich werden, genügen Trendverlängerungen, Entscheidungsbäume oder lineare Netzpläne nicht mehr. Es müssen neue Gesamtsituationen vorstellbar und beschreibbar gemacht werden. Dazu nimmt man die recht offene Form des Szenarios. *Ganz wie das Wort sagt, geht es um das fast theatralische Ausmalen einer möglichen Gesamtsituation, die bestimmte Faktoren der Zukunft definiert.* Das Szenario bildet also die Rahmenhandlung für bestimmte, inhaltliche Details, die dann ruhig wieder in der konventionellen Art der quantitativen Prognose dargestellt sein können. Wichtig ist jedoch, daß das Szenario den Kontext dafür herstellt.

Unter dem Begriff „Multiple-Scenario-Approach" (MSA) wurde dieser Ansatz dann auch im letzten Jahrzehnt ausformuliert. In stark gekürzter Form werden hier sieben Szenarien, sieben alternative Zukünfte vorgestellt. *Die sieben vorgestellten Szenarien sollen keine Zukunftsprognosen sein, sondern Archetypen von Wertorientierungen und Tendenzen in den Industriegesellschaften.* Isoliert gesehen kann es diese Entwicklungen überhaupt nicht geben. Erst in ihrer Kombination und ihren Wechselwirkungen produzieren sie die Realität, in der wir leben und die wir mitgestalten. *Es ist eine Voraussetzung des Multiple-Szenario-Approaches, alternative Zukünfte in Beziehung zueinander zu setzen und nicht einzelne Szenarien zusammenhanglos hinzustellen.*

Wir können also eine erste Grundregel des MSA aufstellen, die da heißt: *„Entwirf niemals nur ein(!) Szenario, sondern mindestens drei oder mehr!"* Im einfachsten Falle wäre dies die Methode, zu einem

Szenario ein Gegenszenario zu entwickeln. Aus der Kombination oder Synthese dieser beiden (Pro- und Kontraszenario) entsteht dann schon ein drittes. Dieses wiederum kann erweitert oder ihm entgegnet werden.

Pro und Contra in der Synthese

Nun stellt sich natürlich die Frage, wie viele Szenarien sollte man entwerfen? Dabei geht es nicht darum, daß aus jeweils zwei Szenarien nach dem gerade geschilderten Verfahren unendlich viele produziert werden können, sondern wie viele grundsätzliche, archetypische Szenarien sollten parallel als Ausgangsmaterial erstellt werden.

In dem Beispiel sind es sieben. Diese Anzahl ist nicht zufällig. *Aus der Lernpsychologie wissen wir, daß die magische Zahl 7 ein Mittel und Optimum für das menschliche Gedächtnis darstellt.* Das heißt, der Mensch kann parallel mit ca. 5 bis 9 verschiedenen Elementen im Kopf umgehen. Größere Anzahlen von zu erinnernden Faktoren werden nicht mehr gänzlich überschaut, sondern vergessen und sind damit irrelevant. Der Harvard-Psychologe George Miller hat durch zahlreiche Tests und Untersuchungen diese „magische Zahl 7 plus oder minus 2" je nach individueller Intelligenz und Fähigkeiten herausgefunden.

Oft wird es manchmal erweitert auf eine 10er Liste, das heißt, daß 10 qualitativ unterschiedliche Punkte definiert werden, aber schon da haben viele Menschen Schwierigkeiten, sich aller 10 wirklich frei aus dem Kopf wieder zu erinnern. Es geht nämlich darum, daß man sich tatsächlich ohne Hilfsmittel, das heißt ohne Aufschreiben, solcher verschiedenen Faktoren erinnern kann. Wenn es nur mit Hilfe einer Liste möglich ist, dann heißt das ja, daß die Dinge eben nicht immer im Kopf gegenwärtig sind, also damit nicht parallel jongliert werden. *Dies ist jedoch genau Grundvoraussetzung für die integrative Zusammenschau, die wir bei der Zukunftsforschung und Prognostik benötigen.*

Eine solche Komplexität mag verwirrend sein, wenn man zum Beispiel überlegt, daß aus 7 Grundszenarien schon 21 2er-Kombinationen entstehen und entsprechend mehr 3er- und 4er-Kombinationen. Dies ist dann tatsächlich nur noch mit Diagrammen und Graphiken (s. S. 40 – 47), möglich.

10 ist die Obergrenze

So können wir also die zweite Grundregel für den Multiple-Scenario-Approach benennen: *„Beschreibe und unterscheide nicht mehr als 9 bis 10 qualitativ verschiedene Szenarien!“* Dies mag nun nicht allzuviel erscheinen, ist aber in Wirklichkeit schon sehr hochgegriffen, wenn man das Kriterium der qualitativen Unterschiedlichkeit ernst nimmt. Es geht ja nicht darum, Variationen eines Themas durchzuspielen, das wäre die Aufgabe innerhalb eines Szenarios. Verschiedene Szenarien müssen ganz unterschiedliche Ausrichtungen, Werte und Verhaltensvorstellungen präzisieren.

Wir können den Begriff der „Gestalt der Zukunft“ beziehungsweise eines Szenarios heranziehen. Unterschiedliche Gestalten sind eindeutig voneinander zu trennen. Die Gestalt oder das Image der Zukunft muß natürlich mit bestimmten Bewußtseinsstrukturen bei den Menschen korrespondieren. *Dies geht so weit, daß wir mit der Gestalt eines Szenarios auf Märchen, Legenden und Mythen zurückgreifen können.* Diese sind nämlich in unserem kollektiven Langzeitgedächtnis verankert. Typisch wäre die altgriechische Mythologie zu nennen, die oft bis heute noch in verschiedenster Form gebraucht wird. Selbstverständlich haben auch die religiösen, biblischen Mythen und Legenden hier ihren Platz.

Die neuen Mythen

Überall dort, wo über Zukunftsentwicklung gesprochen wird und Möglichkeiten vorgestellt werden, treffen wir solche mythologischen Begrifflichkeiten: Armageddon, Babylon, Sparta, Atlantis, usw. Diese sogar räumlich verorteten Mythen leben im Bewußtsein der Menschen weiter, auch wenn sie längst von ihrem originalen Gehalt separiert wurden. Neue Mythen können entstehen, wie wir es zum Beispiel mit unserem Szenario „Dallas“ veranschaulicht haben.

Dies ist nicht beliebige Spielerei, sondern hat etwas zu tun mit der Sensibilität und dem Erkennen der Resonanzfähigkeit bestimmter Bilder und Worte. Ein Szenario ist ja völlig untauglich, wenn es nicht im Gedächtnis, im Bewußtsein der Menschen haften bleibt, das heißt, auf einer „starken Gestalt“ beruht. *Oft vergessen fleißig arbeitende Wissenschaftler ihre Szenarien in solche Bilder zu übersetzen. Dann bleibt die ganze Anstrengung vergebens.* So inhaltlich richtig ihre Aussagen und Vermutungen auch sein mögen, wenn sie nicht die Kraft eines zugrundeliegenden Mythos austrahlen, wird ihr Szenario nur bei wenigen Menschen Resonanz finden.

Dies ist anhand vieler Studien der letzten Jahrzehnte zu belegen. Denken wir nur an die Problematik der Umwelt- und Wachstumskrise, die schon recht lange in Fachkreisen diskutiert wurde, aber erst mit dem epochalen Buch von Dennis Meadows, ,,*Grenzen des Wachstums*", ihren Durchbruch fand. Hier wurde ein Mythos des Industrialismus angesprochen: Die Vorstellung exponentiellen und immer größeren materiellen Wachstums.

Demgegenüber wurde ein neuer Mythos gesetzt, der auch gerade zu Beginn der 70er Jahre evolvierte. Seit man aufgrund der Raumfahrttechnologie die Erde vom Raum oder vom Mond aus betrachten konnte und entsprechende Fotografien auf die Erde zurückbrachte, etablierte sich der Mythos vom kleinen, blauen Planeten, unserem Raumschiff Erde. Diese alternative Weltanschauung, dieses Bild der Erde, die wie eine kleine, blaue Murmel in dunkler Nacht hängt, macht auf einen Schlag deutlich, warum Grenzen des Wachstums gegeben sind. Es bedarf keiner Erklärung mehr. Das ist ein typisches Beispiel für eine *starke Gestalt*.

Eine schwache Gestalt und lediglich zusätzliches Beweismaterial können dann die Kurven und Simulationsrechnungen sein. Nicht, daß sie überflüssig wären. Es geht nur darum, daß aufgrund solcher abstrakten Gebilde kein Wandel des zugrundeliegenden Mythos, des Paradigmas stattfindet.

Es geht um das Paradigma

Nennen wir als eine weitere Grundregel des Szenarioschreibens, *daß jedes Szenario auf einer starken Gestalt, einem deutlich sichtbaren Mythos oder einem eigenen Paradigma basieren muß.* Hier haben wir ja das neue Modewort ,,Paradigma" eingeführt, welches ja wirklich nichts anderes bedeutet als Grundmodell oder Weltanschauung, sowohl einer wissenschaftlichen Disziplin als auch gesellschaftlicher Bereiche.

Paradigmen sind also nicht beliebige Theorien, sondern die Basis vieler neuer Theorien. Bleiben wir bei unserem Beispiel des Mythos vom blauen Planeten, dann können wir daran auch den Paradigmenwandel festmachen. So relativiert das Bild der Erde die technischen Errungenschaften des Menschen. Obwohl diese Aufnahme der Erde nur aufgrund dieser Technologien möglich ist, zeigt sie doch, wie diese menschlichen, künstlerischen Artefakte überhaupt nicht sichtbar sind und wenn, dann höchstens eine negative Rolle spielen, nämlich als dunkle Wolken, Luftverschmutzung, auf dieser ansonsten sehr harmonisch sich bewegenden Atmosphäre der Erde.

Das industrialistische Paradigma, das wohl mit den Worten des Grafen Saint-Simon „Alles für die Industrie, alles durch die Industrie" am besten erklärt wird, ist gänzlich unverständlich, wenn wir sehen, daß wir nur ein winziger Teil eines globalen Ökosystems sind, welches Jahrmillionen vor uns bestand und eventuell auch nach uns bestehen wird. Die Orientierung zur Maschine, das mechanistische Paradigma, löst sich in Luft (oder auch in Smog) auf, wenn wir die Effizienz und die Kraft lebendiger, natürlicher Systeme betrachten. Der Mythos der Maschine wird abgelöst durch den Mythos vom Leben.

Nun ist der Begriff *Mythos* hier ja sehr positiv gebraucht, das heißt, er benennt nur eine Vorstellungswelt und ist nicht als solche abzulehnen. *Wir haben in unserer Zeit seit der Aufklärung ständig nur Mythen „entlarvt" und wähnten uns dann objektiv und real. Jetzt erkennen wir, daß es lediglich um das Ablösen von Mythen ging.* Wann immer ein Mythos aufgehoben wird, muß ein neuer entstehen. Es geht lediglich darum, welcher Mythos gut und welcher gefährlich für uns Menschen ist. Anhand dieser Unterscheidung können wir dann auch die Szenarien bewerten. Welches Szenario birgt einen lebensfördernden, positiven Mythos (vom jeweiligen Betrachtungsstandpunkt aus) und welches Szenario birgt einen todbringenden, gefährlichen Mythos. Insbesondere in Deutschland haben wir erhebliche Schwierigkeiten, Mythen positiv anzunehmen. Wurden doch vor nicht allzu langer Zeit in einer faschistischen Diktatur fast sämtliche traditionellen, alten Mythen ausgebeutet im Sinne einer Schreckensherrschaft. Doch diese Tatsache kann uns nicht darüber hinwegtäuschen, daß Mythen immer wirken, auch wenn wir sie nicht rational verstehen. (Außerdem ist gerade beim Faschismus zu erkennen, daß hier von Anfang an ein nekrophiler Mythos zugange war. Von Adolf Hitler ist bekannt, daß er sich an Leichen und Verwesenden nicht satt sehen konnte. Ebenso war der Kult der SS vom Todesmythos getragen, was schon äußerlich an den Uniformen und an den Totenkopfemblemen erkennbar war.)

Wir müssen uns heute fragen, warum dies alles nicht wahrgenommen wurde, das heißt die offensichtliche Symbolik, diese starke Gestalt negativen Inhalts tatsächlich übersehen wurde.

Ebenso können wir in der Gegenwart und für die Zukunft solche Gestalten, Images und Symbole wahrnehmen und prägen. So ist es sicherlich für eine Organisation, eine Firma oder auch eine Nation ein Unterschied, ob sie auf ihrer Fahne ein Schwert oder eine Sonne trägt. Damit will ich nicht sagen, daß das Verhalten und der Inhalt allein durch das Symbol und das äußere Zeichen geprägt werden, aber auf jeden Fall stehen sie in einer Relation zueinander.

So ist zu fragen, warum wir gegenwärtig *starke* Gestalten in Form von Star-Wars-Images sehen, und nicht so sehr in friedlichen Naturbildern. Ebenso ist zu fragen, warum sich viele Organisationen zunehmend ein technoides Image verpassen und nicht ökologische, natürliche Symbole wählen. Ein typisches Beispiel dafür sind die Anzeigen der japanischen Insel Hokaido, die sich als Technologie-Park weltweit in Form eines Microchips, also einer mikroelektronischen Schaltung, anbietet. Soll hier die Welt zum Siliconchip werden? Eine fest verdrahtete, mikroelektronische Einheit, ein gigantischer Computer, der die ganze Welt überspannt?

Ganz sicher tragen solche Images zur Bewußtseinsbildung bei. Und wir müssen aufpassen, welche Mythen hinter diesen Bilden stecken. Als weitere Grundregel zur Entwicklung von Szenarien können wir somit nennen: *„Beachte immer, von welchem Mythos das jeweilige geschriebene Szenario getragen wird, insbesondere ob dies ein lebensfördernder, das heißt ein Natur und Mensch zugewandter, oder ein nekrophiler beziehungsweise mechanistischer, maschinenhafter Mythos ist!"*

Aus den letzten Ausführungen ist selbstverständlich eine ganz subjektive Wertung zu erkennen. Dies gehört jedoch mit zum Verständnis des Multiple-Scenario-Approaches. Man kann Szenarien nicht wertfrei oder neutral definieren, sondern muß die zugrundeliegenden Mythen und Werte eindeutig explizieren, soweit dies möglich ist. Wenn es nicht verbalisierbar ist, was in diesem Bereich vorkommen könnte, dann helfen eben Symbole, Bilder, ja auch Poesie, oder, in unserer heutigen Zeit, in sehr vielen Fällen Filme. Die Medien- und Filmwelt produziert am laufenden Band Mythen, mehr oder weniger wirksame oder realexistierende. Weil sie jedoch so stark verbreitet sind, können wir sie als Referenzmaterial benutzen, weit mehr als moderne Literatur. Es gibt heute kaum Möglichkeiten, selbst in gebildeten Kreisen, davon auszugehen, daß alle einen annähernd deckungsgleichen Literaturkenntnisstand besitzen.

Demgegenüber sind die Medienprodukte Allgemeingut. Das ist der Grund, warum wir nur das Stichwort „Dallas" zu nennen brauchen, um einen bestimmten Sachverhalt klarzumachen. Ähnliches ist von „Casablanca", „Love Story", „2001", „Star Wars", „Mickey Mouse", „Vom Winde verweht" und vielen, vielen anderen zu behaupten. Jeder kann selbst Experimente in dieser Richtung machen und die Resonanzfähigkeit solcher Stichworte erproben. Viele genieren sich, diese Begriff zu benützen, obwohl sie ihnen bekannt sind, weil sie nicht Teil der literarischen Hochkultur sind. Das ist aber einfach eine Selbsttäuschung. *Unsere Kultur, das heißt diejenige, an der alle teilnehmen, ist nicht geprägt von den Werken einiger hochgeehrter und anerkannter Autoren, sondern von dem, was wir Pop- und Massenkultur nennen.* Es gilt also das Augenmerk darauf zu richten, was in dieser Massenkultur vor sich geht, nicht nur im Sinne eines voyeuristischen Betrachtens und Ausbeutens, sondern im Sinne eines positiven Daraufeinwirkens. Die Inhalte der populären Mythen sind für uns alle bedeutsam, auch wenn wir sie aufgrund unseres intellektuellen Anspruchs für banal und nichtig halten. Der Mythos *Star-Wars* ist wohl das jüngste und erschreckendste Beispiel, wie aus einem reinen Science-Fiction-Mythos Wirklichkeit werden könnte.

Hier also unsere letzte Regel bei der Szenarioentwicklungsarbeit: *„Orientiere dich an den tatsächlich wirksamen, populären Mythen, den Normen und Vorstellungen, die im Volk insgesamt verbreitet sind und nicht an den Produkten der Hoch- und Elitekultur!"* In den pluralistischen Demokratien der westlichen Welt wird immer die Vorstellung von gesamtgesellschaftlicher Bedeutung sein, die in breitesten Bevölkerungskreisen Resonanz findet. Nun soll diese letzte Regel nicht besagen, daß wir uns mit dem geringsten Niveau des Bewußtseins oder der Kultur zufriedengeben sollen. Es geht aber darum, sich nicht Illusionen hinzugeben, welche nur von marginaler oder subkultureller Bedeutung sind. Wer Szenarien entwickelt, trägt auch die Verantwortung der Beeinflussung vorhandener Mythen und Vorstellungen. Das heißt, er sollte sich tatsächlich seiner ethischen Aufgabe bewußt sein. Sich zu fragen, wem eine gewisse Entwicklung nützt und wem sie schaden könnte, ist dazu ein erstes Kriterienmuster. Man fragt sich, wo begann dieser Mythos, wie hat er sich entwickelt, was beinhaltet er, wohin wird er führen, wer profitiert davon und wem schadet das Ganze?

Erst aufgrund einer derartigen Checkliste kann man Mythen und Szenarien bewerten und sich damit, und das ist ja der Zweck des Ganzen, für das Szenario entscheiden, welches man verwirklicht sehen möchte oder das man sich als wünschenswerte Zukunft vorstellen kann. Ein solches Check-up der entwickelten Szenarien hilft auch den Autoren zur Selbstreflektion ihrer Intentionen und des jeweiligen Szenarios. Denn die Verantwortung, die der Produzent solcher Szenarien hat, kann ihm kein Auftraggeber, keine Organisation oder Unternehmen abnehmen. Letztendlich ist es ganz allein dem Gewissen der Szenarienschreiber selbst überlassen, welche Zukünfte sie produzieren und damit propagieren. Dies ist auch die Intention einer normativen Zukunftsforschung und -gestaltung.

Die sieben alternativen Zukunftsszenarien im Bild (s. S. 40 – 43)

Szenario „Gaia"

Die griechische Göttin der Erde und Natur ist Namensgeberin für dieses ganzheitlich-ökologische Szenario. Ausgehend von der Gaia-Hypothese des Kybernetikers Jim Lovelock und der Mikrobiologin Lynn Nargulis formulieren wir das Gaia-Szenario als Antithese zur Megamaschine, dem Raumschiff Erde als willenloses Vehikel und Träger von Leben. Gaia bedeutet, daß die Erde mitsamt ihrer „Besatzung" ein intelligentes Lebewesen darstellt, das seine Überlebenseigenschaften ständig optimiert.

Wir Menschen müssen deshalb im globalen ökologischen Zusammenhang denken und handeln, um unser eigenes Überleben zu sichern. Sämtliche Anstrengungen in Richtung Internationalisierung, grenzüberschreitende Aktivitäten, Globalsteuerung und -abstimmung sind somit isolierten, nationalistischen, separatistischen Tendenzen vorzuziehen.

Ökologie ist nur in bezug auf die gesamte Ökosphäre machbar, und nicht nur auf eingegrenzte Regionen. Innerhalb der evolutionären Prozesse der Menschheitsgeschichte stellt Gaia eine Innovation dar, weil es die faktisch vorhandene Vernetzung von Wirtschaft, Natur und Kultur bewußtseinsmäßig anerkennt und respektiert.

Szenario „Dallas"

Der Traum vom „guten Leben" als ein Privileg der materiell reichsten Schichten wird durch die Fernsehserie „Dallas" populär symbolisiert. Für die Zukunftsforschung ist das Szenario Dallas eine Metapher für die Fortführung des Industriekapitalismus in Verbindung mit dem Mythos vom „american way of life".

Derzeit noch vorherrschend, jedoch schon angekratzt ist das Bild von „Dallas". Es stellt kein allgemein wünschenswertes Zukunftsszenario mehr dar, weil es nur noch wenigen den Aufstieg glaubhaft versprechen kann, ist aber dennoch wirksam. Die neuen Selbständigen, neue Venture-Capital-Versuche und das Setzen auf Technologien wie Mikroelektronik und Gentechnik verdeutlichen, daß „Dallas" eine Zeitlang noch eine große Rolle spielen wird.

„Dallas" repräsentiert auch die machiavellistische Betrachtung der Wirklichkeit aus einer Kombination von Intrigen, Macht und Gewalt. Insofern ist Dallas kein hoffnungsfrohes Zukunftsszenario, dennoch wird es allgemein als realistisch eingeschätzt und muß somit in unseren Katalog eingegliedert werden.

Szenario „Findhorn"

Das schottische New Age-Zentrum „Findhorn" steht für die vielen spirituellen Gemeinschaften in aller Welt. Findhorn ist der manifestierte Wertewandel der industriellen Kultur. Nicht allein quantitative, materielle Ziele gelten, sondern die spirituellen, immateriellen Qualitäten treten immer mehr in den Vordergrund. Die materiell gesättigten Gesellschaften streben nach innerem Wachstum und drücken dies erst einmal in veränderten Konsumgewohnheiten aus.

Die Komplexität und der Werteverlust in den hochindustrialisierten Ländern führte zu dem verständlichen Wunsch nach absoluten und transzendentalen Orientierungen. Diesem legitimen Bedürfnis stehen verschiedene ehrenhafte Angebote gegenüber: Weltrettungsorden, Meditationszirkel, Schwarze Magier usw. Doch die Vermarktung und Pervertierung kann nicht ablenken vom zugrundeliegenden Tenor, der Weiterentwicklung vom materialistischen Weltbild der Industriegesellschaft zum erweiterten, spirituellen und ganzheitlichen Verständnis der nachindustriellen Kultur. Deshalb sind die Findhorns der Welt als Experimentier-Labor der neuen Gesellschaft zu sehen, die heute schon vorwegnehmen, was für die Gesamtgesellschaft in Zukunft relevant wird.

Szenario „Chinatown"

Das anhaltende Bevölkerungswachstum, vor allem auf der südlichen Hälfte unseres Planeten, ist der Ausgangspunkt für das Zukunftsszenario „Chinatown".

Es ist abzusehen, daß die Internationalisierung und Heterogenisierung sämtlicher Kulturen der Erde zunimmt. Allein die Tatsache der steigenden Dichte (Menschen pro Fläche) macht deutlich, daß eine komplexere und höhere Organisationsform des Zusammenlebens sich entwickeln muß.

„Chinatown" nannten wir deshalb die neue Struktur hochkomplexer, gemischter, dichter und urbaner Zentren der Welt, die nicht nur eine Notwendigkeit, sondern auch eine neue Qualität darstellen. Die Wechselwirkung zwischen verschiedenen Völkern, Rassen und Mentalitäten bietet nämlich den Nährboden für neue Erfahrungen, Entwicklungen und Lebensformen. Die existierenden „Chinatowns" der Welt in New York, Paris, Rio de Janeiro usw. sind dafür Beweis genug. Chinatown muß nicht unbedingt Enge, Armut und Konflikt bedeuten, sondern kann auch Vielfalt, Innovation und Kooperation beinhalten. Offenheit und Flexibilität sind nicht nur Systemeigenschaften, sondern auch persönliche Qualitäten, die für Chinatown beste Voraussetzungen darstellen. Wohngemeinschaften, Kommuneprojekte, soziale Experimente aller Art sind Vorbereitungsmodelle für die komplexe Pluralität von Chinatown.

Szenario „Ökotopia"

Namensgeber dieses Szenarios ist der Kalifornier Ernest Callenbach, der mit seiner Novelle „Ecotopia" Mitte der siebziger Jahre den Prototyp der ökologischen, nachindustriellen Gesellschafts-Utopie schuf.

Gegenwärtig ist Ökotopia in Ansätzen in der Alternativkultur, in der Friedensbewegung, in der „neuen Sensibilität" und den Umweltschutz-Initiativen zu finden. Die Ökologisierung der Industriekultur ist eine wünschenswerte Zukunftsvorstellung, die hinsichtlich ihrer Grundwerte kaum bestritten wird. Der Streit beginnt erst bei der Frage nach der Machbarkeit einer solch positiven Utopie.

Gegenseitige ideologische Vorbehalte prägen daher sowohl die Lager der Industrialisten als auch der Ökologisten. Darin drückt sich der Paradigma-Streit aus, der für unsere Situation so typisch ist.

Ökotopia ist ein Wunschtraum mit großer Attraktivität. Als Alternative zur Industriegesellschaft bietet er nicht nur dem „Protestpotential" in den westlichen Staaten Stoff zur Gegenoffensive. Vielmehr stellt Ökotopia inzwischen auch das verborgene Wunschbild, das „hidden image" der avancierten Wohlstandsbürger dar. Dies läßt sich sowohl an verschiedenen „Öko-Produkten" als auch am Freizeitverhalten der Mittelschicht aufzeigen.

Szenario „Raumkolonien"

Seit zwanzig Jahren ist Raumfahrt eine Realität geworden, die nicht nur technisch-wissenschaftlich, sondern auch wirtschaftlich von zunehmender Bedeutung ist. Erst durch die Erfordernisse der Raumfahrt wurden zum Beispiel die Mikrochips entwickelt, die heute ein treibender Faktor der Industrie sind. Die Pläne für eine „Industrialisierung des Weltraums", die seit ca. zehn Jahren bestehen, sind somit nicht Phantasterei, sondern durchaus ernst zu nehmende Vorhaben einer an ihre irdischen Wachstumsgrenzen stoßenden Industrie.

Der Bau von gigantischen Stationen in Erdnähe zur Gewinnung von Energie und Rohstoffen sowie ihrer teilweisen Verarbeitung bietet daher eine Zukunftsinvestitionsmöglichkeit, die für die Wirtschaftsriesen (privater und staatlicher Art) von Interesse ist. – Der gegenwärtig tobende Kampf um Kommunikationssatelliten gibt einen kleinen Vorgeschmack auf diese Probleme der Zukunft.

Darüber hinaus und in etwas fernerer Zukunft (50 – 80 Jahre) werden die Raumstationen als menschliche Siedlungskolonien bedeutsam. Schon heute bestehen Konzeptionen für künstliche Planeten, die den Bevölkerungsmassen, welche nicht mehr von der Erde zu ernähren und zu behausen sind, Raum bieten sollen.

Szenario „Computopia"

Dies ist das aktuelle Thema, das mit der Jahreszahl „1984" so eng verbunden ist, wie kein anderes Szenario. Allerdings geht es uns hier weniger um die Horrorvision einer elektronischen Diktatur, sondern um die Möglichkeiten und Chancen der Informationsgesellschaft. Offensichtlich hat die Entwicklung der Mikroelektronik zu neuartigen, sozialen und wirtschaftlichen Implikationen geführt.

Neben der Tatsache, daß heute jedes Industrieland sowie die Mehrzahl der Schwellenländer darum bangt, den „Anschluß zu verpassen", bezüglich der Computerisierung und Digitalisierung von Industrie und Gesellschaft, gibt es die Hoffnung auf eine Befreiung durch die neuen Technologien. Gemeint ist damit der alte Traum des Sozialismus einerseits, daß nämlich die Produktivkräfte einen derart hohen Stand erreichen, daß die gesellschaftlich notwendige Arbeit auf ein Minimum zusammenschrumpft – andererseits geht es um die Demokratisierung und „Vernetzung" der Menschen mittels der elektronischen Kommunikationstechnologien.

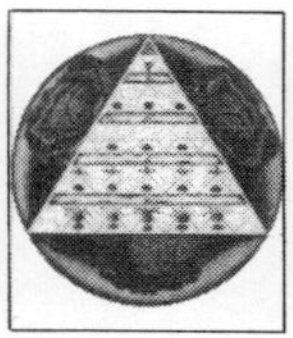

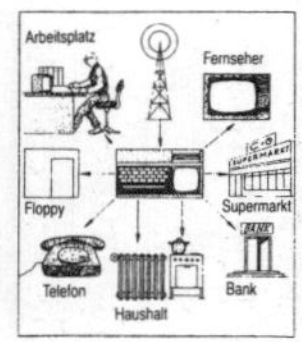

Szenario ,,Gaia''

Die griechische Göttin der Erde und Natur ist Namensgeberin für dieses ganzheitlich-ökologische Szenario. Ausgehend von der Gaia-Hypothese des Kybernetikers Jim Lovelock und der Mikrobiologin Lynn Nargulis formulieren wir das Gaia-Szenario als Antithese zur Megamaschine, dem Raumschiff Erde als willenloses Vehikel und Träger von Leben. Gaia bedeutet, daß die Erde mitsamt ihrer ,,Besatzung'' ein intelligentes Lebewesen darstellt, das seine Überlebenseigenschaften ständig optimiert.

Wir Menschen müssen deshalb im globalen ökologischen Zusammenhang denken und handeln, um unser eigenes Überleben zu sichern. Sämtliche Anstrengungen in Richtung Internationalisierung, grenzüberschreitende Aktivitäten, Globalsteuerung und -abstimmung sind somit isolierten, nationalistischen, separatistischen Tendenzen vorzuziehen.

Ökologie ist nur in bezug auf die gesamte Ökosphäre machbar, und nicht nur auf eingegrenzte Regionen. Innerhalb der evolutionären Prozesse der Menschheitsgeschichte stellt Gaia eine Innovation dar, weil es die faktisch vorhandene Vernetzung von Wirtschaft, Natur und Kultur bewußtseinsmäßig anerkennt und respektiert.

Szenario ,,Dallas''

Der Traum vom ,,guten Leben'' als ein Privileg der materiell reichsten Schichten wird durch die Fernsehserie ,,Dallas'' populär symbolisiert. Für die Zukunftsforschung ist das Szenario Dallas eine Metapher für die Fortführung des Industriekapitalismus in Verbindung mit dem Mythos vom ,,american way of life''.

Derzeit noch vorherrschend, jedoch schon angekratzt ist das Bild von ,,Dallas''. Es stellt kein allgemein wünschenswertes Zukunftsszenario mehr dar, weil es nur noch wenigen den Aufstieg glaubhaft versprechen kann, ist aber dennoch wirksam. Die neuen Selbständigen, neue Venture-Capital-Versuche und das Setzen auf Technologien wie Mikroelektronik und Gentechnik verdeutlichen, daß ,,Dallas'' eine Zeitlang noch eine große Rolle spielen wird.

,,Dallas'' repräsentiert auch die machiavellistische Betrachtung der Wirklichkeit aus einer Kombination von Intrigen, Macht und Gewalt. Insofern ist Dallas kein hoffnungsfrohes Zukunftsszenario, dennoch wird es allgemein als realistisch eingeschätzt und muß somit in unseren Katalog eingegliedert werden.

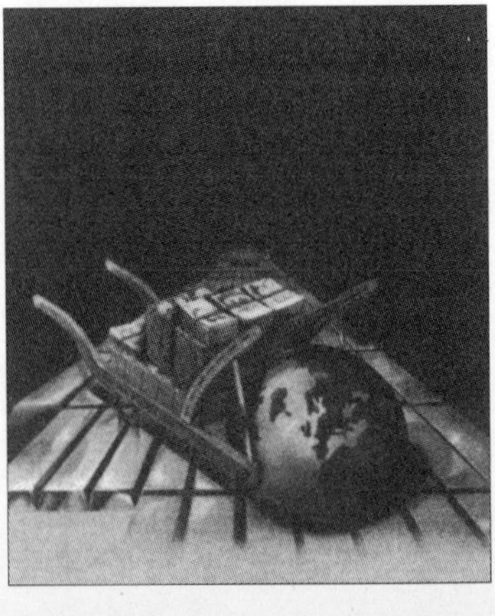

Szenario ,,Findhorn“

Das schottische New Age-Zentrum ,,Findhorn“ steht für die vielen spirituellen Gemeinschaften in aller Welt. Findhorn ist der manifestierte Wertewandel der industriellen Kultur. Nicht allein quantitative, materielle Ziele gelten, sondern die spirituellen, immateriellen Qualitäten treten immer mehr in den Vordergrund. Die materiell gesättigten Gesellschaften streben nach innerem Wachstum und drücken dies erst einmal in veränderten Konsumgewohnheiten aus.

Die Komplexität und der Werteverlust in den hochindustrialisierten Ländern führte zu dem verständlichen Wunsch nach absoluten und transzendentalen Orientierungen. Diesem legitimen Bedürfnis stehen verschiedene ehrenhafte Angebote gegenüber: Weltrettungsorden, Meditationszirkel, Schwarze Magier usw. Doch die Vermarktung und Pervertierung kann nicht ablenken vom zugrundeliegenden Tenor, der Weiterentwicklung vom materialistischen Weltbild der Industriegesellschaft zum erweiterten, spirituellen und ganzheitlichen Verständnis der nachindustriellen Kultur. Deshalb sind die Findhorns der Welt als Experimentier-Labor der neuen Gesellschaft zu sehen, die heute schon vorwegnehmen, was für die Gesamtgesellschaft in Zukunft relevant wird.

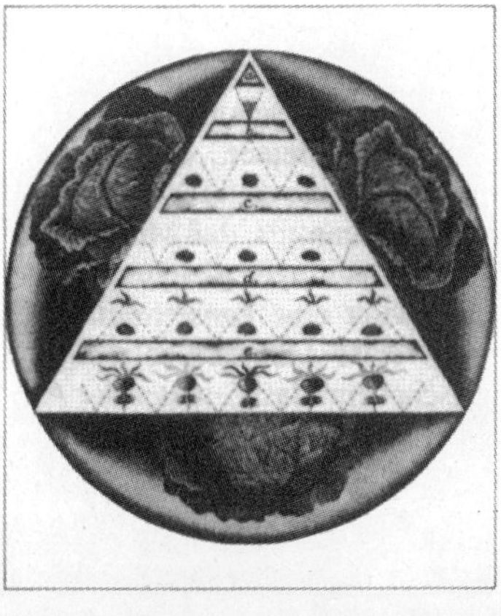

Szenario ,,Chinatown“

Das anhaltende Bevölkerungswachstum, vor allem auf der südlichen Hälfte unseres Planeten, ist der Ausgangspunkt für das Zukunftsszenario ,,Chinatown“.

Es ist abzusehen, daß die Internationalisierung und Heterogenisierung sämtlicher Kulturen der Erde zunimmt. Allein die Tatsache der steigenden Dichte (Menschen pro Fläche) macht deutlich, daß eine komplexere und höhere Organisationsform des Zusammenlebens sich entwickeln muß.

,,Chinatown“ nannten wir deshalb die neue Struktur hochkomplexer, gemischter, dichter und urbaner Zentren der Welt, die nicht nur eine Notwendigkeit, sondern auch eine neue Qualität darstellen. Die Wechselwirkung zwischen verschiedenen Völkern, Rassen und Mentalitäten bietet nämlich den Nährboden für neue Erfahrungen, Entwicklungen und Lebensformen. Die existierenden ,,Chinatowns“ der Welt in New York, Paris, Rio de Janeiro usw. sind dafür Beweis genug. Chinatown muß nicht unbedingt Enge, Armut und Konflikt bedeuten, sondern kann auch Vielfalt, Innovation und Kooperation beinhalten. Offenheit und Flexibilität sind nicht nur Systemeigenschaften, sondern auch persönliche Qualitäten, die für Chinatown beste Voraussetzungen darstellen. Wohngemeinschaften, Kommuneprojekte, soziale Experimente aller Art sind Vorbereitungsmodelle für die komplexe Pluralität von Chinatown.

Szenario „Ökotopia"

Namensgeber dieses Szenarios ist der Kalifornier Ernest Callenbach, der mit seiner Novelle „Ecotopia" Mitte der siebziger Jahre den Prototyp der ökologischen, nachindustriellen Gesellschafts-Utopie schuf.

Gegenwärtig ist Ökotopia in Ansätzen in der Alternativkultur, in der Friedensbewegung, in der „neuen Sensibilität" und den Umweltschutz-Initiativen zu finden. Die Ökologisierung der Industriekultur ist eine wünschenswerte Zukunftsvorstellung, die hinsichtlich ihrer Grundwerte kaum bestritten wird. Der Streit beginnt erst bei der Frage nach der Machbarkeit einer solch positiven Utopie.

Gegenseitige ideologische Vorbehalte prägen daher sowohl die Lager der Industrialisten als auch der Ökologisten. Darin drückt sich der Paradigma-Streit aus, der für unsere Situation so typisch ist.

Ökotopia ist ein Wunschtraum mit großer Attraktivität. Als Alternative zur Industriegesellschaft bietet er nicht nur dem „Protestpotential" in den westlichen Staaten Stoff zur Gegenoffensive. Vielmehr stellt Ökotopia inzwischen auch das verborgene Wunschbild, das „hidden image" der avancierten Wohlstandsbürger dar. Dies läßt sich sowohl an verschiedenen „Öko-Produkten" als auch am Freizeitverhalten der Mittelschicht aufzeigen.

Szenario „Raumkolonien"

Seit zwanzig Jahren ist Raumfahrt eine Realität geworden, die nicht nur technisch-wissenschaftlich, sondern auch wirtschaftlich von zunehmender Bedeutung ist. Erst durch die Erfordernisse der Raumfahrt wurden zum Beispiel die Mikrochips entwickelt, die heute ein treibender Faktor der Industrie sind. Die Pläne für eine „Industrialisierung des Weltraums", die seit ca. zehn Jahren bestehen, sind somit nicht Phantasterei, sondern durchaus ernst zu nehmende Vorhaben einer an ihre irdischen Wachstumsgrenzen stoßenden Industrie.

Der Bau von gigantischen Stationen in Erdnähe zur Gewinnung von Energie und Rohstoffen sowie ihrer teilweisen Verarbeitung bietet daher eine Zukunftsinvestitionsmöglichkeit, die für die Wirtschaftsriesen (privater und staatlicher Art) von Interesse ist. – Der gegenwärtig tobende Kampf um Kommunikationssatelliten gibt einen kleinen Vorgeschmack auf diese Probleme der Zukunft.

Darüber hinaus und in etwas fernerer Zukunft (50 – 80 Jahre) werden die Raumstationen als menschliche Siedlungskolonien bedeutsam. Schon heute bestehen Konzeptionen für künstliche Planeten, die den Bevölkerungsmassen, welche nicht mehr von der Erde zu ernähren und zu behausen sind, Raum bieten sollen.

Szenario „Computopia"

Dies ist das aktuelle Thema, das mit der Jahreszahl „1984" so eng verbunden ist, wie kein anderes Szenario. Allerdings geht es uns hier weniger um die Horrorvision einer elektronischen Diktatur, sondern um die Möglichkeiten und Chancen der Informationsgesellschaft. Offensichtlich hat die Entwicklung der Mikroelektronik zu neuartigen, sozialen und wirtschaftlichen Implikationen geführt.

Neben der Tatsache, daß heute jedes Industrieland sowie die Mehrzahl der Schwellenländer darum bangt, den „Anschluß zu verpassen", bezüglich der Computerisierung und Digitalisierung von Industrie und Gesellschaft, gibt es die Hoffnung auf eine Befreiung durch die neuen Technologien. Gemeint ist damit der alte Traum des Sozialismus einerseits, daß nämlich die Produktivkräfte einen derart hohen Stand erreichen, daß die gesellschaftlich notwendige Arbeit auf ein Minimum zusammenschrumpft – andererseits geht es um die Demokratisierung und „Vernetzung" der Menschen mittels der elektronischen Kommunikationstechnologien.

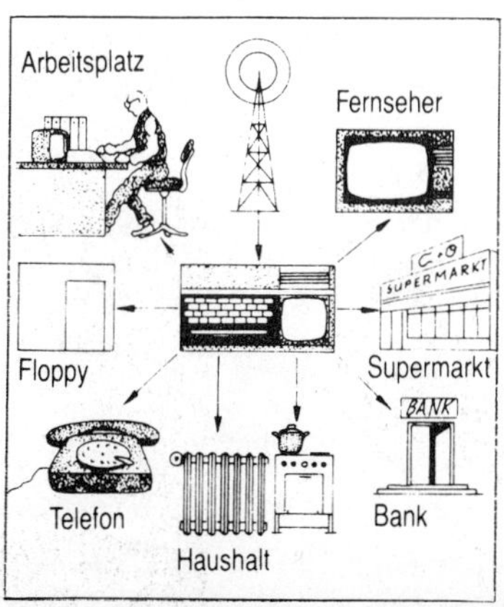

Kurzcharakteristik der sieben Zukünfte

Wer?	Szenario 1: *Gaia*	Szenario 2: *Dallas*	Szenario 3: *Findhorn*
	J. Lovelock; S. Brand; D. Meadows.	H. Kahn; N. Machiavelli; A. J. Wiener.	P. Caddy; M. Ferguson; D. Spranger
Was?	Ökosystem Erde als selbstorganisierendes intelligentes Lebewesen.	Wirtschaftsimperialismus; Vorherrschaft des ,,westlichen Systems"; Marktorientierung.	Spirituell orientierte Gemeinschaften als *New Age*-Kommunen.
Warum?	Wechselwirkung und Interdependenz aller lebenden Systeme der Erde.	Profitmaximierung, Konkurrenzdenken; Sozialdarwinismus; *win or loose.*	Spiritualismus; innere Entwicklung und psychisches Wachstum.
Wie?	Globale Koordinierung aller ökologisch relevanten Aktivitäten.	Wirtschaftsförderung; Selbstregulation des ,,freien Marktes"; Re-Industrialisierung.	Spirituelle Disziplin und Hinwendung zu ,,inneren Werten".
Wem nützt es?	Der ,,Menschheit" insgesamt; gegenwärtig vor allem den geschädigten Nationen.	Großkonzernen; Banken; Industrie; Kapitalaristokraten.	Den ,,Post-Materialisten" und ,,neuen Sensitiven".
Wem schadet es?	Den Nationalisten und speziellen Industriezweigen.	Den Besitzlosen und Idealisten, die den Kampf nicht aufnehmen wollen.	Den Materialisten und Pragmatikern, deren Werthaltungen obsolet werden.

Szenario 4: *Chinatown*	Szenario 5: *Ökotopia*	Szenario 6: *Raumkolonien*	Szenario 7: *Computopia*
P. Ehrlich; R. L. Meier; J. R. Platt.	E. Callenbach; E. F. Schumacher; A. Lovins.	Gerard K. O'Neill; Barbara Hubbard; Timothy Leary; Jesco von Putkamer.	T. Nelson; W. Norris; M. McLuhan; A. Toffler.
Multi-Millionen-Metropolen als Schmelztiegel der Rassen und Völker.	Kleine, dezentrale und selbstversorgende Öko-Siedlungen und -Regionen.	Autonome Raumstationen in Erdumlaufbahn.	Allseits vernetzte, computerisierte Kommunikations- und Produktionssysteme.
Bevölkerungsexplosion; Planetarisierung und Internationalisierung der Nationen.	Ökologisierung und naturangepaßte Produktion als umweltverträgliche Lebensweise.	Raumindustrialisierung; Energieversorgung; Umweltschutz; Produktion.	Kommunikation; Demokratie; elektronische Heimarbeit; Automatisierung.
Toleranz und Vermischung statt Ghettobildung.	Dezentralisierung; Aufbau und Entwicklung naturgemäßer Lebens- und Produktionsformen.	*Space shuttle* zum Bau von Raumkolonien; Stufenplan zum Ausbau der *Space platform.*	Vernetzung bestehender Systeme und allgemeine Digitalisierung.
Der sozialen Integration und damit dem interkulturellen Austausch.	Den „Ökologisten" und denjenigen, die gelernt haben, sich selbst zu versorgen.	Raumfahrtindustrie und Militärsystem sowie den kapitalkräftigsten Konzernen.	*Software- und Hardware*-Produzenten; Computerfreaks.
Den „Puristen" und Nationalisten; den Separatisten und Einsiedlern.	Den multinationalen Konzernen, da eine freiwillige „Armut" gelebt wird.	Der Dritten und Vierten Welt, weil sie von dieser Entwicklung ausgeschlossen ist.	Der armen, südlichen Welt; Abstand zu Industrieländern wächst.

Die sieben alternativen Zukünfte

Verknüpft man die sieben Szenarien miteinander, so entstehen 21 Kombinationen als mögliche Zukünfte.

Immer zwei Szenarien werden dabei koordiniert und mit Stichworten definiert. Aus Platzgründen sind lediglich einige Aspekte der resultierenden Möglichkeiten benannt. Diese stellen wiederum eigenständiges Ausgangsmaterial für neue Szenarien dar. Weitere Kombinationen sind vorstellbar und können vom Leser nach diesem Verfahren erstellt werden. Damit ist ein Weg des Multiple-Scenario-Approach beschritten, dem heute große Bedeutung in der Zukunftsforschung zukommt.

	Dallas	Findhorn	Chinatown
Findhorn			Freiwillige Armut, statt materiellem geistiges Wachstum; Kultur der Einfachheit und Bedürfnislosigkeit;
Dallas		Spiritualität als Weiterentwicklung aus materiellem Überfluß; EST, Aerobics, Jogging, Trimming als reduziertes Körperbewußtsein für Wohlstandsbürger; Drogen, Unterhaltung;	Schicke »Chinatowns« in den Zentren der westlichen Welt als kulturelle Extravaganz der Reichen;
Gaia	Globaler Umweltschutz durch die weltweit operierenden Konzerne (z. B. Shell, Esso usw.);	Gaia-Spiritualität; der planetare Erdmythos als Orientierungsrahmen für politische und soziale Entwicklungen;	Weltweite Koordinierung der Ballungszentren und gesteuerte Entwicklung der Produktion und Industrieansiedlung;

Ökotopia	Raumkolonien	Computopia
		Satelliten-Fernsehen; Telekommunikationssysteme über geo-stationäre und »freie« Satelliten; das »globale Dorf« oder auch die Totalüberwachung;
	»Archen« wie jene vom New Alchemy Institute als autonome Überlebenssysteme; Recycling-Systeme als geschlossene Einheiten;	Alternativ- und Öko-Projekte mit Computern und Telekommunikationssystemen zur besseren Koordination derartiger Projekte;
Städtische Öko-Projekte als Kulturzentren und Integrationsversuche wie beim Eleventh Street-Projekt in New York und beim COOP-Projekt in Bremen;	Hochverdichtete irdische und extraterrestrische Kolonien als Lebensform der Zukunft; die Bevölkerungsbombe produziert viele Millionenstädte;	Vermassung einerseits, Informations- und Kommunikationsvielfalt mittels Computermedien andererseits; Video- und Digitalkultur;
Öko-Landkommunen mit spiritueller religiöser Grundlage; teilweise historische Vorbilder: Hutterer, Amish, Shakers;	Eroberung des Weltraums als Evolutionssprung; Raumkolonien als Vehikel zur kosmischen Spiritualität;	Computer als Medium spiritueller Entwicklung; Biofeedback-Kirche und quasitelepathische Vernetzungen;
Bio- und Öko-Produkte zur Erweiterung des Konsums; Umwelttechnik als neuer Industriezweig; Biotechnologien bis hin zum genetic engineering;	Imperialismus und Kolonialisierung des Weltalls; Produktionsstätten im All sowie stärkere Ausnutzung irdischer Ressourcen;	Gesellschaft der elektronischen Arbeit, wo jeder von seinem Heimterminal aus seine Arbeitskraft auf dem computerisierten »Marktplatz« anbietet;
Dezentrale »Ökotopien« als Grundbausteine einer globalen Revitalisierung toter Regionen;	Gaia als die erste Raumkolonie mit der Möglichkeit, auf andere Planeten »auszuschwärmen«;	Technische Medien als Hilfsmittel zur besseren ökologischen Planung und Steuerung, eventuell auch zur Überwachung;

Systematik futurologischer Methoden

Von Erich Jantsch stammt eine in der Mitte der 60er Jahre verfaßte Systematik futurologischer Methoden, die den andersartigen Charakter der Zukunftsforschung gegenüber etablierten bestehenden Wissenschaften veranschaulicht. Jantsch nennt dabei vier zu unterscheidende Vorausschaumethoden:

„1. *intuitive Vorausschau*, in der sich Erfahrung und Sachinformation vermischt mit möglichst genialer Phantasie zur Projektion oder Prognose verdichten.

2. *Die explorative Vorausschau*, die ausgehend vom Niveau gesicherten Wissens erforschend die weitere Entwicklung unter bestimmten verschiedenen Voraussetzungen sichtbar macht.

3. *Die projektive Vorausschau*, die ausgehend von einer bestimmten Zielvorstellung, rückwärts bis zur Gegenwart, die erforderlichen Voraussetzungen und Strategien ermittelt.

4. *Die rekursive Vorausschau*, die intuitiv, explorativ oder auch projektiv angelegt sein kann, deren Besonderheit es jedoch ist, daß die erreichten Ergebnisse zur Korrektur der Strategien herangezogen werden."

Damit hat Jantsch den Rahmen futurologischen Denkens und Arbeitens benannt, der auch heute noch gültig ist und in dem wir uns mit diesem Kapitel insbesondere auf die intuitive Vorausschau beziehen!

Elemente der explorativen Vorausschau sind in den sieben Szenarien ebenfalls enthalten, müssen jedoch mit Einschränkungen betrachtet werden, weil nicht in jedem Bereich „gesichertes Wissen" verfügbar ist.

Szenarien sind:

- mögliche Kontexte des Unternehmens
- Wahrnehmungen alternativer Entwicklungen
- Entscheidungsrahmen für Unternehmensstrategien
- Umfeldbetrachtungen des Unternehmens
- gesellschaftliche Zukunftsbilder
- eher Möglichkeitsstudie als Prognose
- eher multidimensional als fokussiert
- ein Gedankenexperiment
- eine Simulation wahrscheinlicher Kontexte
- angewandtes konzeptionelles Judo

Zeitsymmetrie von Geschichte und Vision

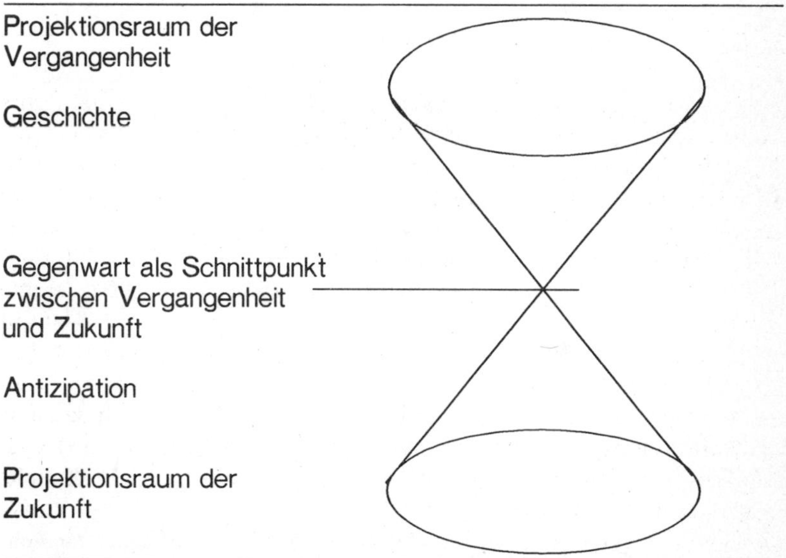

Aus der Gegenwart heraus kann man immer in zwei zeitliche Richtungen schauen: In die Vergangenheit, die Geschichte und bisherige Entwicklung, aber ebenso in die Zukunft, den noch offenen Raum der Visionen und Ideen. Beides ist legitim und notwendig zur Bewältigung der jeweiligen Situation. Keine Utopie ohne entsprechende visionäre Ideen.

2. Exkurs:
Die Methode Zukunftswerkstatt

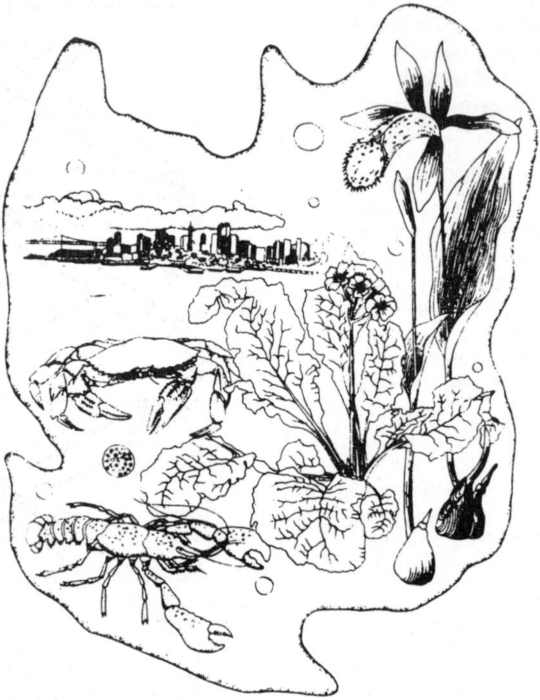

„Was verbindet den Krebs mit dem Hummer und die Orchidee mit der Primel und alle vier mit der Landschaft, der Stadt? Und diese sechs mit der Amöbe und mit uns? Nach welchem Muster sind alle verknüpft in der Gesamtheit der Realität?“

Gregory Bateson

Als Modell und Anschauungsbeispiel für den Ablauf und die Vorgehensweise der Zukunftswerkstatt dient das Symbol, das die westliche Wissenschaft mit den fernöstlichen Lehren verbindet: das I Ging.

(Fortsetzung auf S. 53)

Als Hilfestellung zum methodischen Ablauf einer Zukunftswerkstatt haben wir ein Modell entwickelt, das diese theoretischen und konzeptionellen Überlegungen veranschaulichen soll.

Die Dialektik zwischen Rationalität und Institution, Yin und Yang, oder auch – um auf naturwissenschaftliche Erkenntnisse Bezug zu nehmen – zwischen der rechten und der linken Gehirnhälfte stellen wir durch zwei Spiralen dar, die phasenverschoben umeinander kreisen.

Dies ergibt eine sogenannte Doppel-Helix – bekannt als Modell für den Aufbau der Lebensgrundsubstanz DNS (Desoxyribonukleinsäure).

Der Ablauf der Zukunftswerkstatt spielt sich nun zwischen diesen beiden Spiralen ab, als ständiger Wechselprozeß zwischen den beiden Polen und Denkarten.

Die „Verbindungsstege“ zwischen den zwei Spiralen sind die Stufenleiter oder methodischen Schritte, die natürlich immer sowohl rational als auch emotional, Yin und Yang, sind, jedoch unterschiedlichem Gewicht. Eine Methode tendiert mehr zu dem einen, die nächste mehr zum anderen Pol.

Nach diesem Schema und Entwicklungsmuster läßt sich die Zukunftswerkstatt beliebig ausgestalten, es ist ein Prinzip, keine rigide Regel. Um jedoch eine Vorstellung zu geben, wie es ablaufen könnte, und welche Vorgehensweise sich erfahrungsgemäß als besonders produktiv und nützlich erwiesen hat, sei die folgende Phasenvorstellung gegeben:

Ablaufspirale der Zukunftswerkstatt

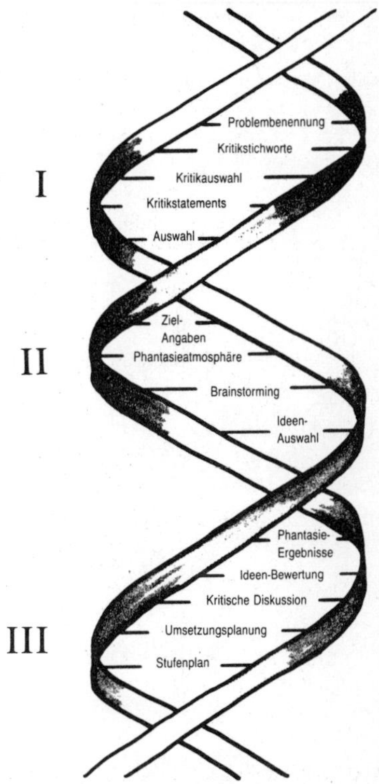

Ausgehend vom Dualismus der zwei Grundprinzipien, wie sie im chinesischen I Ging durch Yin und Yang repräsentiert sind, werden die drei Phasen der Zukunftswerkstatt durch zwei gegenläufige und sich ergänzende Stränge gebildet, welche den beiden Vorgehensweisen in dieser Methode entsprechen:

- dem intuitiv-assoziativen Prinzip,
- dem rational-analytischen Prinzip.

Diese Doppelhelix dient als Ablaufmodell für die Zukunftswerkstatt, wobei die Analogie zum DNS-Aufbau durchaus bewußt gewählt ist. Die Basenverbindungen stellen die methodischen Schritte der Werkstatt dar. Besonders relevant ist der Übergang von Phase I (Kritik und Katharsis) zu Phase II (Utopie und Phantasie), weil hier ein Wendepunkt von Problemvertiefung zu Kreativitätsentfaltung und damit verbunden ein Perspektivwechsel beziehungsweise Paradigmensprung möglich wird. Erfahrungsgemäß entsprechen sich „Tiefgang" in Phase I und „Höhenflug" in Phase II.

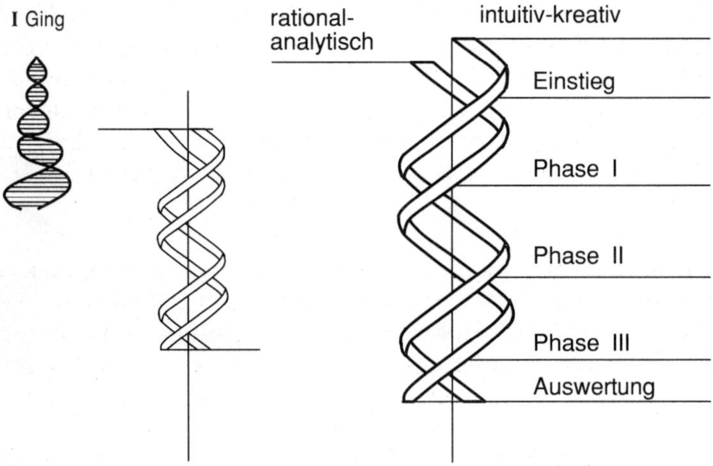

Dieses Zeichen ist sowohl „Schlüssel" und Ausgangspunkt für das Hexagramm-System des chinesischen Buches der Wandlungen als auch das Schema der von James D. Watson entdeckten Doppelhelixstruktur des Lebensgrundstoffes DNS (Desoxyribonukleinsäure). Dieses Schema macht auf ganz einfache Weise deutlich, wie in der Zukunftswerkstatt ein Problem „umkreist" und einerseits analytisch-rational und andererseits intuitiv-emotional angegangen wird.

Die Prozeßhaftigkeit und der ständige Wandel der Perspektive und des Erkenntnisstandes wird ebenfalls an der Graphik ablesbar. Die einzelnen Stufen oder Schritte entsprechen dem genetischen Code der Basenverbindungen zwischen den Spiralen.

Seit über 20 Jahren werden nun Zukunftswerkstätten, „Future Workshops", die insbesonders durch Alvin Toffler und Robert Jungk bekannt wurden, vor allem in den USA und Deutschland veranstaltet. Meist als eintägige oder mehrtägige Veranstaltungen, erwiesen sie sich bei entsprechenden Moderatoren als äußerst motivierende und kommunikative Prozesse.

Über die Geschichte und den Grundgedanken der Zukunftswerkstatt wollen wir hier nicht berichten, dazu sei auf das Buch von Robert Jungk und Norbert Müller verwiesen (Zukunftswerkstätten, München 1990).

Im Laufe der Jahre hat sich die Methode selbst anhand der verschiedenen Anwendungsbereiche und Erfahrungen emanzipiert: Waren es in den ersten Anfängen in den 60er Jahren relativ undifferenzierte große öffentliche Brainstorming- und Problemartikulations-Treffen, so sind es heute teilweise sehr durchstrukturierte, mehrtägige Gruppenerfahrungsprozesse mit thematisch orientierten Arbeitsabläufen.

Ohne die gesamte Vielfalt der gegenwärtig existenten Ausformungen der Zukunftswerkstatt-Methode erfassen zu wollen, kann man heute grundsätzliche drei Generationen dieser Vorgehensweise unterscheiden:

- Die erste Generation der Zukunftswerkstätten war geprägt vom politisch-systemkritischen Ansatz der Studentenbewegung in den 60er Jahren. Problembenennung, Artikulation von Ängsten und Wünschen, Machtbarrieren und Emanzipationsvisionen. Zukunftswerkstätten an der Straßenecke, auf dem Marktplatz, während einer Tagung, in der Schule, in der Fabrik . . .
- Die zweite Generation der Zukunftswerkstatt lernte schon aus den Erfahrungen: Das Drei-Phasen-Modell, die Kleingruppenstruktur, Moderation und intensivere Vor- und Nachbereitung prägten dieses Arbeitsmodell. Das Buch „Zukunftswerkstätten" von Jungk/Müller ist Zeugnis dieser Entwicklungsstufe, welche berücksichtigt, daß Utopien und Visionen erst in einem angstfreien Raum und nach der Artikulation von Ängsten, Schwierigkeiten und Widerständen gedeihen können. Auch die Weiterführung der entwickelten Ideen in einer „permanenten" Zukunftswerkstatt ist Kennzeichen dieser Evolutionsphase.
- In der dritten Generation der Zukunftswerkstätten, die ungefähr seit Anfang der 80er Jahre praktiziert wird, kommt der logische

Dreischritt von Kritik – Utopie – Realisierung in Kontakt mit den Erkenntnissen und Erfahrungen aus der humanistischen Psychologie sowie den realen Erfordernissen in Friedensarbeit und Kreativitätsförderung: zu der rein verbalen und begrifflichen Methodik kamen visionäre, gruppendynamische und viele weitere erfahrungsorientierte Elemente.

Aus einem Utopie-Brainstorming wurde eine durchstrukturierte Erfahrungsmöglichkeit zur Entwicklung sozialer Phantasie.

Diese drei Generationen der Zukunftswerkstatt bestehen auch heute noch nebeneinander – ebenso ist diese Evolution nach oben offen, das heißt, die Weiterentwicklung dieser Methodik ist gerade noch zwingend, weil Arbeitsformen, die vor zehn Jahren noch brauchbar waren, es schon heute nicht mehr sind. So können bestimmte Formen der Visualisierung und Kreativierung, wie sie früher angewandt wurden, heute kaum mehr produktiv eingesetzt werden. Der Grund dafür ist äußerst positiv: Menschen lernen unglaublich schnell (. . . wenn sie einmal in Schwung gekommen sind!), und was vor ein paar Jahren anregend, stimulierend, bewußtseinserweiternd gewirkt hat, kann später höchst langweilig sein. Deshalb muß sich die Zukunftswerkstatt ,,permanent" verändern, dazulernen und immer neue Dimensionen miteinbeziehen.

Diese ständige Innovation bezieht sich auch auf die Inhalte einer Zukunftswerkstatt: Themen kommen und gehen, die ,,Ins" und ,,Outs" der öffentlichen Diskussion berühren auch die Zukunftswerkstatt selbst.

Doch nicht die Überschriften, Titel und populären Topics sind von primärer Relevanz, sondern die Muster und Strukturen hinter diesen Wortfassaden. Dies ist auch eine praktische Erkenntnis aus über 20 Jahren Zukunftswerkstatt-Arbeit: Das Thema mag bestimmte Menschen zusammenführen, aber die tiefere Motivation ergibt sich erst im Laufe der ersten Phase, der Kritik- und Katharsiszeit – dort werden die ,,patterns, which connect" (Gregory Bateson) evident –, und erst dann kann die wirksame Arbeit beginnen.

Das wirkliche Thema ergibt sich . . . Doch mit solchen Prozessen haben konventionelle Planer, Denker, Seminargestalter große Schwierigkeiten – denn es ist nicht vorauszusehen, was herauskommt, selbst der Ablauf ist nicht hundertprozentig vorauszubestimmen.

Gegenüber perfekter Agenda-Planung geht es heute darum, Kontexte, ein Ambiente für Innovationen zu kreieren, um damit die Qualität von Lernprozessen aufzubauen, die wir in Krisen- und Problemsituationen benötigen. Informationen, Fakten, Problemanalysen reichen nicht mehr aus – wir benötigen konzeptionelle „blockbuster", Durchbrüche kreativer, sozialer, visionärer Phantasie. Die Zukunftswerkstatt versucht solche Prozesse durch ihre methodischen und kontextualen Angebote zu provozieren.

Diese Provokationen beziehen nicht nur unseren Intellekt, sondern auch unsere Körpersensationen, unsere Tagträume, Ängste und Wünsche mit ein.

Methodisches Instrumentarium der Zukunftswerkstatt			
Klassische Fragen und Vorgehensweisen	Kreativitätstechniken und intuitive Methoden	Planungstechniken und Allokationsverfahren	Kommunikation und Interaktion
quia	Brainstroming	Netzplantechnik	Gestalt
quid	Synectics	Trendexploration	Encounter
cur	Philipps 66	Nutzwertanalyse	Diskussion
contra	Guided Fantasy	Input-Output-Analyse	Vortrag
simile	Mind Mapping	Lineare Optimierung	Präsentation
paradigma	Trigger Technik	Graphentheorie	Visualisierung
testes	Ideen-Delphi	Cross-Impact-Analysis	Symbolisierung
ubi	Science Creation	Interaktionsmatrix	Psychodrama
quibus	Semantic Intuition	Performance-Liste	Planspiel
quomodo	Meditation	Risikoanalyse	Classroom-Game
quando	Contextual Map	Sensitivitätsanalyse	Space-Game
deduktiv	Scenario-Writing	Transformationskurve	Gerichtsszene
induktiv	Network-Drawing	Strukturanalyse	Zeitsprung
abstrakt	Force-Fit	Problembaum	Marathon
funktional	Bionics	Kosten-Nutzen-Analyse	Tanz
empirisch	Methode 6-3-5	Spieltheorie	Pantomime
spekulativ	Zwicky-Box	Clusteranalyse	Creation-Making
objektiv	Utopia-Design	Prioritätenlisten	Sokratische Gespräche
subjektiv	Zeitsprung	Entscheidungsbaum	Multi Vision
historisch	Checklists	Polaritäten-Matrix	SynComConference
ontologisch	Overload	Langzeitbewertung	
systematisch	Komplexitätstest	Relevanzbaum	
chronologisch	Konvergenzmuster	Controlling	
kosmologisch		Retrognose	

10 typische kontra-systemische Argumentationsstrategien, wie sie in Zukunftswerkstätten und anderen Gruppensituationen immer wieder vorkommen:

1. *Polarisierung* als duale Eindimensionalität. Simples Schwarz/Weißdenken, Pro und Kontra, boom or doom, Sieg oder Untergang. Verhindert jegliche differenzierte, das heißt mehrdimensionale Sichtweise.
2. *Monokausalität*, der Versuch, alle Ereignisse oder Problemphänomene auf eine Ursache zu reduzieren („Natur des Menschen", „Kapitalverwertung", „Entropie" etc.).
3. *Zeitgefängnis* als begrenzter Zeithorizont, welcher langfristige Zusammenhänge ausklammert.
4. *Horror Vaccui*, die Angst, etwas nicht erklären zu können, kein Konzept oder Modell zur Verfügung zu haben.
5. *Objektivitätssyndrom*, die Ignoranz gegenüber subjektiven Meinungen und Einstellungen. Faktenzentrierung als szientistischer Dogmatismus.
6. *Hierarchisierung* als rein vertikale Linearität der Denkweise, was meist zu polarisierten Machtfragestellungen und Schuldzuweisungen gerät.
7. *Romantizismus* in Fragen ökologischer Relevanz als naives Verständis von Mensch-Natur-Beziehungen.
8. *Chaos-Angst* ist die Furcht vor der bei kreativen Prozessen notwendigen Auflösung alter Ordnungen und Strukturen.
9. *Erfolgszwang* und -sucht, durch positives Feedback überzogene Resultate und Bestätigungen, die dann kontraproduktiv zur eigentlichen Intention wirken: Nichts ist so trügerisch wie der Erfolg!
10. *Finalismus* oder statischer Utopismus, der fixe Idealgestalten produziert, anstelle prozessorientierter, dynamischer Zukunftsforschung.

Denn viel zu oft wird die ,,objektive" Analyse aller Umstände so in den Vordergrund geschoben, daß für mögliche Alternativen kein Platz bleibt.

Unsere Chance steckt in der Umstrukturierung der Wirklichkeit, erst in der Vorstellung, dann in der Willensbildung (politische Meinungsbildung) und dann in der Realität! Die Idee ist Voraussetzung für den objektiven Veränderungsprozeß – ist das idealistisch? Selbstverständlich! Wer diese Dimension ideeller Prozesse nicht akzeptiert, kann auch die realen Prozesse veränderter Wirklichkeit nicht mehr erkennen.

In der Zukunftswerkstatt treffen sich die ideellen, psychologischen und systematischen Dimensionen der Zukunftsgestaltung: Dallas, Ökotopia, Chinatown, Findhorn etc. werden zu Aufforderungen, das eigene Lebenskonzept zu hinterfragen. Es geht dabei nicht um die prognostische Stichhaltigkeit eines solchen Zukunftsszenarios, sondern um die evokative Qualität bezüglich unserer Fähigkeit umzudenken, verschiedene Perspektiven und Grundhaltungen einzunehmen, eben ,,Paradigmen" wechseln zu können. Somit ist die Zukunftswerkstatt *ein Übungsfeld des Paradigmenwechsels*, ein Experimentierlabor zum Neuentwickeln von Zukünften, Images und Modellen einer wünschenswerten Entwicklung. Daß diese Funktion und Intention keineswegs trivial ist, zeigt sich an der gegenwärtigen Hilflosigkeit vieler Planer, Wissenschaftler und institutionellen Vordenker. Die fehlende Vision, das nichtvorhandene Zukunftskonzept wird zum ,,missing link", welches sich bis in jedes Detail der Gesamtplanung spürbar fortsetzt.

Realistische Modelle kommen nicht ohne utopische Vorarbeit und Visionskraft aus, dies ist eine empirische Erkenntnis aus Hunderten von Zukunftswerkstätten.

Wir berauben uns selbst um eines der größten Potentiale für reale Veränderungen, wenn wir nicht diese in jedem Menschen vorhandene Fähigkeit zur Antizipation und Imagination nutzen, oder – um es mit den Worten von Robert Buckminster Fuller zu sagen: ,,Für weniger als Utopie ist die Welt heute zu gefährlich!"

Wandzeitung einer Szenariogruppe in einer Zukunftswerkstatt zum Thema ökologische Umweltgestaltung

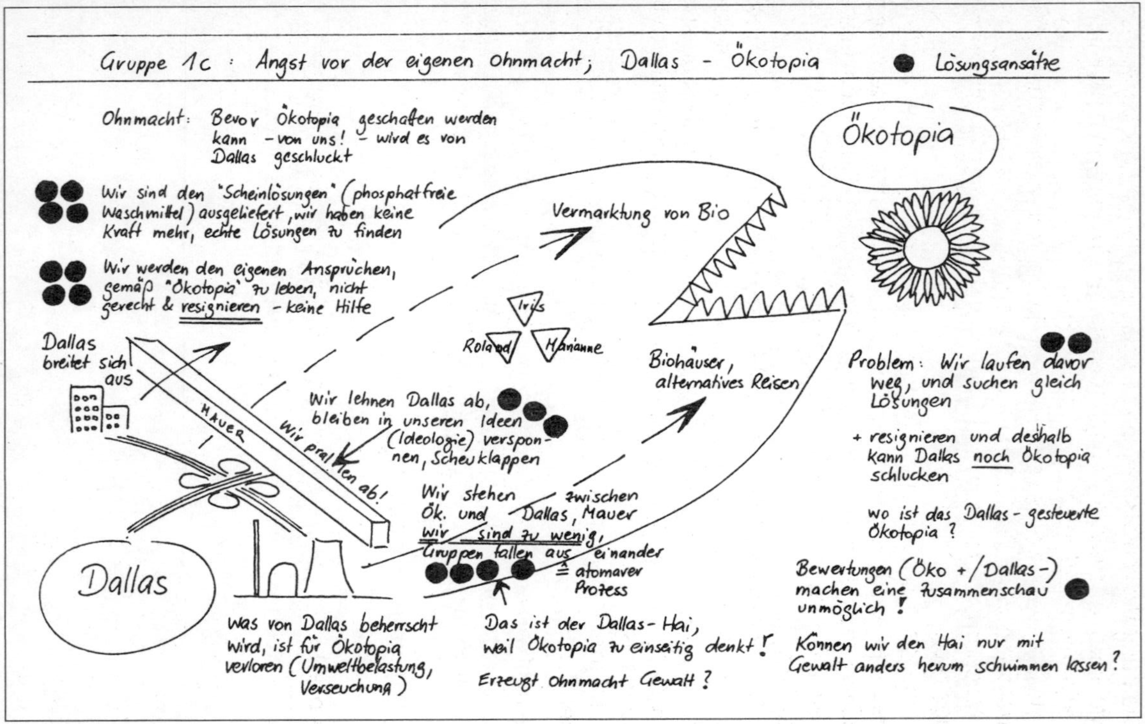

Zukunftswerkstätten in Deutschland

Die Zukunftswerkstatt ist ein soziales Experimentierlabor zur Entwicklung alternativer, wünschenswerter Zukünfte in einem internationalen und interdisziplinären Rahmen.

In einem Netzwerk von Initiativgruppen und wissenschaftlichen Instituten wird die Vermittlung zwischen „Theoretikern" und „Machern", Experten und Laien, Utopisten und Realisten angestrebt.

In einem speziell entwickelten Prozeß ganzheitlicher Systembetrachtung und gemeinsamer Lösungsfindung werden Menschen dazu angeregt, über Zukunftsentwicklungen nachzudenken und ihren eigenen Emanzipations- und Transformationsweg zu finden.

Die repressionsfreie Atmosphäre solcher Zukunftswerkstätten erlaubt durch sowohl rationale als auch intuitiv-spielerische Methoden das „Umdenken" und „Anderssehen" der Realität, was die erste Voraussetzung zur kreativen Gestaltung alternativer Zukünfte ist.

Informationen und Veranstaltungshinweise sind erhältlich bei der

Zukunftswerkstatt
Future Lab Institute
Wulf-Rüdiger Lutz
Bergstraße 19
31832 Springe

(Adressierten und freigemachten Rückumschlag beifügen!)

Zukunftswerkstätten in Deutschland

IV. Das Elmwood-Konzept der Ökobilanzierung

A. Ursprung und konzeptioneller Rahmen der Ökobilanz
Der Global File Report des Elmwood-Institutes

,,Global File" ist ein Projekt des Elmwood-Institutes, bei dem Informationen über erfolgreiche ökologische Praktiken der Unternehmen und Regierung gesammelt, analysiert und veröffentlicht werden. In unserem ersten Bericht legen wir unsere Einschätzung der 90er Jahre als kritisches Jahrzehnt dar, das durch einen profunden Wandel weg von einer mechanistischen Weltanschauung und weg von einem vom Dominanzstreben bestimmten Wertesystem hin zu einer ökologischen Weltanschauung und einem Wertesystem auf der Grundlage einer echten Partnerschaft gekennzeichnet ist. Die Herausforderung der 90er Jahre besteht in der Schaffung einer tragfähigen Gesellschaft, das heißt einer sozialen und kulturellen Umgebung, in der ,,wir unsere Bedürfnisse befriedigen können, ohne zugleich die Zukunft der nächsten Generationen zu zerstören" (Brown 1981).

Der ,,Global File"-Bericht Nr. 1 konzentriert sich hauptsächlich auf das Beispiel Deutschland, eines der Länder, in denen das Bewußtsein für den Stellenwert der Umwelt nicht nur innerhalb der Bevölkerung, sondern auch in der Industrie und Politik einen brisanten Aufschwung erlebte. Der Report präsentiert und diskutiert das Konzept und die Praxis des umweltbewußten Managements durch deutsche Unternehmen und dient als anschauliche Illustration dessen, was in naher Zukunft auf andere Länder zukommen wird.

Er handelt von umweltbewußtem Management, im besonderen von der ,,Ökologischen Bilanz" (oder Ökobilanz), die mittlerweile als wesentlicher Bestandteil eines zeitgemäßen Managements gilt. Dieser Bericht ergänzt das deutsche Konzept der Ökobilanz (und das in Amerika entwickelte etwas enger gefaßte Konzept), dehnt es über die Grenzen Deutschlands hinaus aus und versucht, für diesen sich rapide entwickelnden Bereich neue Maßstäbe zu setzen. Er versteht sich als *konzeptioneller* Ratgeber, der den kulturellen und konzeptionellen Rahmen aufzeigt und den Standard für eine Ökobilanz festlegt. Des weiteren wird die für eine derartige Ökobilanz notwendige Firmenpolitik dargelegt und die Theorie aufgestellt, daß nur Bilanzen dieser „tiefenökologischen" Natur einen wirklichen Beitrag zu einer reduzierten Umweltbelastung im wirtschaftlichen Bereich leisten.

1. Anstieg umweltrelevanter Bedenken

Während der 70er und 80er Jahre führten nicht zuletzt die Umweltkatastrophen von Seveso, Bhopal, Tschernobyl und Basel zu einem dramatisch verschärften Umweltbewußtsein in ganz Europa. Diese Entwicklung vollzog sich kurz darauf in den Vereinigten Staaten von Amerika, wo die Ölkatastrophe der Exxon Valdez die Bevölkerung erzürnte. Millionen von Menschen auf der ganzen Welt trafen sich am „Tag der Erde 1990", um gemeinsam ihre Absicht, die Erde zu retten, kundzutun. Heutzutage herrscht die weitverbreitete Einstellung daß die 90er Jahre das Jahrzehnt der Umwelt werden.

Es ist von Bedeutung, sich daran zu erinnern, daß sich das Schadensausmaß der obengenannten Katastrophen im Vergleich zu den meist unentdeckten kumulativen Umweltschäden, die durch eine riesige Anzahl kleiner Umweltsünder verursacht werden, als relativ gering erweist. Dabei bewegen sich diese „kleinen Fische" in den meisten Fällen durchaus im Rahmen der jeweiligen Landesgesetze. Für Deutschland wurde das jährliche Ausmaß von Umweltschäden wie folgt geschätzt:

Luftverschmutzung:	über 48 Milliarden DM
Wasserverschmutzung:	weit über 18 Milliarden DM
Bodenschäden:	weit über 5 Milliarden DM
Lärm	über 33 Milliarden DM
Gesamtschaden:	über 104 Milliarden DM

Die Gesamtsumme von 104 Milliarden DM entspricht etwa 6 % des deutschen Bruttosozialprodukts aus dem Jahr 1984. Für andere europäische Länder liegen leider keine entsprechenden ökologischen „Jahresbilanzen" vor, das Gesamtausmaß der Umweltschäden in diesen Staaten wird von der Organisation für wirtschaftliche Zusammenarbeit und Entwicklung (OECD) auf 3 – 5 % des Bruttosozialprodukts geschätzt.

Natürlich schließen diese Hochrechnungen gewisse Faktoren nicht mit ein, entweder weil sie nicht quantitativ erfaßt werden können oder weil deren relevante ökologische Interdependenz noch nicht erforscht wurde. Es gilt als wahrscheinlich, daß das tatsächliche Schadensausmaß die gegenwärtigen Berechnungen sogar noch übersteigt.

Während der 80er Jahre hat sich der Glaube daran, daß ,,alltägliche" Umweltschäden durch ökologisch sinnvolle Unternehmenspraktiken drastisch reduziert werden können, in ganz Europa verbreitet. Besonders in Deutschland war ein Boom bei umweltfreundlichen Produkten und Dienstleistungen zu verzeichnen.

Die starke Reaktion deutscher Unternehmen und ihrer Kunden auf diese Herausforderung durch die Umwelt muß vor dem Hintergrund der folgenden Entwicklungen, die die politische Landschaft während der 80er Jahre prägten, betrachtet werden:

- das rapide gewachsene Umweltbewußtsein in der Öffentlichkeit, das sich beträchtlich auf die Kaufvorlieben der Kunden auswirkte, zusammen mit dem Entstehen einer mächtigen Ökologiebewegung;
- das Entstehen einer Protestwelle gegen bestimmte Technologien, vor allem gegen Atomkraft und andere Mega-Technologien als neue politische Protestform;
- die Gründung der GRÜNEN und ihre Erfolge bei der Einführung kritischer ökologischer Themen in den politischen Dialog und die Gesetzgebung.

Aus der Kombination dieser drei Entwicklungen entstand ein Geschäftsklima, in dem sich die Überzeugungen deutscher Unternehmen hinsichtlich der Umwelteinflüsse bestimmter Unternehmenspraktiken nachhaltig änderten. Vor den 80er Jahren galt Umweltschutz als lästiges, kostenintensives Nebenthema, das unter Einbringung des Vorwands, Umweltschutzmaßnahmen schränkten die Konkurrenzfähigkeit ein, tunlichst zu vermeiden war. Diese Reaktion war eine reine Verteidigungshaltung; Ziel war es, sämtliche Ansprüche aufgrund von Umweltschäden kleinzumachen, abzuwehren, zu bekämpfen oder zu ignorieren. Während der 80er Jahre wurden Ausgaben für den Umweltschutz nicht mehr ausschließlich als Kosten, sondern vielmehr als Investition in die Zukunft gesehen und, paradoxerweise, auch als Vorteil gegenüber der Konkurrenz betrachtet. Aus dem defensiv-reaktiven Verhalten wurde ein proaktiv-kreatives. ,,Umweltbewußtes Management" wurde das neue Schlagwort in progressiven Unternehmerkreisen.

Durch diesen drastischen Wandel im unternehmerischen Denken gingen die deutsche Industrie und deutsche Ökologie eine neuartige Symbiose ein. Experten, spezielle Kommunikationskanäle und finanzielle Mittel der deutschen Industrie führten zu einer Realisierung vieler „öko-technologischen" Projekte, die von Umweltgruppen initiiert wurden. Somit wandelte sich der anfängliche Antagonismus zwischen der Basisökologiebewegung und der Industrie in eine hochproduktive Zusammenarbeit.

Der Gesinnungswandel unter deutschen Unternehmen wird durch Meinungsumfragen dokumentiert. Bereits 1984 wies eine Umfrage des Bundes der Jungen Unternehmer nach, daß 78 % der Befragten die Aufnahme des Umweltschutzes in die deutsche Verfassung begrüßen würden; 75 % beabsichtigten die Aufnahme von Umweltschutzmaßnahmen in die Produktion, während 60 % zu erheblichen Opfern für den Umweltschutz bereit seien.

a) Umweltbewußtes Management

Die Einbeziehung des Umweltschutzes in die Ziele des Managements führt zu einer nachhaltigen Erweiterung des gesamten Managementbegriffs. Die traditionellen Ziele des Managements waren ausschließlich wirtschaftlicher Art. Aber seit dem Zweiten Weltkrieg wurden vor allem in Europa unter der steigenden Integration sozialer Komponenten – wie Arbeitsschutz, Sozialversicherung, Arbeitermitbestimmung, humane Arbeitsplatzbedingungen usw. – die Ziele des Managements erweitert. Bis Mitte der 50er Jahre hatten sich diese Ziele sowohl in der Theorie als auch in der Praxis enorm ausgedehnt (Dyllik).

Während der 80er Jahre fand auch die ökologische Dimension Eingang in das deutsche Managementkonzept. Zunächst fand dies nur sporadisch statt, indem vereinzelte Manager und Unternehmer Recyclingprogramme initiierten oder Energiesparmaßnahmen und ähnliche ökologische Innovationen in ihre Betriebe aufnahmen. Diese Praktiken verbreiteten sich jedoch rasch, und schon bald entwickelten mehrere Geschäftspioniere umfangreiche und ökologisch orientierte Managementsysteme.

Zum erfolgreichsten dieser Systeme avancierte das von Georg Winter entwickelte „Integrierte System eines umweltbewußten Managements", das heute unter dem Namen „Wintermodell" bekannt ist.

Auf der praktischen Seite ist die Gründung der Bundesgemeinschaft für Umweltbewußtes Management (B.A.U.M.), eines Zusammenschlusses mehrerer Firmen zum Zwecke der Verbreitung und Ausarbeitung des Wintermodells zu nennen.

Vorteile des umweltbewußten Managements

Winter führt sechs Gründe auf, warum jeder verantwortungsbewußte Manager oder Unternehmer die Prinzipien des umweltbewußten Managements in seinem Betrieb verwirklichen sollte:

1. *Überleben der Menschheit:* nur mit umweltbewußten Unternehmen kann eine ökologisch gesunde Wirtschaft realisiert werden; ohne eine ökologisch gesunde Wirtschaft ist das Überleben der Menschheit gefährdet.
2. *Öffentlicher Konsens:* nur mit umweltbewußten Unternehmen kann es einen öffentlichen Konsens mit den Unternehmen geben; ohne solchen Konsens wäre die Marktwirtschaft politisch bedroht.
3. *Marktchancen:* ohne ein umweltbewußtes Management droht ein Verlust der schnellwachsenden Marktchancen.
4. *Risikosenkung:* ohne umweltbewußtes Management setzen sich Unternehmen dem Risiko der Haftung für Umweltschäden aus, die in Millionenhöhe gehen können und auch die persönliche Haftung der Direktoren, leitenden Angestellten und anderen Mitarbeitern nicht ausschließen.
5. *Kostenersparnis:* umweltbewußtes Management läßt unzählige Gelegenheiten für eine Reduzierung der Betriebskosten erkennen.
6. *Persönliche Integrität:* ohne umweltbewußtes Management werden sowohl Unternehmer als auch Firmenmitarbeiter das Gefühl haben, es mangele ihnen an persönlicher Integrität, weswegen sie sich nicht voll mit ihrem Beruf identifizieren können.

Befriedigung im Beruf muß mit dem Bewußtsein einhergehen, daß die Arbeit mit minimalen Kosten für die Umwelt, persönlicher Gesundheit und Chancen für zukünftige Generationen verbunden ist. Diese Philosophie impliziert den Begriff der „Tragfähigkeit", der in der amerikanischen Umweltbewegung zu einem Kernkonzept geworden ist (Brown, 1981). Beim Wintermodell ist diese Ansicht in sechs Prinzipien aufgegliedert, die für den langfristigen Erfolg eines umweltbewußt geführten Unternehmens von essentieller Bedeutung sind:

Qualität

Ein Produkt darf nur dann als qualitativ hochwertig bezeichnet werden, wenn es auf umweltschonende Weise produziert wurde und wenn bei seiner Verwendung oder Entsorgung keine Umweltschäden verursacht werden. (Nach der Elmwoodschen Ansicht ist diese Formulierung etwas naiv, da alle industriellen Vorgänge umweltschädlich sind; Ziel ist es, das Schadensausmaß so gering wie möglich zu halten).

Kreativität

Die Kreativität der Mitarbeiterschaft eines Unternehmens wird gefördert durch die Bedingungen am Arbeitsplatz, bei denen menschliche und biologische Bedürfnisse berücksichtigt werden (niedriger Lärmpegel, gesunde Ernährung, ökologisch orientierte Architektur u.ä.).

Menschlichkeit

Das allgemeine Arbeitsklima wird menschlicher, wenn Firmenziele und -strategien nicht ausschließlich auf wirtschaftlichen Erfolg, sondern auch auf eine Verantwortung für alle Lebensformen ausgerichtet sind.

Rentabilität

Die Rentabilität eines Unternehmens kann durch die Umsetzung ökologischer Innovationen und die Nutzung von Marktchancen für ökologisch ansprechende Produkte gesteigert werden.

Kontinuität

Es liegt im Interesse der Kontinuität eines Unternehmens, Haftungsansprüche bei Verstößen gegen eine sich weiter verschärfenden Gesetzgebung im Bereich der Umwelt auszuschließen und kein finanzielles Risiko aufgrund der sinkenden Nachfrage nach umweltschädlichen Produkten einzugehen.

Loyalität

Im Endeffekt wird die Belegschaft eines Betriebs nur dann Loyalität zu ihrem Land und Mitbürgern aufbringen können, wenn sie sich emotional verbunden fühlen. Dies kann jedoch nur zutreffen, wenn das Land seinen Charakter aufgrund eines umweltverantwortlichen Umgangs beibehält.

Das Wintermodell beinhaltet den strategischen Einsatz traditioneller Managementmaßnahmen im ökologischen Sinn. Somit setzen umweltorientierte Manager die ihnen zur Verfügung stehenden speziellen, oft internationalen Kommunikationskanäle sowie ihren Einfluß auf die Industrie- und Handelskammern und Berufsverbände ein. Die Effizienz von Managementsteams, die daraufhin geschult und erfahren sind, Ziele festzulegen und zu verwirklichen, wird auf den umweltrelevanten Kontext ausgeweitet. Die Kreativität der Arbeitnehmer kann auf ökologische Aktivitäten gelenkt werden, zum Beispiel durch das innerbetriebliche Vorschlagswesen.

Drei Schlüsselelemente sind für umweltbewußte Managementstrategien charakteristisch (Dyllik 1989):

Innovation

Im Gegensatz zu kosten- und arbeitsparenden Maßnahmen erfordern umweltbewußte Strategien „öko-freundliche“ und rohstoffkonservierende Innovationen. Es gibt zwei Arten von ökologischen Maßnahmen: solche, die die Umweltbelastung durch einen Betrieb verringern, und solche, die dem Verbraucher ökologische Vorteile bieten. Erstere führen zu einer Kostensenkung, letztere zu Vorteilen gegenüber der Konkurrenz.

Kooperation

Die Relevanz der Kooperation zwischen allen an der Herstellung eines Produkts hinsichtlich Rohstoffen, Produktion, Verwendung und Entsorgung Beteiligten ergibt sich aus der Tatsache, daß wirtschaftliche und ökologische Wirkungen unterschiedlichen Gesetzen folgen. Bei der Wirtschaft regiert das Konkurrenzdenken, bei der Ökologie die Kooperation.

Kommunikation

Bei traditionellen Managementstrategien sind Kommunikation und Public Relations begrenzende Komponenten der Vermarktung. Bei umweltbewußten Managementstrategien wird dagegen der Aufgabe der Kommunikation zentrale strategische Bedeutung beigemessen, was sich aus der Vertrauenskrise, von der sowohl einzelne Unternehmen als auch ganze Industriezweige betroffen sind, ergibt.

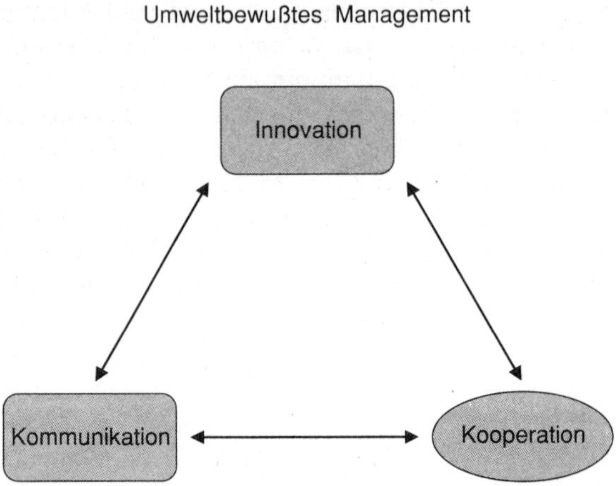

b) Ursprung und Praxis der Umweltbilanz

Alle wirtschaftlichen Aktivitäten üben einen Einfluß auf die Umwelt aus und verursachen somit Kosten für die Umwelt. In der konventionellen Wirtschaft werden diese Kosten als „Fremdkosten" behandelt. Sie tauchen in keiner Bilanz auf und werden an den Verbraucher, die Umwelt und zukünftige Generationen weitergegeben. Umweltbilanzen hatten ihren Ursprung in Deutschland und der Schweiz Ende der 70er Jahre, als Kosten für Umwelt – und auch Soziales – (Müller-Wenk, 1978) in die traditionellen Jahresbilanzen aufgenommen wurden. Diese als Umwelt- oder Sozialbilanz bekannt gewordene Praxis impliziert eine Untersuchung und Prüfung aller Tätigkeiten eines Unternehmens mit dem Ziel, das Unternehmen auf eine ökologisch sinnvolle Grundlage zu stellen.

In Deutschland und der Schweiz hat die Umweltbilanz den gesetzlichen Rahmen, also die Prüfung, ob ein Unternehmen auch aus ökologischer Sicht konkurrenzfähig ist, bereits gesprengt. Die Hauptaufgabe besteht nicht nur in der Feststellung, ob sich ein Unternehmen an Gesetze hält, sondern, inwieweit sich die Umweltbelastung verringern läßt. Dies schließt Arbeits- und Umweltschutz, die Bereitstellung eines ökologisch gesunden Arbeitsplatzes und die Herstellung umweltfreundlicher Produkte ein. Solche Überlegungen finden nur langsam Zutritt in das amerikanische Gedankengut, auch wenn Betriebe mittlerweise nach diesen Prinzipien handeln. In Großbritannien werden die meisten Umweltbilanzen, vor allem bei größeren Firmen, von amerikanischen Unternehmen, die in den USA sitzen, erstellt. Dadurch werden genau wie in Amerika nur „Einhaltungsbilanzen" erstellt. Die Grundhaltung dieser Betriebe ist immer noch als defensiv zu bezeichnen. Der sich in Deutschland während des letzten Jahrzehnts in vielen Unternehmen vollzogene Wandel ist in England noch ausgeblieben.

Wir hoffen, daß sich eine proaktive, kreative Annäherung an Umweltbilanzen (oder Ökobilanzen, wie wir sie in späteren Kapiteln definieren) auf der ganzen Welt entwickeln wird. Angesichts der kontinuierlichen Auseinandersetzung mit Energieeffizienz, der steigenden Nachfrage nach umweltfreundlichen Produkten und dem weltweiten Einfluß der nach 1992 zu erwartenden europäischen Produktstandards ist wahrscheinlich so groß, daß sich der Wandel auch bei amerikanischen Unternehmen vollziehen wird.

c) Fallstudien

Ungefähr Mitte der 80er Jahre begannen zahlreiche Firmen mit der Umsetzung ökologischer Praktiken wie Recyclingprogramme, Energiesparmaßnahmen, wiederfüllbare Container usw. Viele gingen sogar einen Schritt weiter in Richtung auf ein umfassendes, ökologisch orientiertes Management. Ein deutscher Chemiekonzern (SKW Trostberg) hat beispielsweise nicht nur seinen ganzen Produktionsablauf auf ökologisch sinnvolle Vorgänge umgestellt, sondern auch die Aufklärung der Mitarbeiter und Motivationsprogramme sowie die finanzielle Unterstützung von Umweltschutzgruppen oder Finanzierung von Studien über Umweltbelastungen in sein Firmenkonzept aufgenommen. Ein führendes Versandunternehmen (Otto Versand) überprüfte seine Produktpalette und eliminierte besonders schädliche Produkte aus seinen Beständen, einschließlich der aus Regenwaldholz hergestellten Produkte oder solcher Erzeugnisse, die mit Tötung gefährdeter Tierarten in Verbindung stehen.

Ein Hamburger Kosmetikkonzern (Elida Gibbs) sucht in seinem „Grünen Report" nach beispielhafter Offenheit, hält Kontakt mit führenden Umweltschützern und schuf ein firmeninternes „Öko-Team", dessen Vertreter in allen Abteilungen sitzen. Ein Industrieversorgungsunternehmen (Friedrich Niemann) veröffentlicht einen „Grünen Katalog" mit Öko-Technologien.

Ein Schweizer Supermarkt (Coop Schweiz) entwickelte sein eigenes System für Umweltetiketten. Eine Brauerei (Neumarkter Lammsbräu) kreierte eine „ganzheitliche Managementphilosophie", welche eine organische Landwirtschaft, ökologisch sinnvolles Brauen und Verpacken sowie den Einsatz von Solarenergie beinhaltet.

Die meisten dieser Unternehmen erstellen teilweise Ökobilanzen, einige entwickeln sogar umfassende Bilanzierungssyteme. Eine davon ist Winter & Söhne, eine in Hamburg ansässige Firma, die Diamantschneidewerkzeuge herstellt und das bereits erwähnte Wintermodell entwickelte. Ein anderer Trendsetter ist Bischof & Klein, einer der größten Verpackungsmittelhersteller Europas, der als Leitlinie für seine Firmenpolitik einen umfangreichen „Öko-Plan" ins Leben rief. Außerdem war dies eines der ersten Unternehmen Deutschlands, das eine systematische ökologische Bilanz einführte, die drei Stufen umfaßt: eine Unternehmens-, Produkt- und Fertigungsbilanz. Dieses System zeigte sich so erfolgreich, daß Bischof & Klein es nun auch anderen Firmen anbietet.

In England ist vor allem das von Anita und Gordon Roddick gegründete Kosmetikunternehmen „The Body Shop" im Umweltschutz, sowohl in die Tiefe gehend, als auch Pionierarbeit leistend, engagiert. Die Firmenpolitik und Aktivitäten basieren auf der Vision seiner Gründer von einem erfolgreichen Geschäftsverlauf unter Einbeziehung umweltrelevanter und sozialer Themen und deren Umsetzung in die tagtägliche Praxis. Seit Eröffnung seines ersten Ladens 1976, expandierte The Body Shop international mit über 450 Läden in 37 Ländern auf der Grundlage einer Reihe ökologischer Prinzipien:

- Kosmetikartikel mit minimalem Verpackungs- und Werbungsaufwand verkaufen
- besser für Gesundheit statt Glamour werben
- nach Möglichkeit natürliche Stoffe verwenden
- weder Bestandteile noch Endprodukte an Tieren testen

– in jedem Laden einen Nachfüll-Service anbieten
– Abfall und Papier grundsätzlich wiederverwerten

Die Firma kauft Rohstoffe aus der ganzen Welt und betreibt eine tragfähige, nichtausbeuterische Politik bei den Vertragsabschlüssen mit wirtschaftlich benachteiligten Ländern.

Ein klassisches Kennzeichen des Body Shops ist die Nutzung seiner Schaufenster und Tragetüten für radikale, absolut unkonventionelle Kampagnen über Themen wie Umwelt und Menschenrechte.

Von Anfang an war umweltbewußtes und soziales Handeln oberstes Gebot für den Body Shop. Aufgrund der kürzlichen Expansion des Unternehmens wurde das Bedürfnis nach einem umweltbewußten Management erkannt, und man entschloß sich zu einer alles umfassenden Umweltbilanz mit dem Ziel des *Bekenntnisses* zu einer formellen Umweltpolitik.

Viele der in diesem Kapitel empfohlenen Techniken werden vom Body Shop bereits verwirklicht. Sie beinhalten eine effektive multimediale Kommunikation, sowohl nach außen als auch nach innen, unterstützen Beziehungen mit Basisorganisationen; Mitarbeiterschulungsprogramme mit starker Betonung der Umwelt; ökologische Einkaufskriterien und Produktentwicklung; sowie ein ausgedehntes Abfallbeseitigungsprogramm.

2. Methoden zur Analyse von Umweltdaten

a) Quantität und Qualität

Alle umweltorientierten Praktiken, ganz besonders aber die Ökobilanz, sind auf ein zuverlässiges Informationssystem über ökologisch relevante Daten zwingend angewiesen. Zunächst wird eine Aufstellung der Umweltbelastung und der daraus für das Unternehmen resultierenden Kosten benötigt. Hier stoßen wir auf ein zentrales Problem bei sämtlichen Methoden der Analyse von Umweltdaten. Nur wenige Umweltbelastungen können quantitativ präzise erfaßt werden, da sie die – menschliche oder nichtmenschliche – Lebensqualität berühren, die hauptsächlich über Werturteile bestimmt wird, auch wenn sich Messungen bei der Einschätzung von Lebensqualität als hilfreich erwiesen haben.

Die konventionelle Wirtschaft und vor allem die Unternehmensverwaltung haben sich traditionell als wertfreie Wissenschaft dargestellt, gleichwohl sind Wertvorstellungen für alle Wissenschaften sehr wohl maßgeblich. Anstatt sich mit Werten zu befassen, versucht das Unternehmen, Wertvorstellungen in Preisen auszudrücken, die wiederum meßbare Quantitäten sind und „objektiv" behandelt werden können. Nicht explizit genannt werden jedoch die Kriterien für das Auszeichnen von Wertvorstellungen mit Preisschildern, was sich im Grunde als politische Wahl erweist.

Die Konzentration auf Preise statt Wertvorstellungen verewigt die Spannung zwischen Quantität und Qualität, zwischen Wirtschaft und Ökologie, was alle Methoden der Umweltdatenanalyse beeinträchtigt. Dies wird vor allem bei den unterschiedlichen Techniken der Erfassung von Umweltdaten deutlich, die jeder Ökobilanz zugrunde liegen. In dem vom Schweizer Wirtschaftsexperten Ruedi Müller-Went Ende der 70er Jahre aufgestellten Erfassungssystem werden die Belastungsfaktoren wie Energie- und Rohstoffverbrauch sowie Wasserverschmutzung quantifiziert und aufgezeichnet. Die unterschiedlichen Faktoren werden anschließend unter Zuhilfenahme eines „Äquivalenzkoeffizienten" auf der Grundlage ökologischer Knappheit miteinander verglichen. Somit können die Umweltbelastungen unterschiedlicher Firmen beziehungsweise die Umweltbelastungen einer Firma über mehrere Jahre hinweg miteinander verglichen werden.

Das Hauptproblem bei dieser Methode besteht darin, wie die Äquivalenzkoeffizienten festgelegt werden sollen, die dieser Methode zwar einen wissenschaftlich-mathematischen Anstrich verleihen, andererseits aber eine implizierte politische Entscheidung maskieren. Rohstoffknappheit als einziges Kriterium für diese Berechnung zu sehen läßt andere Umweltschäden außer acht, wie zum Beispiel die Ausrottung seltener Tierarten, und betont lediglich den ökologischen Status quo, nicht aber die Notwendigkeit der Restauration.

b) Methodik der Umweltbilanz in Deutschland

Nachfolgend betrachten wir zahlreiche Methoden zur Analyse von Umweltdaten. Der Erfolg der jeweiligen Methode hängt davon ab, inwieweit sie den Bilanzprüfer befähigen, die Spannung zwischen Wirtschaft und Ökologie durch die Integration quantitativer und qualitativer Annäherungen zu überwinden.

Umweltindikatoren
Umweltindikatoren wie der ,,Biologische Sauerstoffbedarf" (BSB) identifizieren spezielle Schadstoffe, die durch gesetzliche Bestimmungen definiert werden. Diese Methode gibt einerseits eine quantitative Norm vor, ignoriert aber synergistische Auswirkungen und impliziert nicht ausdrücklich genannte Wertvorstellungen.

Umwelterfassung
Er werden bestimmte Arten der Zu- und Abgänge (wie zum Beispiel Materialverwendung, Abwässer, Abwärme bei der Müllverbrennung) ausgewählt und quantifiziert, um zu beweisen, daß die ,,effektiven Kosten", wozu auch Umweltbelastungen zählen, die Marktpreise deutlich überschreiten. Damit werden Alternativen (vor allem kostenintensive, die weniger umweltschädlich sind) für die Wirtschaft als Ganzes gerechtfertigt. Die Analyse, der Vergleich und die Bewertung von Zu- und Abgängen werden durch die Verwendung von ,,Äquivalenzkoeffizienten" ermöglicht – eine Methode, die trotz ihrer Fehlerhaftigkeit ökologische Ethik in eine traditionelle wirtschaftliche Analyse aufnimmt.

Berechnung der Umweltbelastungen
Ursprünglich auf der Grundlage des amerikanischen Umweltschutzgesetzes aus dem Jahr 1969 entwickelt, handelt es sich bei dieser Schät-

zung der Umweltbelastungen nur um eine institutionelle Überprüfung der Einhaltung gesetzlicher Bestimmungen. Diese defensive Praxis wurde von anderen Nationen, einschließlich Deutschland, übernommen.

Berechnung der wirtschaftlichen Durchführbarkeit (Feasibility-Study)
Diese Methode beinhaltet ausschließlich wirtschaftliche Kriterien und aus dem Rechnungswesen abgeleitete Methoden (beispielsweise Abschreibungen). Damit kann jedoch weder berechnet werden, ob Investitionen oder Produktionsprozesse ökologisch wichtig oder erfolgreich sind, noch trägt dieser Ansatz zum Spannungsabbau zwischen Wirtschaft und Ökologie bei.

Technologiefolgenabschätzung (TA)
Diese Methode wurde ebenso wie die Berechnung der Umweltbelastungen für Entscheidungsfindungsprozesse innerhalb staatlicher Einrichtungen entwickelt. Sie befaßt sich insbesondere mit den vorhersehbaren sozialen und politischen Konsequenzen neuer Technologien, integriert ökologische Überlegungen jedoch nur in einem geringen Maße.

Ablaufschema der Umweltverträglichkeit (UVP) und Technologie-Folgenabschätzung

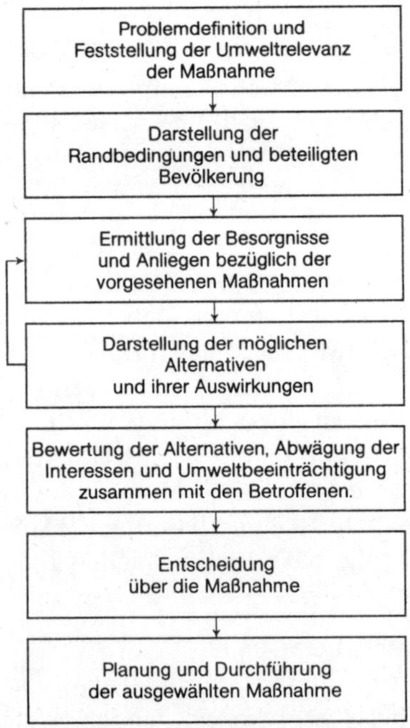

Material- und Energieverbrauch
Diese Methode, die oft in praktischen Anwendungen integriert ist, kann bei der Analyse der umweltschädlichen „Mikroprozesse“ eines Unternehmens sehr hilfreich sein, kann jedoch auch als Matrix für den permanenten Materialfluß dienen. Eine besondere Eigenschaft dieser physikalischen Methode ist die Eignung dafür, als Maßstab bei der Festlegung von Schadstoffgrenzen beim Umweltschutz verwendet zu werden.

Marktforschung
Dies bedeutet das Sammeln von Informationen mit Hilfe von Fragebögen und kontrollierten Experimenten über Themenbereiche wie die Nachfrage nach umweltfreundlichen Produkten, wieviel der Verbraucher dafür auszugeben bereit ist oder der Wissensstand und Sensibilisierungsgrad bei Umweltfragen allgemeiner oder spezieller Natur.

Kosten-Nutzen-Analyse
Diese Methode versucht die für Investoren und andere (zum Beispiel Arbeitnehmer) Direktbetroffene anfallenden Kosten zu schätzen. Es hat sich jedoch als schwierig erwiesen, die unterschiedlich erhaltenen Ergebnisse in Geld umzusetzen.

Soziale Bilanz
Das traditionelle Konzept der „Bilanz“, das ein Unternehmen in Begriffen wie finanzielle Einlagen und Haftung beschreibt, wird erweitert auf ökologische und soziale Kosten und Vorteile.

Datenbanken und Umweltdaten
Datenbanken sind eher Informationsquellen als Analysemittel, die Nennung an sich ist jedoch gerechtfertigt durch die gestiegene Relevanz der für die Planung benötigten Informationen. Bis jetzt werden in Deutschland mehrere Datenbanken bereits im Planungsstadium eingesetzt. Datenbanken liefern Informationen über Umweltbedingungen, ökologische Standards, Schadstoffgrenzwerte und Literaturhinweise. Die folgenden Datenbanken werden eingesetzt:

UMPLIS (allgemeines Informations- und Dokumentationssystem), AWIDAT (Information über Abfall), DABAWAS (Wasserverschmutzungsdaten) – siehe Anhang Datenbanken

Checklisten
Checklisten haben sich als fundamentales Hilfsmittel sowohl bei der Ökobilanz als auch der engeren Erfassungsbilanz erwiesen. Des öfte-

ren wurden Checklisten jedoch auf einer ad-hoc-Basis erstellt und wiesen logische Mängel auf. Die zentrale Aufgabenstellung liegt in der Zusammenstellung einer systematischen Auflistung der ökologischen Verhältnisse bei Produktion und Verbrauch. Diese konzeptionellen Ziele tragen durch Kategorisieren und Vergleichen bestimmter Faktoren zur Entscheidungsfindung bei.

Relevanzmethode
Erweist sich bei entscheidungsrelevanten Methoden hinsichtlich umstrittener ökologischer Methoden als nützlich, da hier Ziele und Teilziele je nach ihrem Beitrag bei der Erreichung höher geordneter Ziele hierarchisch angeordnet werden.

Systemdynamik
Hier wird die komplexe Simulation von Systemprozessen durch Computer ermöglicht. Diese kostspielige Methode wurde von J. Foerster entwickelt, um wirtschaftliche und ökologische Wachstumsprozesse zu simulieren. Sie wurde bereits auf mehrere globale Modelle angewandt.

Bilden von Szenarien
Diese Technik ist sehr nützlich bei der Entwicklung einer umfassenden Teilnahme der ökologischen Planung eines Unternehmens. In der Zukunftswerkstatt werden Diskussionsrunden dazu aufgefordert, mögliche Alternativszenarien der Zukunft zu entwickeln:

- das Status-quo-Szenario;
- ein positives alternatives Szenario;
- ein realistisches Gegenszenario;
- ein strategisches Szenario als Synthese der obigen drei Punkte.

Während Techniken wie die Kosten-Nutzen-Analyse die Hinzuziehung von Experten erfordern und nur spezielle Problemstellungen angehen, bilden Szenarien komplexe Möglichkeiten, zahlreiche Faktoren eines Unternehmens, wie sie von einer Gruppe gesehen oder ausgemalt werden, als Geflecht darzustellen. Somit tragen sie dazu bei, die Beziehung innerhalb einzelner Abteilungen oder abteilungsspezifischer Belange und der Zukunft des Unternehmens als Ganzes darzustellen. Aufgrund der Aufstellung von alternativen Basisparadigmen fördert diese Methode kreatives und innovatives Denken.

3. Ökobilanz

a) Unterschied zwischen Umwelt- und Ökobilanz: Der Paradigmenwechsel

Bei dem konzeptionellen Rahmen für Theorie und Praxis der Ökobilanz müssen wir zwischen Umwelt- und Ökobilanz unterscheiden. Der erste Begriff steht für den defensiven Ansatz, wie er bei der Erfassungsbilanz zu beobachten ist, der zweite Begriff steht für den proaktiven reaktiven Zugang, wie er in Deutschland entwickelt und vom Elmwood-Institut ausgearbeitet wurde. Der Zweck einer Ökobilanz besteht darin, die Umweltbelastungen durch ein Unternehmen zu minimieren und sämtliche Betriebsvorgänge ökologisch sinnvoll zu gestalten.

Unser Ausgangspunkt ist die Anerkennung, daß weltweite ökologische Probleme, wie auch alle anderen großen *Problematiken* der heutigen Zeit, nicht getrennt betrachtet werden können und dürfen. Es handelt sich hierbei um *systemische* Probleme, – miteinander verbunden und interdependent – die nach einem neuen systemischen oder ökologischen Denken verlangen, um verstanden und gelöst werden zu können. Diese neue Denkweise muß überdies von einem Wertewandel, das heißt von Expansion zu Umweltschutz, von Quantität zu Qualität und von Dominanz zu Partnerschaft, begleitet werden. Das neue Wertesystem und die Denkweisen, zusammen mit der entsprechenden neuen Wahrnehmung und Praxis, wird als „neues Paradigma“ bezeichnet.

Die der Praxis der Ökobilanz zugrundeliegende Philosophie, wie sie vom Elmwood-Institut verstanden wird, basiert auf der Überzeugung, daß sich die von einem Unternehmen verursachten Umweltbelastungen nicht bedeutend verbessern, solange sich das Unternehmen nicht einem radikalen Wandel hinsichtlich seiner Unternehmenskultur unterzieht.

b) Seichter Umweltschutz und Tiefenökologie

Unsere Unterscheidung zwischen Umwelt- und Ökobilanz impliziert die Verwendung des Begriffs „ökologisch“ in dieser weitreichenden Bedeutung. Wir betrachten unsere Terminologie als spezielle Anwendung des Unterschieds zwischen „seichtem Umweltschutz“ (Devall und

Sessions) und ,,Tiefenökologie", Begriffe, die in den 70er Jahren von dem norwegischen Philosophen Arne Naess geprägt wurden. Dieser Unterschied wird mittlerweile in weiten Kreisen als hilfreiche Terminologie für das Verständnis eines großen Unterschieds zeitgemäßer gedanklicher Trends bezüglich der Umwelt akzeptiert.

In seiner Übersicht ,,Deep Ecology: A New Philosophy of Our Time?" befaßt sich Warwick Fox mit den folgenden drei Merkmalen von Arne Naess' Unterscheidung, von denen jede einzelne für unsere Einteilung in (seichte) Umwelt- und (tiefe) Ökobilanz gilt. *Seichter Umweltschutz akzeptiert die dominanten mechanistischen Paradigmen. Tiefenökologie involviert den Wandel zu einer ganzheitlichen systemischen Weltanschauung.*

Eine Umweltbilanz stellt die dominanten firmenspezifischen Paradigmen nicht in Frage. Sie betrachtet das Unternehmen als steuerbaren Apparat und übernimmt die groben Vorgaben der konventionellen Wirtschaft. Bei der Konformitätsbilanz können rein auf Quantifizierung basierende Methoden angewandt werden, da gesetzliche Bestimmungen und Standards mengenmäßig formuliert werden. Dies führt jedoch zu einer weiteren Vertiefung des Status quo und erweist sich bei der Lösung dringender Umweltprobleme, die nicht von der Regierung angegangen werden, keineswegs als hilfreich.

Die Ökobilanz involviert den Wandel vom mechanistischen zum systemischen Denken. Ein wesentlicher Aspekt dieses Wandels ist, daß die Welt nicht mehr als Mechanismus, sondern als Netzwerk lebender Systeme gesehen wird. Dieser Wandel betrifft unsere Wahrnehmung der Natur, des menschlichen Organismus, der Gesellschaft und somit auch die Wahrnehmung der Organisation eines Unternehmens. Firmen sind lebende Systeme, deren Betriebsfähigkeit nicht allein vom wirtschaftlichen Standpunkt aus begutachtet werden kann. Als lebendes System kann ein Unternehmen nicht starr durch direkten Eingriff gesteuert, sondern nur über Orientierungshilfen und Impulse beeinflußt werden. Dieser neue Managementstil ist als systemisches Management bekannt.

Seichter Umweltschutz ist anthropozentrisch: er betrachtet die Menschheit als Ursprung aller Wertvorstellungen und stuft die Natur lediglich als Nutzwert für den Menschen ein. Tiefenökologie akzeptiert die inneren Werte aller Lebewesen und betrachtet den Menschen lediglich als ein bestimmtes Element im Netzwerk des Lebens.

Umweltbilanzen werden mit der Vorstellung assoziiert, ein Unternehmen wäre nur bei eigenen Gewinnvorteilen zur Lösung umweltrelevanter Probleme bereit. Ihr fehlt die ethische Komponente, und die Hauptmotivation besteht aus der Einhaltung gesetzlicher Bestimmungen und der Verbesserung des Firmenimages. Im Gegensatz dazu ist die Motivation der Ökobilanz die ökologische Ethik und die Sorge um das Wohl zukünftiger Generationen. Ausgangspunkt ist der Wertewandel eines Unternehmens.

Seichter Umweltschutz tendiert dazu, die Ideologie des Wirtschaftswachstums entweder versehentlich zu akzeptieren oder freudig zu begrüßen. Tiefenökologie hingegen ersetzt die Ideologie des Wirtschaftswachstums durch die Idee der ökologischen Tragfähigkeit.

Die Ideologie des Wirtschaftswachstums, die ja die Haupttriebfeder der aktuellen Wirtschaftspolitik und tragischerweise auch der globalen Umweltzerstörung ist, wird durch Umweltbilanzen nicht in Frage gestellt. Ablehnung dieser Ideologie bedeutet nicht notwendigerweise die Ablehnung jeglichen Wachstums, sondern eher Ablehnung der blinden Verfolgung einer unbegrenzten wirtschaftlichen Expansion, die mit rein quantitativen Begriffen wie die Maximierung des Profits oder des Bruttosozialprodukts umfaßt wird. Ökobilanzen beinhalten die Überzeugung, daß ungebremstes Wirtschaftswachstum auf einem begrenzten Planeten nur in einem Desaster enden kann. Demgemäß wird das Wachstumskonzept durch die Einführung der ökologischen Tragfähigkeit als Schlüsselkriterium sämtlicher geschäftlicher Aktivitäten qualifiziert.

c) Die Elmwood-Definition einer Ökobilanz

Auf der Grundlage der bisherigen Diskussion über den Unterschied zwischen dem seichten Umweltschutz und Tiefenökologie machen wir uns folgende Definition der Ökobilanz zu eigen:

Eine Ökobilanz, wie sie vom Elmwood-Institut verstanden wird, ist eine Untersuchung und Einstufung sämtlicher Aktivitäten eines Unternehmens aus der Perspektive der tiefen Ökologie beziehungsweise des neuen Paradigmas. Ihr liegt der Wandel der Wertvorstellungen eines Unternehmens zugrunde, und zwar von Dominanz zu Partnerschaft und von der Ideologie des unbegrenzten Wirtschaftswachstums zur ökologischen Tragfähigkeit. Sie involviert den entsprechenden

Wandel von einer mechanistischen zu einer systemischen Denkensweise und konsequenterweise zu einem neuen als systemisches Management bekannt gewordenen Management. Das Ergebnis einer Ökobilanz ist ein Aktionsplan zur Minimierung der Umweltbelastungen durch ein Unternehmen und durch Wandel aller Tätigkeiten in ökologisch sinnvolle.

Der Begriff ,,Bilanz", der natürlich der Welt der Finanzen entnommen wurde, führt zur Assoziation einer präzisen und eng definierten Untersuchung nach gesetzlichen Bestimmungen, der Firmenpolitik oder nach ,,allgemeingültigen Praktiken". Die vom Elmwood-Institut befürwortete und in einem weiteren Sinne zu verstehende Ökobilanz schließt Vorgehensweisen ein, die bisweilen als ,,Umfrage", ,,Studie", ,,amtliche Einschätzung", ,,Untersuchung" und ähnliches bezeichnet werden. Wichtig ist, daß die Mitarbeiter in den Prozeß der Bilanzerhebung integriert werden, da sie diejenigen sind, die die eigentliche Arbeit verrichten und deswegen mit den Produktionsabläufen am vertrautesten sind. Sie müssen ihre innovativen Ideen einbringen können, angemessene Unterstützung und finanzielle Anreize erhalten; somit besteht eine ,,Methodik" zur ökologischen Verbesserung eines Unternehmens aus der Mobilisierung der geistigen Auseinandersetzung aller Mitarbeiter mit dem Thema Umwelt und aus Möglichkeiten zur Realisierung der durch diesen Prozeß entstehenden Ideen.

Prozeß der Öko-Bilanz

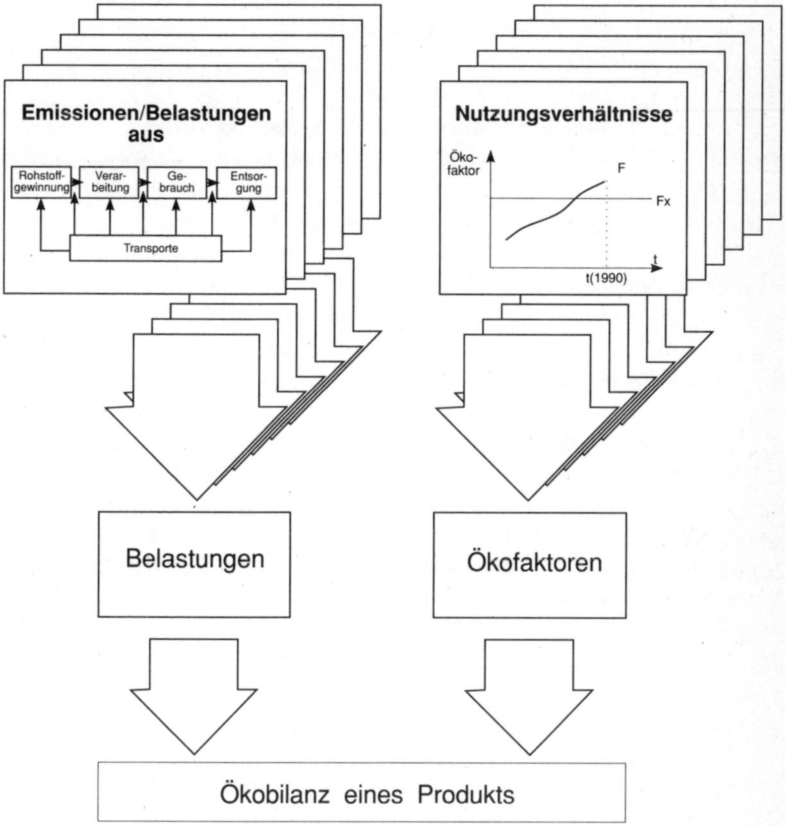

B. Die ökologische Transformation Theorie und Praxis der Ökobilanz

1. Neudefinition der Unternehmenskultur

a) Neue Wahrnehmungen, Ideen und Wertvorstellungen

Unsere Ausgangsbasis beinhaltet, daß die Ökobilanzierung grundlegende Veränderungen in der Firmenpolitik einschließt. Der Ökobilanz, wie sie vom Elmwood-Institut verstanden wird, liegen Wertvorstellungen sowie das Konzept der Tiefenökologie zugrunde. Ihr Erfolg hängt von dem Ausmaß ab, in dem das ökologische Paradigma in die Unternehmenskultur Eingang findet.

Die Konzepte ,,Paradigma" und ,,Unternehmenskultur" sind eng miteinander verknüpft. Ein gesellschaftliches Paradigma kann definiert werden als eine Konstellation von Konzepten, Wertvorstellungen, Wahrnehmungen und Praktiken innerhalb einer Gemeinschaft, die eine bestimmte Vision der Realität aufbaut, welche ihrerseits zur Basis wird, wie sich diese Gruppe selbst organisiert. Unternehmenskultur kann definiert werden als Geflecht von Ideen, Wertvorstellungen, Normen und Verhaltensmustern, die innerhalb eines Unternehmens in einem Konsensprozeß akzeptiert und erarbeitet wurden und die den unternehmenseigenen unverwechselbaren Charakter des Betriebs ausmachen. Oder, wie es der Direktor eines großen Beratungsunternehmens etwas informeller ausdrückte, Firmenpolitik ist ,,die Art, wie wir hier die Dinge schaukeln" (Deal und Kennedy).

Die Gretchenfrage lautet somit: Wie kann die Unternehmenskultur so erweitert und neudefiniert werden, daß dadurch das Paradigma der Tiefenökologie zum Ausdruck kommt? Es würde den Rahmen dieses Berichts bei weitem sprengen, diskutierte man jetzt den Paradigmenwechsel in Wissenschaft und Gesellschaft in all seinen möglichen Spielarten und Auswüchsen. In den folgenden Abschnitten möchten wir deshalb lediglich die Schlüsselelemente beim Paradigmenwandel grob umreißen, wobei besonderer Wert auf die wichtigsten Elemente bei der Neudefinition der Unternehmenskultur gelegt wird.

Um eine erfolgreiche Ökobilanz aufstellen zu können, sollte die Unternehmenskultur folgende Wahrnehmungen, Ideen und Wertvorstellungen enthalten:

Ausgangspunkt: Der Krisenzustand unserer Welt

Die 90er Jahre sind ein kritisches Jahrzehnt. Das Überleben der Menschheit und des Planeten stehen auf dem Spiel. Gegenwärtig werden wir mit einer Vielzahl globaler Probleme konfrontiert, die zu nicht wiedergutzumachenden Schäden am Menschen und an der Biosphäre geführt haben (vgl. die jährlichen Berichte ,,State of the World" des Worldwatch Instituts). Die Wälder dieser Erde werden abgeholzt, während sich die Wüstenfläche ausdehnt. Die Anbauflächen nehmen ab und die uns vor schädlichen ultravioletten Strahlungen schützende Ozonschicht zeigt riesige Löcher. Die Weltbevölkerung vermehrt sich ungebremst, und die Kluft zwischen Armen und Reichen verbreitert sich ständig. Keine dieser Herausforderungen kann isoliert betrachtet werden. Es handelt sich um Probleme, deren Verständnis und Lösung einen systemischen Ansatz erfordern.

Elemente des neuen Paradigmas

Wandel von Objekten zu Beziehungen

Die systemische Natur globaler Herausforderungen entstammt der Tatsache, daß die Welt, unser Planet Erde, als integriertes Ganzes, als lebendes System verstanden wird. Der Wahrnehmungswandel von der Welt als Maschine zur Welt als lebendes System ist das Hauptmerkmal des ökologischen Paradigmas. Die Realität ist nicht länger die Ansammlung einzelner Objekte, sondern vielmehr ein untrennbares Beziehungsgeflecht.

Wandel von Objekten zu Beziehungen

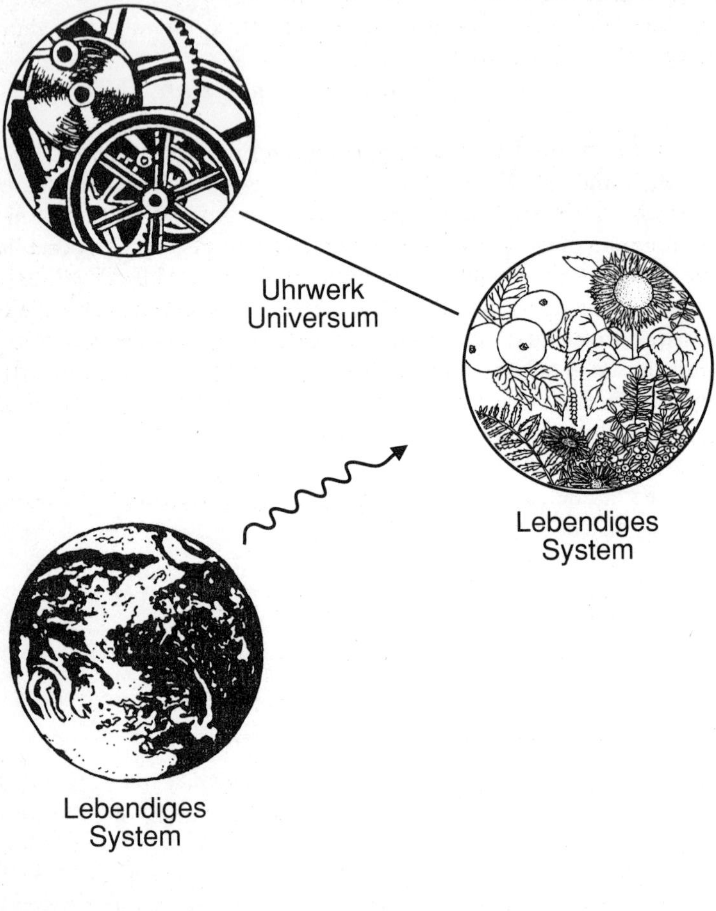

Wandel von einem Teilschema zur Gesamtschau

Lebende Systeme bestehen aus individuellen Organismen, sozialen und ökologischen Systemen, die als integriertes Ganzes in ein größeres Ganzes eingebettet sind, von denen sie abhängen. Bei der physikalischen oder theoretischen Zergliederung des Systems in isolierte Elemente werden systemische Eigenschaften zerstört. Auch wenn wir in jedem System individuelle Eigenschaften beobachten können, unterscheidet sich die Natur des Ganzen immer von der bloßen Summe der Einzelteile. Die Natur eines beliebigen lebenden Systems, einschließlich eines betrieblichen Unternehmens, entstammt aus der Beziehung des ganzen Systems zu seiner Umwelt.

Abkehr von Dominanz, Zuwendung zu Partnerschaft

Ein weiteres wesentliches Merkmal des ökologischen Paradigmas ist der Wandel von Dominanz zu Partnerschaft. Zwar läßt sich eine Maschine durchaus durch Beherrschung und Kontrolle begreifen, bei einem lebenden System ist der Erfolg jedoch wesentlich wahrscheinlicher, wenn kooperative und partnerschaftliche Prinzipien verwirklicht werden. In der Natur ist alle Konkurrenz gleichzeitig in Kooperation eingebunden. Kooperative symbiotische Beziehungen sind ein wesentliches Merkmale des Beziehungsgeflechts aller Daseinsformen.

Von Dominanz zu Partnerschaft

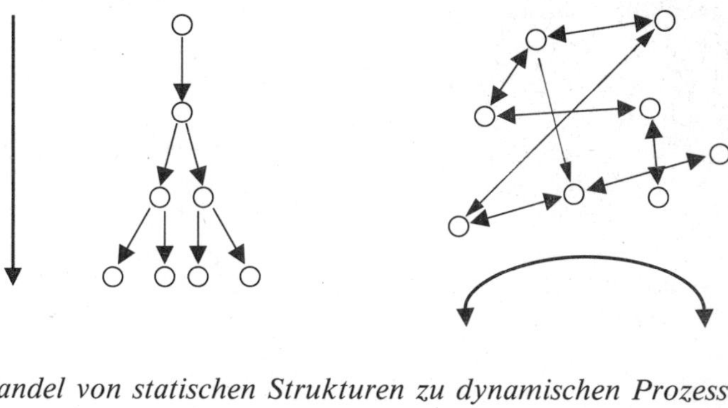

Wandel von statischen Strukturen zu dynamischen Prozessen

Systemdenken ist Prozeßdenken. Jede Struktur ist eine Manifestation der ihr unterliegenden Prozesse. Das Beziehungsgeflecht ist dem Wesen nach dynamisch. Dabei spielt die Fluktuation eine zentrale Rolle. Die Stabilität eines Systems wird durch ein dynamisches Gleichgewicht erreicht, das durch kontinuierliche interdependente Fluktuationen aller Variablen gekennzeichnet ist. Je dynamischer das Gleichgewicht,

Von statischen Strukturen zu dynamischen Prozessen

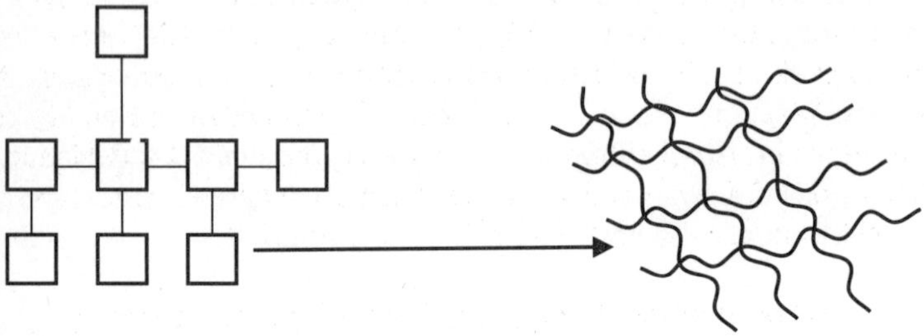

umso flexibler das lebende System; je flexibler das System, um so höher die Stabilität. Streß ist ein Mangel an Flexibilität.

Wandel von Selbstdurchsetzung zu Integration

Ein gesundes dynamisches Gleichgewicht innerhalb eines lebenden Systems schließt die Ausgewogenheit zwischen Selbstdurchsetzung und Integration, den zwei wesentlichen Tendenzen allen Lebens, mit ein. Als integriertes Ganzes müssen sich lebende Systeme in ihrer Individualität behaupten; als Teil eines größeren Ganzen müssen sie sich in die größeren Muster integrieren. In unserer Kultur wurde Selbstdurchsetzung – Wettbewerb, Expansion, Quantität – überbewertet und Integration – Kooperation, Umweltschutz, Qualität – vernachlässigt. Der Paradigmenwechsel schließt den Wandel von Selbstdurchsetzung zu Integration mit ein.

Wandel von Wachstum zu Beständigkeit

Bei kommerziell orientierten Unternehmen ist das wichtigste Merkmal für den Wandel von Expansion zu umwelterhaltenden Maßnahmen, von Quantität und Qualität, der Wandel der fundamentalen „Erfolgs"-Kriterien vom Wirtschaftswachstum hin zur ökologischen Tragfähigkeit. Wie bereits erwähnt, ist das blinde Hinterherlaufen hinter ungebremstem Wachstum die Haupttriebfeder der globalen Umweltzerstörung. Natürlich ist Wachstum an sich ein Kennzeichen von Leben. Jedoch hat es in dieser lebenden Welt nicht ausschließlich eine quantitative Bedeutung. Umweltbewußtes Management beinhaltet vielmehr ein qualitatives Wirtschaftswachstum durch die Einführung von Tragfähigkeit als Hauptkriterium für sämtliche unternehmerische Aktivitäten. Was über einen längeren Zeitraum hinweg in einem System bestehen bleibt, ist sein Organisationsmuster, das heißt das Beziehungsgeflecht, das das System als Ganzes definiert. Dieses Muster, die Essenz des Systems, ist ein qualitatives Merkmal.

Das Wachstumsgesetz lebendiger Systeme

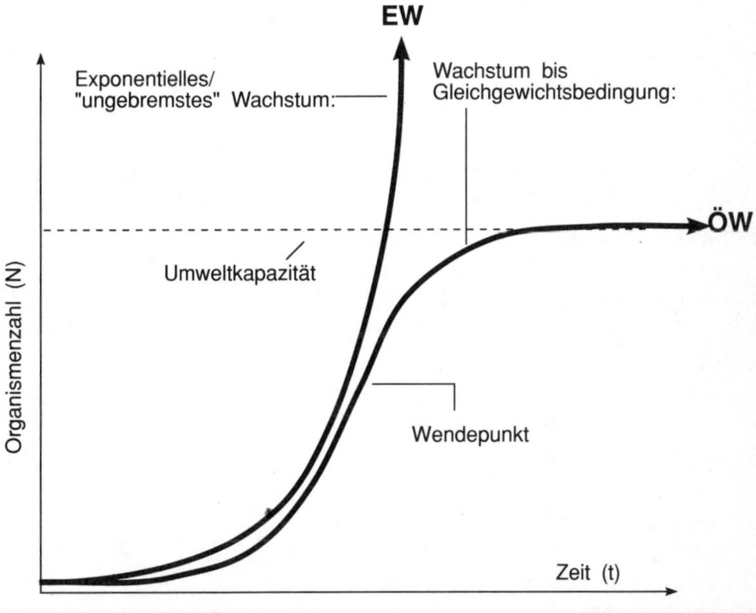

Die Kurve EW zeigt den Verlauf exponentiellen (ungebremsten) Wachstums, welches notwendigerweise nicht mit den vorhandenen Umweltkapazitäten klarkommt. Dagegen verläuft ökologisches, natürliches Wachstum ÖW immer „sigmoid", paßt sich an die Grenzkapazität an.
In begrenzten Systemen (wie zum Beispiel auf unserer Erde) müssen deshalb Wachstumsprozesse immer S-förmig verlaufen, um das Überleben des Gesamtsystems zu ermöglichen.

b) Systemisches Management

Unternehmenskultur ist das Resultat eines langen Prozesses der Konsensbildung, und sämtliche Veränderungen innerhalb dieser Kultur bedingen auf allen Ebenen der Organisationskultur eines Unternehmens die Einbeziehung sämtlicher Mitarbeiter.

Ökologischer Konsens kann nicht von oben herab verordnet werden, sondern muß sich unter Einbringung der Kreativität und der aktiven Einsicht der gesamten Belegschaft entwickeln. Dies ist der Grund, warum die Praxis des ,,systemischen Managements" ein fester Bestandteil der Ökobilanz sein muß. Dieser neue Führungsstil, der sich durch systemisches Denken und Handeln auszeichnet, wurde in Europa während des letzten Jahrzehnts entwickelt und beginnt sich nun auch in Amerika durchzusetzen. Wir wollen uns hier jedoch auf die wesentlichen Aspekte beschränken:

Systemisch orientierte Manager sehen sich nicht als Beherrscher und Kontrolleure eines Unternehmens, sondern vielmehr als ,,Kultivierer" oder ,,Katalysatoren". Sie geben aufgrund ihrer Wahrnehmung der Natur des Unternehmens als lebendes System eher Impulse als Befehle.

Systemische Manager müssen lernen, mit Unsicherheiten zu leben. Sie handeln innerhalb eines sozialen Systems, das sie nicht vollständig begreifen können und dessen Reaktionen sie niemals mit Bestimmtheit voraussagen, geschweige denn steuern können. Natürlich entbindet sie das nicht vor einer verantwortungsvollen und richtungsweisenden Unternehmenspolitk.

Stabilität und Flexibilität eines sozialen Systems als Konsequenz seiner dynamischen Balance zu sehen verlangt auch bei der Konfliktlösung nach einer ähnlichen Strategie. In jedem Unternehmen, so wie in einer Gesellschaft als Ganzes, tauchen unvermeidlich Konflikte und Widersprüche auf, die nicht einfach zugunsten der einen oder anderen Seite gelöst werden können. Deshalb brauchen wir Stabilität und Wandel, Ordnung und Freiheit, Tradition und Innovation, Planung und Laissez-faire.

Ein systemisch orientierter Manager wertet Widersprüche innerhalb seines Unternehmens als Zeichen von Vielfalt und Vitalität und damit als Bezug zur Lebensfähigkeit des Unternehmens. Ein systemischer Manager wird deshalb versuchen, beide Aspekte des strittigen Punktes zu berücksichtigen, wohlwissend, daß beide je nach Kontext wichtig sein können. Er wird versuchen, unvermeidbare Konflikte nicht durch starre Entscheidungen, sondern vielmehr durch dynamisches Ausgleichen beider Seiten zu lösen.

c) Unternehmensziele und -strategien

Kritische Analyse der Unternehmensphilosophie

Der erste Schritt bei der Neudefinition der Unternehmenskultur besteht in einer kritischen Analyse der Unternehmensphilosophie: in welchem Ausmaß sind die am Anfang dieses Kapitels aufgeführten Wahrnehmungen, Ideen und Wertvorstellungen Bestandteil unserer Unternehmenskultur? Eine derart kritische Analyse beginnt mit sehr allgemeinen und tiefgründigen Fragen:

Interessiert mich die Weltsituation wirklich oder handle ich nur, um mein Image zu verbessern oder meinem Ego zu schmeicheln?

Habe ich die wesentlichen Elemente von Ökologie wirklich verstanden, oder wiederhole ich lediglich ein paar Schlagwörter?

Lebe ich selbst umweltbewußt oder gibt es eine Diskrepanz zwischen meinen Worten und Taten? Bin ich konsequent?

In welchem Ausmaß sind die Prinzipien des systemischen Managements Teil unserer Unternehmenskultur?

Der nächste Schritt könnte darin bestehen, die ökologische Tragfähigkeit des Industriezweiges zu untersuchen, zu dem das Unternehmen zählt:

Sind die Produkte beziehungsweise Dienstleistungen des Unternehmens ökologisch vertretbar oder unnötig destruktiv?

Welche Veränderungen würden die Umwelt weniger belasten?

Anschließend sollte die Tragfähigkeit des Unternehmens begutachtet werden:

Wie lautet unsere Firmenphilosophie hinsichtlich des Wirtschaftswachstums?

Welches Wachstumskonzept stellen wir auf?

Bleiben wir auch nach Wegfall des auf quantitatives Wachstum ausgerichteten Ziels offen für einen Wandel?

Eine sorgfältige Überprüfung dieser grundlegenden philosophischen Fragen kann zu einer Ausweitung oder Umformulierung der Absichtserklärung des Unternehmens, über tiefenökologische Werte zu reflektieren, führen.

Analyse der Hauptbereiche

Die vorstehende philosophische Analyse sollte die Umformulierung der firmeninternen Ziele und Strategien soweit zulassen, daß die ökologische Komponente als fester Bestandteil integriert werden kann. Zunächst scheint es sinnvoll, sich auf Hauptbereiche innerhalb des Unternehmens zu konzentrieren.

Welche *Chancen* und *Risiken* gegenüber der Umwelt und dem Markt können wir feststellen?

Gesetzgebung / Öffentliches Bewußtsein / Verbraucherbewußtsein / Aktivitäten der Konkurrenz / Wissenschaftliche und technologische Entwicklungen

Wo liegen unsere *Stärken* beziehungsweise *Schwächen?*

- Gesicherte Finanzierung ökologisch orientierter Investitionen;
- Umweltbewußtsein des Topmanagements;
- Flexibilität des Managements und der Belegschaft;
- Relevanz der Produkte beziehungsweise Dienstleistungen des Unternehmens in puncto Umweltschutz;
- Unterstützung von ökologischen Verbesserungen durch die Gemeinschaft.

Festlegung ökologisch orientierter Unternehmensziele

Sobald die wichtigsten ökologischen Themen identifiziert und analysiert wurden, können ökologisch orientierte Unternehmensziele festgelegt werden. Es mag sich als sinnvoll erweisen, zunächst diverse ökologische Richtlinien aufzustellen, wie zum Beispiel:

- Demonstration der Kompatibilität von Marktwirtschaft und ökologischen Anforderungen;
- Sichern der Überlebensfähigkeit des Unternehmens durch Anerkennung globaler Trends in einem frühen Stadium mit entsprechender Planung;
- Suche nach Wettbewerbsvorteilen durch Minimierung der Umweltbelastung;

- Einnahme eines proaktiven kreativen Standpunktes zu ökologischen Herausforderungen in allen Bereichen der unternehmerischen Tätigkeit.

Nun sollten *langfristige Ziele* der Firma als Ganzes aufgestellt werden:

- Nutzung der sich aus dem ökologischen Engagement des Unternehmens ergebenden positiven Einstellung der Mitarbeiter, der Öffentlichkeit und Regierungsstellen;
- Vorteilsnutzung aufgrund von Kosteneinsparungen durch verringerten Energie- und Rohstoffverbrauch und der Weiterentwicklung umweltfreundlicher Technologien;
- Risikominimierung infolge Produkt- oder Managementhaftung, plötzlicher Gesetzesänderungen oder rapider Nachfragesteigerung bei umweltorientierten Kunden nach bestimmten Produkten;
- Gesetzgebung durch umweltorientierte Lobbybildung beeinflussen.

Ähnliche Ziele müssen auch für sämtliche *Abteilungen* aufgestellt werden, zum Beispiel:

- Personal: Attraktivität der Firma für umweltmotivierte Mitarbeiter erhöhen, dadurch verstärkte Loyalität zum Unternehmen;
- Einkauf: Umweltbewußtsein als Entscheidungskriterium beim Einkauf von Rohstoffen;
- Produktion: Kostensenkung durch verminderten Energie-, Rohstoff- und Wasserbedarf;
- Produktdesign: Neufassung von Spezifikationen mit dem Ziel einer verringerten Umweltbelastung bei der Produktion, beim Produkteinsatz und bei der Entsorgung;
- Vertrieb: Verwendung von Transportmitteln, die weniger Energie verbrauchen und die die Umwelt weniger stark belasten.

Als letzter Punkt muß die Beziehung zwischen den ökologischen und wirtschaftlichen *Zielen* des Unternehmens dargestellt werden:

- Analyse der Auswirkungen der Unternehmensziele in bezug auf Umsatz, Kosten und Gewinn;
- Feststellung der Hauptkonfliktzonen;
- Festlegung langfristiger Prioritäten innerhalb des Systems der Unternehmensziele, wenn möglich bei sich immer weiter ändernden ökologischen Prioritäten.

d) Motivationsaufbau

Die Hinwendung zu einer Umweltverantwortung hängt von dem Engagement eines jeden einzelnen im Unternehmen ab. Alle Mitglieder der Geschäftsleitung, die nicht von der Notwendigkeit eines umweltbewußten Managements und von den Vorteilen der Ökobilanz überzeugt sind, müssen zunächst motiviert werden. Nur wenn die Mitarbeiter motiviert sind, ist das Projekt auf Erfolg ausgerichtet, unabhängig davon, wie gut andere Bereiche geplant sein mögen.

Die Festlegung und Umsetzung der Unternehmensziele und -strategien, wie sie im letzten Kapitel behandelt wurden, fällt wesentlich leichter, wenn das Management einen kooperativen und systemischen Stil vertritt. Dabei sollten schwerpunktmäßig folgende Ziele angestrebt werden: Energien der Mitarbeiter freisetzen, brachliegendes Potential erkennen; Orientierungshilfen bieten; Prozesse initiieren; Respekt und Achtung zeigen; Intuition, eigene Meinung und Visionen betonen; Flexibilität fördern und Lernpotential des Systems vergrößern. Sind diese Muster erst einmal gefestigt, läuft das Projekt „Ökobilanz" wie von selbst.

Es ist wesentlich leichter, Abteilungsleiter von den Vorteilen einer Ökobilanz zu überzeugen, wenn ihre Bedenken angesprochen werden. Mit dem Leiter der Personalabteilung sollten Sie im Gespräch die menschlichen Beziehungen betonen; der Verkaufsleiter sollte sich hingegen mehr mit Öffentlichkeitsarbeit, Firmenimage und Werbung auseinandersetzen; der Einkaufsleiter mit Lösungen zur Entsorgungsproblematik und der Leiter der Finanzierung mit Kostenersparnissen.

Es wirkt sich auch positiv aus, wenn Sie an die persönlichen Beweggründe eines Abteilungsleiters appellieren und versuchen, seine Gefühle und Gedankengänge nachzuvollziehen. Wenn Sie bei Ihrem Gesprächspartner den Wunsch wahrnehmen, den Unternehmensgeist zu fördern, sollten Sie die integrierende Wirkung des Umweltbewußtseins ansprechen; ist das Bedürfnis nach öffentlicher Anerkennung zu verspüren, so ist es sinnvoll, auf den möglichen Abbau des durch diverse Unternehmensaktivitäten zustandegekommenen schlechten Rufs durch die Ökobilanz zu verweisen; stellen Sie bei Ihrem Geschäftspartner das Bedürfnis nach Selbstverwirklichung fest, so bieten Sie ihm an, daß er persönlich Pionierarbeit im Grenzbereich Umwelt/Wirtschaft leisten könne.

Vor der Entscheidungsfällung sollten sich die Betroffenen schon mit dem entsprechenden Informationsmaterial und der Motivation der Belegschaft auseinandersetzen. Gilt eine Entscheidung mit hoher Wahrscheinlichkeit als umstritten, sollten Sie auf einen günstigen Augenblick warten, wie zum Beispiel die Bekanntgabe der Verkaufszahlen eines besonders erfolgreichen Jahres, ein besonderes Jubiläum, einen Großauftrag, oder ähnliches.

Nachdem die Entscheidung gefallen ist, ist es klug, jenen Mitgliedern des Teams, die überstimmt wurden, besondere Aufmerksamkeit zu schenken und sie nicht als geschlagene Gegner zu behandeln.

Entscheidungen über ökologische Maßnahmen sollten überall im Haus bekanntgemacht werden, damit deutlich wird, daß das Management unisono arbeitet, denn dadurch werden die Mitarbeiter stärker an die gemeinsame Entscheidung gebunden. Führt die Entscheidung zu positiven Reaktionen und Ergebnissen, sollten alle Beteiligten dafür anerkannt werden, sowohl innerhalb des Unternehmens als auch in den Medien, so daß jeder am Erfolg teilhaben kann. Kommt es zu negativen Reaktionen (falls zum Beispiel die Qualität von Umweltschutzpapier benörgelt wird), sollten Sie sich hinter die unter Beschuß geratenen Mitglieder des Recycling-Teams stellen, um den Teamgeist zu stärken. Sie sollten jede Gelegenheit nutzen, den Teammitgliedern für ihr Umweltbewußtsein Dank und Anerkennung auszusprechen und sie somit zu zukünftigen Aktionen motivieren.

Die stärkste Motivation für die Belegschaft ist ihr Gefühl persönlicher Integrität und die persönliche Beziehung zu der Firma. In dem Maße, in dem sich das Umweltbewußtsein in der Bevölkerung weiter durchsetzt, wird für viele klar, daß sie sich nicht mehr voll mit ihren Jobs identifizieren können, solange diese umweltschädlich sind. Je mehr sie realisieren, daß ihre Arbeit einen aktiven Beitrag zum Umweltschutz leistet, um so enthusiastischer werden sie für die Erstellung der Ökobilanz und die Umsetzung ihrer Ergebnisse eintreten.

Das Bewußtsein, daß hohe ökologische Standards auch Hand in Hand mit einem hohen Arbeitsstandard im traditionellen Sinn gehen, ist ebenfalls von herausragender Bedeutung. Durch die Bewußtmachung, daß der Wandel von Quantität zu Qualität ein wesentlicher Bestandteil der Tiefenökologie ist, kann das neue Umweltbewußtsein in traditionelle Überlegungen auf der Suche nach qualitativ hochwertiger Arbeit integriert werden.

Ähnliche Überlegungen gelten auch für die Qualität menschlicher Beziehungen innerhalb des Unternehmens, wie das gestaltete Arbeitsumfeld, die Ernährung, etc. Je menschlicher, gesünder und ökologisch sinnvoller diese sind, um so leichter kann ein Umweltbewußtsein aufgebaut werden.

Wie bei den Managern gilt auch hier, daß es sich als hilfreich erweist, persönliche Motivation und Bedenken der Mitarbeiter anzusprechen. Das Bedürfnis nach Sicherheit kann durch Verbesserung des Informationsmaterials über Arbeitsschutzbedingungen und Beobachtung befriedigt werden, der Wunsch, dazuzugehören, durch Leiten weiterbildender Gruppenaktivitäten oder Teilnahme an solchen Aktivitäten; das Bedürfnis nach materieller Anerkennung durch einen Sonderbonus oder ähnliche Anreize; das Statusdenken durch Belobigung und andere Zeichen der Wertschätzung; der Wunsch nach Selbstverwirklichung durch verstärkte Teilnahme an der ökologischen Planung und Strategieentwicklung.

Nachdem das ökologische Paradigma eine ganzheitliche Betrachtensweise der Welt und des menschlichen Seins beinhaltet, ist es wichtig, durch Motivations- und Schulungsprogramme die ganze Person anzusprechen. Dies kann geschehen, indem auf dem Wege einer experimentellen Abhandlung der Ökologie Gefühle angesprochen werden; indem Schulungen über systemisches Denken durchgeführt werden; indem das Verantwortungsbewußtsein für die eigene Gesundheit, die seiner Mitmenschen, anderer Lebewesen und zukünftiger Generationen gestärkt wird; indem das Urteilsvermögen durch Entwickeln der Fähigkeit, ökologische Alternativen zu bewerten und auszuwählen, gefördert wird; sowie indem durch die konstante Ermutigung, neue Einsichten und Entscheidungen in die Praxis umzusetzen, Aktionen ausgelöst werden.

In all diesen Bereichen sind die psychologische Vorbereitung, die moralische Unterstützung und die Erfolgsbestätigung von immenser Bedeutung. Niemand sollte jemals vor vollendete Tatsachen gestellt, sondern rechtzeitig vor einer Entscheidungsfällung immer persönlich befragt werden, damit aus der Erfahrung und dem Wissen der Betroffenen auch wirklich Nutzen gezogen werden kann. Ökologisch erfolgreich durchgeführte Maßnahmen sollten großzügig mit Dank und Lob bedacht werden.

Nach diesen allgemeinen Hinweisen nun einige Vorschläge, wie Mitarbeiter motiviert und geschult werden können. Zunächst müssen die folgenden vier wesentlichen Fragen geklärt werden:

Wer soll motiviert und geschult werden?
Wer ist für Motiverungsprogramme und Schulungen verantwortlich?
Was soll vermittelt werden?
Welche Methoden sind wahrscheinlich am erfolgreichsten?

Zu den *Personen, die motiviert und geschult werden können,* zählen: Auszubildende, Familien der Mitarbeiter, Haushaltsangehörige und Lebenspartner; sowie Mitarbeiter der Dienstleistungsunternehmen, die regelmäßig oder häufig für das Unternehmen tätig werden.

Neben den internen Mitarbeitern und Umweltberatern können zusätzlich *für diese Motivierungsprogramme und Schulungen verantwortlich* sein: Mitarbeiter von Umweltagenturen, Wissenschaftler, Ingenieure und Erfinder; Repräsentanten von Umweltorganisationen und Verbraucherverbänden und Unternehmen, die Umwelttechnologien herstellen; Handwerker, die ihr Handwerk ökologisch sinnvoll ausüben und in der Lage sind, praktische Demonstrationen vorzuführen; Politiker und Persönlichkeiten, die über ökologische Prinzipien oder ihr eigenes persönliches Engagement sprechen und damit Vorbildsfunktion ausüben.

Während der letzten zehn Jahre wurden die unterschiedlichsten Motivations- und Schulungsmethoden sowohl in Europa als auch in Amerika erfolgreich eingesetzt. Nachfolgende Beispiele dienen der Auswahl der geeignetesten Methoden, die den individuellen Ansprüchen der Unternehmen gerecht werden.

Informationsverbreitung

Anschlagtafeln, die Betriebszeitung, Rundschreiben, eine Umweltbibliothek, regelmäßige Berichte und Reden zu besonderen Anlässen sind alles effiziente Kanäle für die Verbreitung von ökologischen Informationen.

- Am *Schwarzen Brett* können Zeitungsartikel über die Umwelt, Informationen über wichtige Rundfunk- oder Fernsehsendungen und Informationen über interne ökologische Maßnahmen aushängen. Eine spezielle Anschlagtafel „Neues aus der Firma zum Thema Umweltschutz“ könnte die Ausweitung der Unternehmensziele in diese neue Domäne zum Ausdruck bringen.

- Die *„Firmenzeitung“* sollte eine „Umweltspalte“, ein Sonderthema aus dem Bereich Umwelt und mehrere Bereiche über ökologische Lebensarten (zum Beispiel: Recycling, organischer Gartenbau, Radfahren und ähnliches) enthalten.
- *Rundschreiben* über Umweltthemen sollten durch Veröffentlichungen des Worldwatch Institute, von Greenpeace und anderen Umweltorganisationen ergänzt werden.
- Eine spezielle *Umweltbibliothek* sollte mit Büchern, Zeitschriften und Zeitungen, Diagrammen, Postern, Dias, Audio- und Videokassetten ausgestattet sein.
- *Regelmäßige Berichte* und die traditionellen Ansprachen zu besonderen Anlässen bieten eine ideale Gelegenheit, um über Erfolge und Mißerfolge des ökologischen Managements der Firma zu berichten und zu demonstrieren, daß diese Art des Managements in die Firmenpolitik integriert wurde.

Soziale Ereignisse

Neben der sozialen Funktion, die von Ansprachen traditionellerweise eingenommen wird, können neue Anlässe kreiert werden, die das Umweltbewußtsein fördern. Dazu zählen:

- eine Umweltverlosung bei Geschäftsfeiern mit einem Fahrrad als Hauptgewinn und ökologisch orientierten Büchern, Videokassetten usw. als weitere Preise;
- Fahrradausflüge oder Spaziergänge der Mitarbeiter in der Natur;
- Besuche ökologischer Sehenswürdigkeiten wie Musterhäuser, effizient arbeitende Unternehmen, alternative Energieanlagen usw.;
- Tag der offenen Tür für Mitarbeiter und deren Familien, Mitbewohner und Freunde, um die ökologischen Praktiken des Unternehmens zu demonstrieren;
- ein Fest für die Mitarbeiter und ihre Familien unter dem Motto „Ja zur Umwelt“.

Tage der offenen Tür, Kinderfeiern und andere Anlässe sind besonders wirkungsvoll, wenn auch die Anwohner der näheren Umgebung eingeladen werden. Vor allem in kleinen Gemeinden hat dies eine stark positive Auswirkung auf das Firmenimage und kann die Aufmerksamkeit von Lokalreportern anziehen.

Sämtliche Mitarbeiter des Unternehmens sollten dazu angehalten und bevollmächtigt werden, über kostensenkende ökologische Maßnahmen nachzudenken, wobei Erfolge belohnt werden sollten. Vor Beginn jedes Steuerjahres sollten gewählte Vertreter der einzelnen Abteilungen eine Liste realistischer ökologischer Ziele für dieses Jahr aufstellen. Diese Ziele müssen zunächst ausführlich diskutiert und daraufhin überprüft werden, ob sie mit der Firmenphilosophie in Einklang stehen. Die im nachfolgenden Kapitel enthaltenen Checklisten können bei der Aufstellung dieser Liste sehr hilfreich sein.

Es muß natürlich gewährleistet sein, daß sowohl auf ökologische als auch auf wirtschaftliche Ziele mit der gleichen Sorgfalt hingearbeitet wird und daß jeder Mitarbeiter gleichermaßen hinter ihnen steht. Periodische Interviews und Erfolgsberichte können dazu beitragen. Es ist vor allem wichtig, die hierarchische Kontrolle durch Selbstbeobachtung zu ersetzen, denn nur so erhöhen sich das Engagement der Mitarbeiter und die Arbeitsbefriedigung.

Mitglieder von sogenannten Qualitätsgruppen – in denen Mitarbeiter Verbesserungsvorschläge ohne Berücksichtigung hierarchischer Stufen einbringen – sollten dazu ermutigt werden, sich mit ökologischen Themen zu befassen. Umweltbewußtsein ist ein integrierter Bestandteil von Qualitätsbewußtsein.

Bei allen Anreizsystemen muß unbedingt beachtet werden, daß die Belohnungskriterien klar definiert und gleichermaßen verteilt werden. Besonderer Anreiz kann durch folgende Punkte gegeben werden:

- eine Prämie für das Erreichen oder Übertreffen ökologischer Ziele, die so formuliert sind, daß auf ökologischem Gebiet nicht erreichte Ziele nicht durch eine Sollübererfüllung im ökologischen Bereich ausgeglichen werden dürfen, und auch nicht umgekehrt;
- ein Prämiensystem, wobei die Prämie für das Erreichen wirtschaftlicher Ziele niedriger angesetzt wird, solange nicht auch das ökologische Ziel erreicht wurde;
- ein firmeninternes System für ökologische Maßnahmen, das Mitarbeitern einen Anteil an den Kosteneinsparungen zusichert, die aufgrund von deren Vorschlägen gemacht werden;
- keine finanziellen Zuwendungen für ökologische Vorschläge, die nicht mit einer Kostensenkung verbunden sind;

– Integration von ökologischen und wirtschaftlichen Leistungen in die Promotionkriterien des Unternehmens.

Anerkennung

Lob, Danksagungen und Anerkennungen für gezeigtes Umweltbewußtsein können besonders wirksam zu öffentlichen Anlässen und traditionellen sozialen Funktionen ausgeprochen werden. Hier sollten besonders engagierte Mitarbeiter ihr wohlverdientes Lob, egal in welcher Form, erhalten. Man sollte jedoch gewährleisten, daß außergewöhnliche Leistungen auf ökologischem Gebiet genauso anerkannt werden wie auf traditionellem Gebiet. Arbeitsplatzbeschreibungen und Promotionkriterien sollten umgeschrieben werden, um die effiziente Partizipierung in Öko-Teams und ökologisch orientierten Projekten zu gewährleisten.

Mitarbeiter, die sich für die Entwicklung oder Umsetzung von umweltfreundlichen Maßnahmen stark gemacht haben, können auch für die Auszeichnung durch externe Umweltorganisationen vorgeschlagen werden. Weiterhin sollte durch eine effiziente Öffentlichkeitsarbeit gewährleistet sein, daß Berichte über die ökologischen Leistungen des Unternehmens in den Medien erscheinen, um der Belegschaft das Gefühl von Anerkennung zu vermitteln und den Teamgeist zu stärken.

Unterstützung externer Umweltprojekte

Es sollte ein Umweltkonto, das die finanzielle Unterstützung externer Umweltprojekte sichert und auf das freiwillige Spenden der Belegschaft eingezahlt werden (die durch Beiträge der Firma ergänzt werden), eröffnet werden. Dieses Konto sollte gemeinsam vom Management und den Mitarbeitern verwaltet werden.

Man sollte auch überlegen, inwieweit Umweltorganisationen spezielle betriebliche Mittel nutzen (wie zum Beispiel ein spezielles Informationsnetz) und damit die Fähigkeiten der Mitarbeiter vergrößern können. Dies schließt auch die Teilnahme an ökologischen Projekten als Arbeitszeit ein.

Sämtliche Schulungen eines Unternehmens müssen auf die ökologische Dimension erweitert werden. Dies gilt besonders für die Einarbeitung neuer Mitarbeiter, da diese besonders aufnahmefähig und offen für ökologische Ideen sind und als junge Generation die Gesellschaft der Zukunft mitprägen. Bei allen Schulungen sollte eine absolut gleichrangige Behandlung wirtschaftlicher und ökologischer Aspekte vorherrschen. Insbesondere sollte mit dem Mißverständnis, daß die ökologische Komponente eine „weiche Option" ist, aufgeräumt werden. Es sollte von Anfang an klargestellt werden, daß die Komplexität ökologischer Interdependenz natürlich Schwierigkeiten aufwirft, daß sich die Lösung ökologischer Probleme jedoch als besonders lohnende Aufgabenstellung erweist.

Führt ein Unternehmen interne Schulungen durch oder nimmt es an Erwachsenenbildungskursen der Gemeinde teil, sollte eine Ausgewogenheit zwischen konventionellen und ökologischen Lehrmethoden gewährleistet sein:

- Ökologische Schulungen sollten nicht zu abgehobenen Kursen ohne offensichtliche Anknüpfung an berufsspezifische Ausbildung verkommen; sie müssen Bestandteil herkömmlicher Schulungen werden.
- Die ökologischen Komponenten herkömmlicher Kurse sollten nicht in isolierte Lerneinheiten aufgespalten werden. Den Mitarbeitern müssen die ökologischen Konsequenzen jedes einzelnen Arbeitsgangs klargemacht werden. Zusätzlich sollten sie praktisches Training als Optimierung der ökologischen Aspekte der Arbeitsgänge erhalten.
- Die ökologischen Komponenten müssen in zwei Dimensionen eingegliedert werden: zum einen horizontal durch die Gewähr, daß sämtliche Arbeitsgänge aus ökologischer Sichtweise behandelt wurden, und zum anderen vertikal durch die Zusicherung, daß jeder einzelne Arbeitsgang eines bestimmten Bereichs vom ökologischen Standpunkt aus bewertet wurde.
- Die Schulung der Kursleiter, insbesondere der Handwerksmeister, die oft Rechtschaffenheit mit Stolz auf ihr Handwerk und einem starken Verantwortungsbewußtsein kombinieren, sollte besonders sorgfältig durchgeführt werden.

- Von bestehenden Institutionen angebotene Dienstleistungen sollten in vollem Umfang in Anspruch genommen werden – wie zum Beispiel Vorträge von Vertretern der Umweltschutzorganisationen, Umweltkurse an der Universität oder anderen Instituten der Erwachsenenbildung, Fernkurse und ähnliches.

e) Der Aufbau des ökologischen Managements

Viele größere Unternehmen haben Abteilungen für ökologisches Management eingerichtet. Im allgemeinen ist die erste Hierarchieebene unter dem Vorstand weisungsbefugt und für die Realisierung der durch das Topmanagement festgelegten Firmenpolitik verantwortlich. Dadurch ist ihre organisatorische Position, die sie brauchen, um sich die Aufmerksamkeit der Linienmanager zu sichern, gewährleistet. Manche Unternehmensberater vertreten jedoch die Auffassung, daß bereits größere Abteilungen eigenständig autorisierte Linienmanager haben sollten, die nicht von oben weisungsgebunden sind, sondern selbständig Entscheidungen treffen können. Manche Unternehmen setzen „technische Komitees" ein, deren Mitglieder sich aus allen Abteilungen rekrutieren, wobei gewährleistet ist, daß ökologische Belange im ganzen Unternehmen verbreitet werden; solche Komitees sollten langfristig eingesetzt werden, regelmäßige Besprechungen abhalten und periodisch Berichte erstatten. Es scheint, als würden unterschiedliche Unternehmensphilosophien bestimmen, welches Arrangement sich am besten für die jeweilige Firma eignet. Das Ziel bleibt jedoch das gleiche: Ökologische Verhaltensweisen koordiniert im gesamten Unternehmen zu verbreiten. Die Rolle des Umweltmanagers und die damit verbundenen Aufgaben sollten klar definiert werden und innerhalb der Firma bekannt sein. Ein beträchtlicher Anteil der zu leistenden Arbeit wird in Zusammenarbeit mit Vertretern vieler Abteilungen auf unterschiedlichen Ebenen geleistet; manchmal werden firmenweite Beratungskomitees gegründet, die dem Umweltmanager assistieren. Die *Position* eines Umweltmanagers beinhaltet folgende Aufgabenstellungen:

- Leitung von Programmen zur Minimierung der Schadstoffemissionen und Einhaltung gesetzlicher Bestimmungen;
- Leitung von Programmen zur Senkung des Wasser- und Energieverbrauchs;

- Unterstützung beim Umsteigen auf ökologisch akzeptablere Produkte und koordinierendes Eingreifen;
- Erstellung von Bilanzen, aus denen die Vorteile und Kosten firmeninterner ökologischer Programme so quantitativ wie möglich ersichtlich sind;
- Beobachtung der Entwicklung einer ökologischen Denkweise und der Regierungspolitk in Sachen Umwelt und frühzeitige Warnung des Unternehmens vor Auswirkungen;
- Marktbeobachtung bezüglich neuer Produkte, die weniger umweltschädigend sind als die bisher vom Unternehmen verwendeten;
- Anknüpfung und Pflege von Beziehungen zu den Gewerkschaften hinsichtlich umweltrelevanter Belange;
- Teilnahme an ökologischen Komitees der Gemeinde und Erteilung von Empfehlungen für Firmenpositionen und Aktionen, die öffentliche Themen berücksichtigen;
- Informierung der Belegschaft und Durchführung von Schulungen innerhalb des Unternehmens, einschließlich Meetings mit Betonung auf Feedback durch die Mitarbeiter, Organisierung von Fahrten zu anderen betrieblichen Einrichtungen;
- Vertretung des Unternehmens und der Firmenpolitik in der Gemeinde, in der näheren Umgebung und der Öffentlichkeit im allgemeinen.

Natürlich ist es etwas kritisch, Umweltmanagern die finanziellen Mittel und andere dieser Aufgabenstellung dienliche Mittel zur Verfügung zu stellen. Es besteht der Anspruch, daß im Falle von Unstimmigkeiten zwischen dem Umweltmanager und den Linienmanagern diese unverzüglich geklärt werden (das Topmanagement muß solche Konflikte grundsätzlich als positiv werten und so interpretieren, daß der Umweltmanager seinen Job ausübt, vernächlässigte Themen aufgreift und versucht, einen Wandel herbeizuführen).

Die Haushaltsplanung des ökologischen Managements verlangt dem Topmanagement die schwierige Einschätzung von langfristigen internen wie externen Vorteilen für das Unternehmen und der ganzen Welt ab. Investitionen zu ökologischen Zwecken sollten gesondert geplant werden, die Beurteilung ihrer Auswirkungen sollte regelmäßig durchgeführt werden. Ein Etat für ökologische Aktivitäten außerhalb des Unternehmens (Mitgliedschaft in Verbänden, Zuschüsse für bestimmte Organisationen, Unterstützung der Universität oder anderen Forschungsprogrammen, Veröffentlichungen, etc.) sollte getrennt von den Ausgaben für Public Relations festgelegt werden.

Wird eine Abteilung für ökologisches Management eingerichtet und sind weitere Aktivitäten im Rahmen der Ökobilanz geplant, so ist es unerläßlich, sämtliche Abteilungen, Tochtergesellschaften sowie Subunternehmer oder Zulieferer miteinzubeziehen, da nur so gewährleistet ist, daß akkurate Informationen über die durch das Unternehmen verursachten Umweltbelastungen vorliegen.

Beim Erstellen von Bilanzen zeigt es sich als hilfreich, wenn spezielle Ziele und Zeitpläne für ökologische Verbesserungen innerhalb des Unternehmens aufgestellt werden – wie zum Beispiel Eliminierung von Risiken bei der Lagerung oder im Umgang mit toxischen Stoffen innerhalb einiger Wochen, Senkung des Wasserverbrauchs innerhalb von sechs Monaten um 20 % beziehungsweise kontinuierliches Ersetzen umweltschädlicher Stoffe durch weniger schädliche im Laufe eines Jahres. Solche Ziele müssen klar und eindeutig formuliert sein. Vor allem diejenigen, die ihren Beitrag zur Verwirklichung der Ziele leisten sollen, müssen natürlich darüber in Kenntnis gesetzt worden sein. Das Erreichen des gesteckten Ziels sollte dementsprechend honoriert werden.

Werbungspolitik, Kriterien für die Produktgestaltung, Image in der Öffentlichkeit

Der sozio-psychologische Kontext, in den das Geschäftsleben eingebunden ist, hat sich durch die weitverbreitete öffentliche Vertrautheit mit ökologischen Ideen grundlegend geändert. Dies ist besonders in Westeuropa, Nordamerika und Japan der Fall. Umweltkatastrophen wie das Ölunglück des Valdez-Tankers, über die mit Hilfe der modernen Medien eindeutige Bilder und Berichte auf der ganzen Welt verbreitet wurden, führten zu einer kurzfristigen Aufnahme in die Skala der unbeliebtesten Unternehmen beziehungsweise Mitarbeiter. Ungebremste Rodung von Wäldern, Luft- und Wasserverschmutzung und Probleme bei der Anlegung von Deponien haben zu der stark negativen Einstufung der Industrie innerhalb der Bevölkerung als verantwortungslos oder gleichgültig gegenüber der Umwelt und dadurch indirekt auch gegenüber Menschen und Kindern geführt.

Diese Situation wirft neue Probleme auf, wie sich ein Unternehmen

(Fortsetzung auf S. 104)

Organigramme des ökologischen Managements

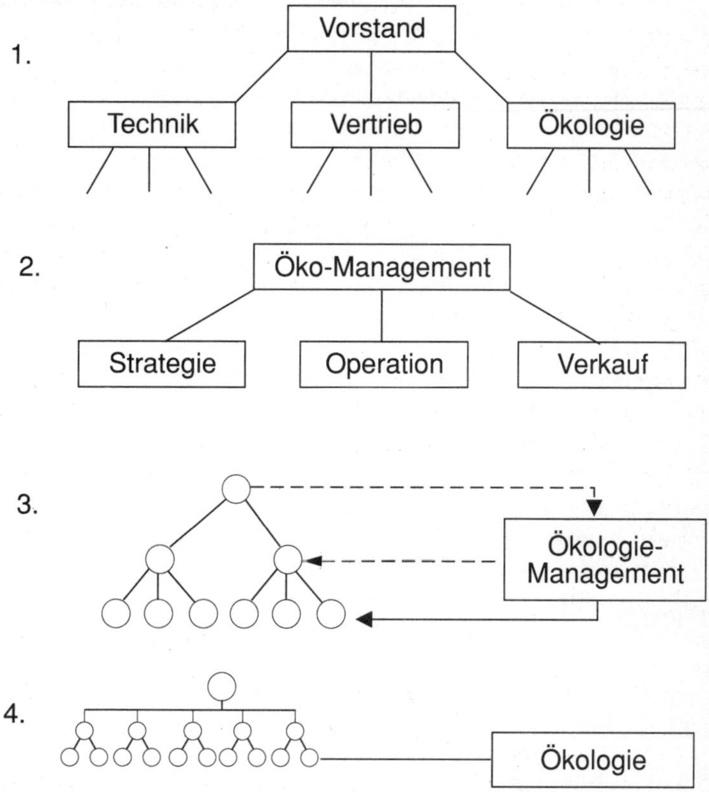

Vier verschiedene strukturelle Möglichkeiten der organisatorischen Einbindung der Ökologie in das Unternehmensmanagement.

der Welt präsentieren soll. Techniken zur Begrenzung des Schadens durch Medien haben sich als unwirksam erwiesen; 25 % aller Amerikaner behaupten, sie hätten ihr Konsumverhalten aufgrund negativer Eindrücke über bestimmte Unternehmen geändert. Somit mußten sich viele Unternehmen damit auseinandersetzen, wie sie sich positiv darstellen können. Die unterschiedlichsten Industriezweige haben auf der Suche nach Möglichkeiten, kritische Praktiken ungehindert fortsetzen zu können, Public-Relations-Organisationen eingerichtet. Andere Unternehmen wollten dadurch ein positives Image erreichen, daß sie Umweltorganisationen durch großzügige Spenden unterstützten, auch wenn dabei das Risiko des Rückschlags besteht, nämlich wenn bestimmte Gruppen als befangen oder käuflich gelten. Wieder andere Firmen haben ein bestimmtes ökologisches Problem mit Mitteln und Einsatz aus dem Forschungsbereich zu lösen versucht.

Diese Bemühungen, soweit ernsthaft gemeint, helfen beim Rückgang öffentlicher Kritik und politischem Druck auf gesetzgeberische Maßnahmen; inwieweit sie die tiefere Einstellung der Bevölkerung berühren, ist nicht bekannt, da es sich jedoch lediglich um ,,kosmetische'' Aktionen handelt, die sich nicht auf die tatsächlichen Umweltbelastungen durch ein Unternehmen auswirken, stellen sie auch keinen realistischen oder befriedigenden und langfristigen Beitrag mit Bezug auf angestrebte soziale Veränderungen dar. Aus diesem Grund sind Änderungen im technischen Ablauf, einschließlich Veränderungen im Prozeß des Produktdesigns, wie sie in der Ökobilanz aufgestellt werden, von essentieller Bedeutung.

Viele Verbraucher möchten sich gerne rückversichern, daß die von ihnen gekauften Produkte wie zum Beispiel Umweltschutzpapier oder energiesparende Haushaltsgeräte auch die wirklich am wenigsten umweltschädigenden Waren sind. Diese Haltung wurde vom Berufsstand der Designer noch nicht verinnerlicht. Es gilt jedoch als wahrscheinlich, daß Produkte von Unternehmen, die Wert auf ökologische ,,Sicherheit'', geringe Umweltbelastung und lange Lebensdauer legen, von weiten Kreisen der Bevölkerung favorisiert werden, verursacht durch die Verbreitung umweltschützender Lebensweisen und Ideen.

Aus diesen Gründen ist es wahrscheinlich, daß sich auch die Werbung den veränderten Bedingungen anpassen muß. ,,Image''-Werbung muß spezifischer und konkreter werden, um die durch aktive Medienberichterstattung im Bereich Umwelt geförderte chronische Skepsis der Bevölkerung zu überwinden. Produktwerbung sollte zielen auf:

- die dauerhafte statt vorübergehende Zufriedenstellung der Verbraucher;
- attraktive Kosten für die Gesamtlebensdauer eines Produkts statt der bloßen Anschaffungskosten (ohne Berücksichtigung der Betriebs- oder Entsorgungskosten des Produkts);
- konkurrenzfähige Zuverlässigkeit, Lebensdauer und störungsfreie Qualität eines Produkts und nicht auf eine anfängliche emotionale Attraktivität;
- Möglichkeiten der Wiederverwendung des Produkts oder seiner Verpackung beziehungsweise Recycling;
- die niedrige Umweltbelastung bei Produktion, Vertrieb, Einsatz und Entsorgung des Produkts.

Öko-Werbung muß sich also mit dem kompletten Produktzyklus „Herstellung-Einsatz-Entsorgung" befassen und sich nicht primär auf die Herausforderung des Erwerbs des Produkts konzentrieren.

f) Das Unternehmen als lebendes System

Im letzten Teil dieses Buchs legen wir einen detaillierten zusammenhängenden und vor allem praxisbezogenen Rahmen für die Ökobilanz vor. Die Ökobilanz ist die Untersuchung und Überprüfung sämtlicher Vorgänge in einem Unternehmen aus der Perspektive des neuen Paradigmas. Das Unternehmen wird als lebendes System verstanden, wobei die Theorie über lebende Systeme sowohl auf den Entwurf der Ökobilanz als auch auf das umweltbewußte (systemische) Management angewandt wird. Deshalb wollen wir uns zunächst mit ein paar auffälligen Merkmalen eines lebenden Systems befassen.

Systemisches Denken beinhaltet die Abkehr von der Wahrnehmung als Objekt hin zur Wahrnehmung als Beziehung, von Bauklötzen zu Organisationsprinzipien. Ein lebendes System ist ein integriertes Ganzes, das in noch größere Einheiten eingebettet ist, von dem es abhängt. Die Natur lebender Systeme ergibt sich aus der Beziehung unter den Komponenten sowie der Beziehung des ganzen Systems zu seiner Umwelt.

Das Grundprinzip einer Organisation, das für alles Leben gilt, ist das Prinzip der Selbstorganisation. Das bedeutet, daß die Ordnung und Funktionsweise eines lebenden Systems nicht durch die Umwelt bestimmt wird, sondern vom System selbst aufgestellt wird. Anders ausgedrückt bedeutet dies, daß selbstbestimmte Systeme eine gewisse Autonomie besitzen. Systemisch orientierte Manager sind sich dieser Tatsache genau bewußt, erkennen die firmeninterne Logik und Emotionalität an und versuchen eher lenkend auf das System einzugreifen anstatt es zu kontrollieren.

Die Theorie der selbstbestimmenden Systeme unterscheidet zwischen der Struktur und den Organisationsmustern eines Systems (Maturana und Varela 1990, S. 47). Das Organisationsmuster steht für die Gesamtheit aller Beziehungen, die die wesentlichen Merkmale eines Systems ausmachen. Dieses Muster kann ohne Bezugnahme auf Energie, physische Substanzen, Organismen und dergleichen, sowie ohne das Fachchinesisch der Physik, Chemie und Biologie abstrakt beschrieben werden. Die Struktur eines lebenden Systems ist die physische Umsetzung der Organisationsmuster. Dieselben Muster können auch in unterschiedlichen physischen und biologischen Strukturen umgesetzt und dann in der entsprechenden Fachsprache der Physik, Chemie und Biologie ausgedrückt werden.

Diese wichtige Unterscheidung zwischen der Struktur und den Organisationsmustern liefert uns die für das Erstellen einer Ökobilanz notwendigen Hilfsmittel. Da es Aufgabe der Ökobilanz ist, die Umweltbelastungen eines Unternehmens zu minimieren, und da sich diese Umweltbelastung auf ökologische Prozesse hinsichtlich Energie, materielle Substanzen, Menschen und anderen lebenden Organismen beziehen, müssen zur Beschreibung eines Unternehmens auch die entsprechenden Termine dieser Prozesse verwendet werden. Dies bedeuet auch, daß unser Interesse vor allem in den strukturellen Aspekten des Unternehmens, das heißt in der physischen Umsetzung seiner Organisationsmuster, liegt.

Betriebsstoffwechsel und Unternehmensstruktur

Um diese strukturellen Aspekte in der für die Ökobilanz geeignetesten Form ausdrücken zu können, haben wir versucht, den Betriebsstoffwechsel eines prototypischen Unternehmens – also den Fluß des Materials, der Menschen und Energie von außen durch das Unternehmen und wieder zurück – graphisch in einem Diagramm darzustellen. Unabhängig von der Art des Unternehmens – Fertigungsbetrieb,

Dienstleistungsunternehmen oder Informationsverarbeitung usw. – nimmt das Unternehmen diese Dinge auf, verarbeitet sie auf unterschiedliche Art und Weise und erzeugt Produkte und Abfall. Alle diese Aktivitäten werden auf unserer Graphik dargestellt, die allgemein genug gehalten ist, um auf alle Unternehmen, egal aus welcher Branche, übertragen werden zu können.

Da sich Ökobilanzen mit den Folgen des Material-, Energie- und Menschenstroms befassen, ist es unerläßlich, sich bereits bei der Planung und Ausführung über diese Stufe der physischen Gegebenheiten des Unternehmens und seiner Beziehungen zu Zulieferern, der Gemeinschaft, der natürlichen Umgebung klarzuwerden.

Die Mechanismen der Koordinierung und Steuerung dieses Betriebsstoffwechsels sind abhängig von der Struktur des Unternehmens, die teilweise im Organigramm zum Ausdruck kommt, auch wenn sie nicht immer mit den tatsächlichen Aufgaben und Funktionen der Menschen im Unternehmen korrespondieren. Aus dieser Gesamtschau sind die volle Komplexität der Struktur eines Unternehmens sowie ihre Querverbindungen mit sozialen und natürlichen Umweltfaktoren ersichtlich, so daß sämtliche wesentlichen Aspekte der Betriebsabläufe in die Planung der Ökobilanz einfließen.

Das Industrie-Ökotop

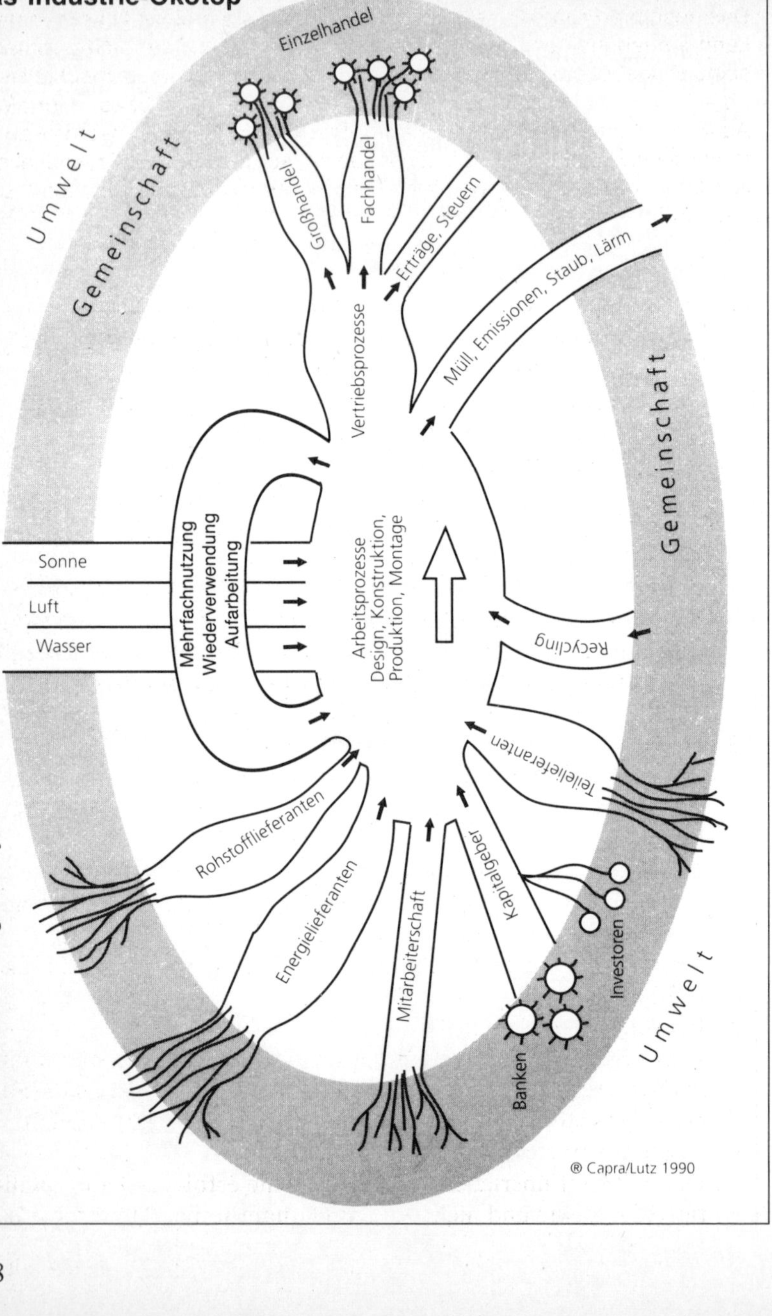

Das Unternehmen als ökologisches System

Das gesamte Produktions- und Distributionssystem eines Unternehmens kann als lebendiger Organismus betrachtet werden, der sich optimal in seine Umgebung einpassen muß. Somit ist der Betrieb keine mechanische „black box" mehr, sondern ein vitales Öko-System, welches im direkten Austausch mit seiner Umwelt steht: „Input" und „Output" werden zu internalisierenden Faktoren, die nicht negiert werden können. Problematisch ist dabei die „Grauzone" der Grenzziehung zwischen „innen" und „außen".

Die neun Charakteristika „lebendiger Systeme"
(The „Living Systems" Approach)

1. Geringe Gesamtproduktionsrate
   Die materielle und energetische Bruttoproduktion natürlicher Systeme ist relativ gering im Verhältnis zur Größe des Systems (vgl. Produktion von Biomasse durch Photosynthese).
2. Hohe Energie-Effizienz
   Bezüglich des Verhältnisses von Energie-Input und Energie-Output eines lebenden Systems ist die Bilanz positiv, insbesondere durch die Transformation von niedrigqualitativer Energie in hochqualitative Energie (vgl. Umwandlung von Energie in Materie).
3. Hoher Grad der Diversifikation
   Die Vielfalt und Vielgestaltigkeit lebender Systeme ist extrem hoch, obwohl sie sämtlich den gleichen Gestaltprinzipien unterliegen.
4. Lange komplexe Lebenszyklen
   Nicht eindimensionale, monokausale Funktionen bestimmen natürliche Systeme, sondern eine permanente Veränderung und Ausdifferenzierung beziehungsweise Umfunktionierung charakterisieren sie.
5. Recycling der Nährstoffe
   Lebendige Systeme überführen ihre Ausgangsstoffe ständig in Nährstoffe für andere Systeme. Produktion und Konsumtion ergänzen sich. Abfall, also unnütze Produkte, gibt es nicht.
6. Qualitative Selektion
   Die Auswahl überlebensfähiger Systeme erfolgt anhand qualitativer Aspekte und nicht aufgrund quantitativer Unterschiede.

7. Rückkoppelungskontrolle
Lebende Systeme verfügen über die immanente Fähigkeit, ihre Funktion durch eine iterative Optimierung zu beeinflussen anhand eines Rückkoppelungsmechanismus, welcher hauptsächlich als ,,negatives Feedback'' wirkt.
8. Niedrige Entropie
Die besondere Qualität lebender Systeme, ,,negentrop'' zu wirken, liegt in ihrer Gestaltungskraft, welche Ordnung generiert. Dadurch wird der natürliche Entropieprozeß des Universums zwar nicht aufgehalten, aber weit weniger beschleunigt, als es bei künstlichen Systemen der Fall ist.
9. Hohe Informationsrate
Die in Punkt 8 genannte Qualität der niedrigentropischen Prozesse in lebenden Systemen bedingt einen hohen Informationsaustausch. Erst dadurch ist die komplexe Selbstorganisation in natürlichen Systemen möglich.

2. Praktische Ansätze und Grundfragen
Richtlinien und Kategorien der betrieblichen Ökobilanzierung

Ökobilanz des Betriebsstoffwechsels

Die in diesem Kapitel aufgeführten Listen wurden so aufgebaut, daß sie in Verbindung mit dem Betriebsstoffwechseldiagramm eingesetzt werden können. Bei der ersten Gruppe der Listen dreht es sich um **Zugänge.** Hier befassen wir uns mit Energiezufuhr und wie diese vermindert werden kann; sowie mit dem Materialmanagement einschließlich der Beziehungen zu Subunternehmern und Zulieferern, die nicht selten maßgeblich zu den durch ein Unternehmen verursachten Umweltbelastungen beitragen.

Die zweite Gruppe handelt von **Verarbeitung und Produktion,** also Produktdesign nach umweltfreundlichen Kriterien wie Lebensdauer, tragfähiger Verbrauch von Rohstoffen, ethisch vertretbare Produkttests, minimale Verpackung, usw. Es geht um Faktoren, die bei der Produktion und nach der Entsorgung durch den Verbraucher eine Rolle spielen.

Anschließend befassen wir uns mit den **Abgängen.** Hier beschäftigen wir uns mit Werbung und anderen Marktstrategien und den Vertriebssystemen. Da auch Abfall und Emissionen unter den Begriff „Abgang" fallen, werden Möglichkeiten zur Identifizierung und Reduzierung aufgelistet. Einige Abfallprodukte können selbstverständlich gesammelt und anschließend entweder wiederverwendet oder verkauft werden, was auf dem Diagramm mit einer Schleife dargestellt ist.

Kapital in Form von Profit und Investitionen des Unternehmens könnten zwar auch unter „Abgängen" eingestuft werden, wir haben sie aber unter **„Strukturelle Maßnahmen"** eingeordnet, die allen Aspekten des Betriebskreislaufs unterliegen und sie beeinflussen. Die Methodik im Umgang mit Finanzen kann auch eine ökologische Dimension beinhalten, weswegen sie hier aufgegriffen und im Zusammenhang mit Versicherungen behandelt werden. Dann wenden wir uns den Bedingungen am Arbeitsplatz zu, nicht ausschließlich physischer Natur wie Arbeitsschutz, Lärm und Beleuchtung, sondern auch Arbeitsablauf, Kantinenessen und menschliche Beziehungen, also dem „Habitat" des Unternehmens.

Weitere Strukturen beinhalten den Transport von Material und Transportmöglichkeiten für die Mitarbeiter in und aus dem Unternehmen, das Design und Management von physischen Werk- und Bürogebäuden (einschließlich der umweltverträglichen Bauweise) und Notfallstrategien. Da zahlreiche Betriebe internationale Kontakte pflegen, haben wir auch eine diesen Bereich abdeckende Checkliste entworfen.

a) Zugänge

Energie

Energiekosten können die Konkurrenzfähigkeit eines Unternehmens maßgeblich beeinflussen. Betrachtet man den Umgang mit Energie einmal genau, kann man bereits hier auf neue Ideen zur Optimierung des Produktionsablaufs stoßen.

1. Einbau eines Energieteams in die Firmenstruktur

a) Gründen Sie eine Projektgruppe (erwägen Sie dabei die Einbeziehung willkürlich ausgewählter Mitarbeiter, Freiwilliger oder rotieren Sie gewisse Positionen) mit Mitarbeitern aus Produktion, Planung, Einkauf und der Personalabteilung. Vergewissern Sie sich, daß die Funktion eines Arbeitnehmers in dieser Gruppe in seine Stellenbeschreibung aufgenommen wird.

b) Legen Sie regelmäßige Meetings des Topmanagements mit der Projektgruppe sowie dem Energiespezialisten fest, der die Diskussion über vorgegebene Themen leiten soll.

2. Informieren Sie sich über Energie

a) Erforschen und sammeln Sie Informationen über relevante energiesparende Technologien und Projekte.

b) Betreiben Sie Brainstorming über mögliche Alternativen, führen Sie Workshops durch, um Vorschläge der Mitarbeiter sammeln zu können.

c) Erstellen Sie eine Modellenergiebilanz:
   - Finden Sie heraus, in welcher Abteilung der Energieverbrauch (Strom und Heizung) am höchsten ist, und stellen Sie die entsprechenden Kosten auf.
   - Berechnen Sie die Gesamtkosten für außerbetrieblich erworbene Energie.
   - Diskutieren Sie, wo Energie eingespart werden kann sowie die möglichen Auswirkungen, vor allem positive Konsequenzen für die Mitarbeiter. Legen Sie dem Topmanagement und den Finanzabteilungen eine genaue Berechnung der Kostenersparnisse vor.
   - Erfassen Sie die Bilanzdaten zentral und überarbeiten Sie diese regelmäßig.

d) Je nach Möglichkeit sollten Sie neue Ideen sammeln, neue Ziele formulieren und neue Methoden des Energiesparens in Erwägung ziehen.

3. Umsetzung kurzfristiger Energiesparmaßnahmen

a) Überlegen Sie kleinere Änderungen am Arbeitsplatz, wie zum Beispiel: den Einbau von Temperaturreglern, die spezielle Isolierung der Heißwasserrohre, das häufige Reinigen der Oberflächen von Wärmetauschern und Filtern von Klimaanlagen für maximale Effizienz, usw.

b) Installieren Sie dem neuesten Stand der Technik entsprechende Überwachungsapparaturen, sofern wirtschaftlich sinnvoll.
c) Verwenden Sie Wärmetauscher, um Restwärme nutzen zu können, und überlegen Sie, wie Sie diese Restwärme wieder dem Produktionsvorgang zuführen oder für Energiegewinnung nutzen können.
d) Um den kontinuierlichen Energieverbrauch zu senken, sollten Sie für gleichmäßige Wassertemperaturen im ganzen Betrieb sorgen.

4. Umsetzung langfristiger Energiesparmaßnahmen

a) Überprüfen Sie, ob bei der Produktion große Energiemengen verbraucht werden:
   - Energieverbrauch pro Arbeitsstunde;
   - Energieverbrauch pro Produktionseinheit.
b) Überprüfen Sie, ob der Verbrauch, Einsatz oder die Installierung des Produkts durch den Verbraucher mit einem hohen Verbrauch an Energie, Luft-, Wasser- oder Bodenverschmutzung zusammenhängt.
c) Überprüfen Sie, ob das bei der Produktion verwendete Material ohne großen Aufwand in den ökologischen und rohstofflichen Kreislauf integriert werden kann. Folgende Punkte verdienen besondere Aufmerksamkeit:
   - Energieverbrauch beim Recycling (Wiederverwendung);
   - Energieverbrauch bei der Abfallentsorgung.
d) Optimieren Sie energiesparendes Design unter Berücksichtigung aller Produktionsstufen und der für die Entsorgung benötigten Energie.
   - Geringes Gewicht spart Energie;
   - Keramische Elemente unterstützen die Wärmeisolierung.

5. Erfolge verkünden

a) Informieren Sie Ihre Mitarbeiter regelmäßig in Berichten oder in der Firmenzeitung über verwirklichte Ziele und Erfolge:
   - abgasarme Gabelstapler;
   - wiederverwendbare Container.
b) Bauen Sie verbesserte Geräte, Maschinen und ähnliches ein.
   - Verwenden Sie moderne Farbanstrichgeräte.

c) Verbessern Sie die Effizienz.
   - Verwenden Sie Katalysatoren und Konverter, um Rohstoffe voll auswerten zu können oder die Emissionen zu verringern.
   - Installieren Sie dem neuesten Stand der Technik entsprechende automatische Meß- und Regelgeräte.
   - Installieren Sie Thermometer, Reglerventile und Drosselkörper zur gezielten Beobachtung des Wasserverbrauchs.
   - Verwenden Sie nach Möglichkeit Regen- statt Grundwasser.

d) Rückgewinnung/Recycling
   - Führen Sie Schwermetalle, Säuren und organische Lösungsmittel grundsätzlich der Rückgewinnung zu.
   - Wenden Sie Techniken zur Erleichterung der Rückgewinnung von Rohstoffen an (vermischen Sie zum Beispiel keine Substanzen; bei Naßverarbeitung sollten Sie Spülungen einschränken und den Wasserverbrauch bei der Reinigung drosseln).
   - Recyclen Sie Spül- und Schmutzwasser.
   - Achten Sie auf Recycling, Rückgewinnung oder Rückführung nutzbarer Substanzen im Abwasser oder wandeln Sie diese in nutzbare Produkte um.
   - Trennen Sie Industrieabwässer und verwenden Sie sie nach Möglichkeit wieder.

e) Ersetzen Sie gefährliche Stoffe durch weniger gefährliche.
   - Ersetzen Sie Kadmiumbeschichtungen durch Zink.
   - Verwenden Sie Kohle mit niedrigem statt hohem Schwefelgehalt.
   - Verwenden Sie für Kupplungs- und Bremsbeläge kein Asbest.
   - Ersetzen Sie Chlorkohlenwasserstoff bei Kaltreinigungsmitteln.
   - Ersetzen Sie Transformatoren mit PCB.

f) Erhöhen Sie die Effizienz internationaler, nationaler und innerbetrieblicher Transportmittel.
   - Suchen Sie nach optimalen Fahrtrouten.
   - Bevorzugen Sie umweltfreundliche Transportmittel.

6. Management von Produktkomponenten

a) Führen Sie regelmäßige Bestandsaufnahmen durch.
   - Katalogisieren Sie Produktkomponenten für alle Produktionsgänge und, sofern mit der Wahrung von Handelsgeheimnissen vereinbar, für die gelieferten Produkte.

- Prüfen Sie, ob Produktbestandteile recyclefähig sind:
  - Transformatoren, die PCB enthalten, gehören zum Sondermüll;
  - Kunststoffröhren enthalten gefährliche Metalle und sollten dem Hersteller zurückgebracht werden.

7. Verhandlungen mit den Zulieferfirmen

a) Nehmen Sie neue ökologische Standards und Arbeitsplatzbestimmungen in die Verträge mit Ihren Zulieferern/Subunternehmern auf und besprechen Sie mit ihnen Ihre Unternehmensstrategien und Pläne.
b) Bei Vertragsverhandlungen sollten Sie auf besondere Umstände, wie zum Beispiel: politische Unterdrückung oder schamloses Übertreten der Menschenrechte in bestimmten Regionen oder Nationen verweisen und auf Abschlüsse mit diesen Ländern verzichten.
c) Favorisieren Sie Zulieferer/Subunternehmer, die Ihren Ansprüchen bezüglich neuer Standards und Zeitpläne genügen, und zeigen Sie Ihre Bereitschaft, über langfristige Ziele zu diskutieren.

8. Umsetzung ökologisch ausgereifter Strategien und Praktiken

a) Bereiten Sie den Markt für neue tragfähige Technologien und weniger umweltschädliche Produktionsvorgänge.
   - So sollten Sie im Bergbaubereich zum Beispiel Zulieferer bevorzugen, die integrierte Prozesse bei der Abwasserrückgewinnung, Erosionskontrolle und Habitatrestauration anwenden;
   - bei der Landwirtschaft sollten Sie Zulieferer favorisieren, die biologisch orientiert sind und die keine oder kaum Kunstdünger/Pestizide verwenden.
b) Demonstrieren Sie Energieeinsparungen vor betroffenen Gruppen sowohl innerhalb als auch außerhalb der Abteilung.
c) Informieren Sie andere Firmen und die Medien über erfolgreiche Praktiken.

Der Fluß von Rohstoffen ist für die Weltwirtschaft von zentraler Bedeutung. Deshalb sind Politik, Technologie, soziale Organisationen, Überzeugungen, Wirtschaftswissenschaften und andere Produktionsfaktoren für die Entwicklung eines systemischen Zugangs zum Materialmanagement essentiell. Kreative Ideen und Lösungen politischer Wissenschaftler, global denkender Menschen und anderer Zeitgenossen sind für den Aufbau einer verantwortungsvollen Politik wertvolle Hilfen.

Der Schlüssel zur Veränderung liegt in der Anerkennung verantwortungsvoller Zulieferer und Firmen. Ein vertrauensvolles und loyales Verhältnis zwischen den Einkaufsabteilungen und den Vertragspartnern ist für ein erfolgreiches ökologisches Programm unerläßlich.

Da das sich mit der Materialwirtschaft auseinandersetzende Öko-Team auch in die innovative Gestaltung der Politik verwickelt ist und umfassende Veränderungen bei internationalen Herstellern in die Wege leiten kann, muß gerade diese Gruppe die Freiheit genießen, neue für das Unternehmen und die Umwelt relevante Standards aufzustellen. Des weiteren sollte sie befugt sein, sich mit ähnlichen Gruppen zu vernetzen und die Einkaufsabteilungen anzuweisen, ihre Standards bei Vertragsabschlüssen zu berücksichtigen. Aus Überwachungsgründen muß diese Gruppe auch weitere Schritte durchführen können, wie das Testen von Mustern in unabhängigen externen Labors, oder das Recht genießen, unangemeldete Besuche von Inspektoren auf dem Betriebsgelände durchzuführen.

1. Bestandsaufnahme

a) Sammeln Sie Informationen über vom Unternehmen und seinen Zulieferern verwendete Rohstoffe.
   - Stellen Sie genau fest, welches Grundmaterial für die momentanen Produktionsabläufe und Produkte verwendet wird.
   - Erkundigen Sie sich nach dem Ursprungsland importierter Waren.
   - Achten Sie auf Sonderproblemfälle bei der firmeninternen Verwendung von Materialien, wie gefährliche oder umweltschädigende Eigenschaften unter verschiedenen Bedingungen.

- Stellen Sie fest, ob mit einem bestimmten Material Arbeitskosten gespart werden können.
- Führen Sie separate Kostenaufstellungen mit entsprechender Kostenverteilung für Wasser, das für unterschiedliche Zwecke verwendet wurde, auf.
- Stellen Sie sicher, daß das Unternehmen die Gesetze und Vorschriften in bezug auf Emissionen, giftige Substanzen und ähnliches einhält.

b) Sammeln und werten Sie sämtliche Informationen der Zulieferer über das gesamte von ihnen erworbene Material aus.
   - Im speziellen sollten Sie Details über die Produktionsabläufe erhalten, wie zum Beispiel:
     - kurze oder lange Färbezeiten in der Textilbranche;
     - Einsatz wirtschaftlicher Spülverfahren in der Galvanotechnik;
     - Magnesiumbisulfit- statt Kalziumprozesse bei der Papierherstellung.
   - Fragen Sie nach Details über spezielle ökologische Probleme, die bei der Entsorgung oder Eindringen in die Bio- oder Lithosphäre etc. auftreten können.
   - Sammeln Sie Details über Schadstoffaustausch während der Produktverwendung, wie zum Beispiel Ausmaß der Verschmutzung oder Emissionswerte. Ein Mitarbeiter sollte die Entwicklung der Gesetzgebung bei Abgabe von Substanzen in Luft und Wasser aufmerksam beobachten.

Fragen Sie nach Informationen über Themen wie:

- Umweltbelastungen bei alternativen Rohstoffen;
- Material- und Laborkosteneinsparungen bei Ersatzstoffen;
- Arbeitsplatzbedingungen in Fabriken, Minen, usw.

Führen Sie eine unabhängige Überprüfung der Zuverlässigkeit der vom Zulieferer erhaltenen Informationen durch und informieren Sie sich über deren Geschäftspolitik und wirtschaftlichen Status, die Effizienz der Transportmittel, usw.

c) Überprüfen und katalogisieren Sie Ideen aus der Industrie, von gemeinnützigen Einrichtungen, Forschungslabors, Ökologiezeitschriften und, wo zutreffend, firmeninternen Entwicklungs- und Konstruktionsabteilungen.

d) Zentralisieren Sie Informationen über alternative Produkte, Ersatzstoffe für Rohstoffe und neue Technologien und machen Sie diese

Informationen für alle Mitarbeiter zugänglich, auch für diejenigen, die nicht direkt mit dem Material-Öko-Team zusammenarbeiten.

e) Führen Sie bei regelmäßigen Meetings Brainstorming über ideale und vertragliche Standards für grundlegende umweltrelevante und soziale Ziele durch. Wir empfehlen die Beiziehung externer Berater.

2. Übernahme ökologischer Strategien und Praktiken

a) Verbessern Sie die Lagerung von Rohstoffen auf dem Betriebsgelände.
   - Kennzeichnen Sie giftige Stoffe als solche und schränken Sie den Zugang zu ihnen ein.
   - Legen Sie beim Entwurf und Betrieb von Lagerhallen ökologische Prinzipien zugrunde, wie zum Beispiel:
   - Arbeiten Sie mit Zulieferern zusammen, die alternative Brennstoffe verwenden, Energiesparmaßnahmen anwenden und umweltfreundliche Transportmittel einsetzen.
   - Verstärken Sie Technologien und Prozesse, die der ökologischen Innovation und langfristiger Tragfähigkeit dienen.

b) Stellen Sie unabhängig fest, ob sich die Subunternehmer an Ihre Vertragsbedingungen halten.
   - Überlegen Sie, ob Sie Lieferscheine, Echtheitszertifikate (falls das Ursprungsland nicht klar ist), Zollpapiere oder Qualtitätsanalysen anfordern.

     Beauftragen Sie interne Konstruktions-, Entwicklungs- und Forschungsabteilungen, sowie externe Labors mit der Analyse von Schad- und Schmutzstoffen und legen Sie Alternativen fest.

c) Bilden Sie gemeinsam mit anderen Firmen alternative Einkaufsgruppen, um den Markt für umweltverantwortliche Produktion zu stimulieren.

b) Verbreitung und Produktion
Produktdesign und Entwicklung

Um langfristige, sich für die Umwelt positiv auswirkende Änderungen auszulösen, muß ökologisches Denken auch von Designern verinnerlicht und in allen Stufen des Designs und der Entwicklung von

Produkten realisiert werden. Wenn ein Unternehmen groß genug ist, um für jede Produktlinie einen Manager einsetzen zu können, sollten Sie ihnen einen Großteil der Verantwortung für die durch dieses Produkt entstehende Umweltbelastung übertragen.

1. Überprüfen Sie Produkte, welche durch umweltfreundliches Design verbessert werden können

a) Integrieren Sie ökologisches Denken in die Bewertung des kompletten Zyklus von Produktentwurf, Spezifikation, Produktion, Einsatz, Wiederverwendung und letztendlicher Entsorgung.
b) Erforschen Sie neue Wiederverwendungsmöglichkeiten bei veralteten Produkten.
c) Gestalten Sie neue Produkte derart, daß sie jederzeit unter Berücksichtigung vorhersehbarer wissenschaftlicher und technischer Entwicklungen umgerüstet werden können.
d) Entwerfen Sie Teile mit der Möglichkeit zur Mehrfachnutzung und zum Einsatz in unterschiedlichen Produkten. Dafür sollten Sie sich für Standardisierung einsetzen.

2. Entwerfen Sie pflegeleichte Produkte mit langer Lebensdauer

a) Erhöhen Sie die funktionelle Lebensdauer des Produkts.
b) Lagern Sie Rohprodukte so, daß die natürliche Abnützung minimiert wird.
c) Entwerfen Sie leicht reparierbare Produkte.
d) Vermeiden Sie die häufige Änderung am Design eines Produkts aus stilistischen oder werbetechnischen Gründen: Machen Sie klassisches, langlebiges Design zu Ihrem Warenzeichen.
e) Vermeiden Sie vor allem Wegwerfprodukte.

3. Verwenden Sie Rohstoffe in ökologisch zulässigen und tragfähigen Größenordnungen

a) Verwenden Sie hauptsächlich Produkte, die aus ökologisch tragfähigen Prozessen oder durch Recycling gewonnen werden.
b) Überprüfen Sie, ob unterschiedliche, aber gemeinsam verarbeitete

Rohstoffe wiederverwendet oder recycelt werden können und wieviel Energie dabei verbraucht wird.

c) Vermeiden Sie Materialkombinationen, die nicht wiederverwendet oder recycelt werden können.

> Design als ökologische Aufgabe bedeutet:
>
> - Reduktion der Primärproduktion
> - mehr Design, weniger Produkte
> - Kontext statt Objektorientierung
> - negentropes Design
> - interkulturelles Design
> - postmaterielle Werthaltung
> - living systems approach
> - postindustrial design

Schritte zu einer Designzukunft

DESIGNFUTUROLOGIE: Die systematische Exploration und Antizipation zukünftiger Produkt- und Objektwelten.

DESIGNÖKOLOGIE: Die energetische, materielle, informationelle und semantisch-symbolische Wechselwirkung von Gegenständen und Umwelten.

INSTRUMENTE:
- Szenarienentwicklung
- Design-Impact-Assessments
- Umweltverträglichkeitsprüfung
- Möglichkeits- und Machbarkeitsstudien
- Nutzer-Partizipation (Design-Werkstätten)

5. Zielen Sie bereits während der Entwurfsphase daraufhin, toxische Stoffe bei Produkt und Produktionsablauf zu verringern oder zu eliminieren

a) Suchen Sie nach geeigneten Ersatzstoffen für schädliche Farben oder Konservierungsmitteln bei Papier, Kleidung, Holz und ähnlichem.

6. Design unter Berücksichtigung von Gesundheit und Wohlbefinden des Verbrauchers

a) Denken Sie bereits in der Entwurfsphase an die Gesundheit des Verbrauchers.
   - Entwerfen Sie Kleidung, die den biologischen Bedürfnissen des menschlichen Körpers entgegenkommt.
   - Verringern Sie den Anteil schädlicher Konservierungsmittel, Fette und Schadstoffe oder eliminieren Sie diese ganz aus der Lebensmittelproduktion.

b) Gestalten Sie Produkte bedienungsfreundlich und legen Sie klare Bedienungsanleitungen bei, um Unfälle, Verletzungen oder Streß zu vermeiden.

c) Treffen Sie Vorsorge bei Produkten für Menschen, die aufgrund von Gewicht, physischen Eigenschaften, Sprechfertigkeit oder Bildung aus dem Rahmen üblicher Marketingstereotypen fallen.

7. Design unter Berücksichtigung sozialer Mißstände

a) Überlegen Sie, ob es moralisch vertretbar ist, wenn durch den Entwurf und Verkauf von Produkten Rassenkonflikte, moralische oder sexistische Stereotypen (oder Anspielungen) verstärkt werden.

b) Bestimmen Sie den Wert eines Produkts nicht ausschließlich nach dem Verkaufspreis oder Elitebewußtsein.

8. Respektieren Sie alle Lebensformen und Öko-Systeme

a) Vermeiden Sie den Einsatz von Tierprodukten oder tierischer Anteile wildlebender und vor allem gefährdeter oder bedrohter Tierrassen.

b) Überlegen Sie, wie tierische Anteile am Produkt ersetzt werden können.

c) Vermeiden Sie die ausbeuterische Nutzung von Pflanzen und verwenden Sie keine bedrohten oder gefährdeten Pflanzenarten beziehungsweise Abholzung/Entlaubung, die biologisch wichtige Regionen gefährdet.

d) Überlegen Sie, ob Sie nicht eine Produktreihe von hohem Prestige auf den Markt bringen möchten, die fortgeschrittenes ökologisches Denken ausdrückt.

e) Überlegen Sie, ob Sie Verpackung oder sogar das Produkt selbst als Informationsfeld für Umweltschutz- oder Tierschutzthemen verwenden möchten.

9. Vermeiden Sie überflüssige Verpackung

a) Informieren Sie sich, ob Zulieferer bei minimaler Verpackung rücksendbare/recyclefähige/biologisch abbaubare Materialien verwenden.
b) Verwenden Sie Normverpackungen, um den Raum bei Transport und Lagerung so effektiv wie möglich zu nutzen.
c) Wählen Sie das Verpackungsmaterial aus, bei deren Herstellung am wenigsten Energie verbraucht wird.
d) Entwerfen Sie Verpackungen so, daß sie entweder als Verpackung oder für andere Zwecke wiederverwendet werden können.
e) Sammeln Sie Papier und Kartons für das Recycling.
f) Schränken Sie die Verwendung von Kunststoffen, Styropor usw. ein, überlegen Sie die Verwendung von Popcorn und anderen biologisch abbaubaren oder recyclefähigen Materialien.

Herstellung und Produktion

1. Gründen Sie ein Untersuchungs- und Forschungsteam

a) Analysieren Sie Produktionsabläufe und Technologien.
b) Schlagen Sie ökologisch sinnvollere Alternativen vor.
c) Halten Sie sich über einschlägige Innovationen (neue Technologien, neue Prozesse und Produkte) auf dem laufenden, die die betrieblichen Leistungen im sozialen und ökologischen Bereich auf lange Sicht steigern, auch wenn sie kurzfristig überteuert erscheinen.
d) Stellen Sie sicher, daß das Unternehmen bereits vorhandene Umweltschutznormen beachtet oder sogar noch unter gesetzlich vorgeschriebenen Grenzwerten liegt.

2. Verbessern Sie kurzfristig die ökologischen Leistungen des existenten Systems und Materials

a) Verwenden Sie Zusatzstoffe und Katalysatoren, die den Verbrauch von Rohstoffen begrenzen und/oder schädliche Emissionen bei der Produktion verringern.
b) Erhöhen Sie die Energie-Effizienz durch Isolierung, Versiegelung oder anderweitiges Schützen der Geräte und Materialien, die bei hohen oder niedrigen Temperaturen eingesetzt werden.
c) Überprüfen und reparieren Sie sämtliche Leckstellen an Maschinen, die für das Zirkulieren oder die Lagerung von Gasen oder Flüssigkeiten eingesetzt werden (zum Beispiel Ventile, Pumpen, Rohre, Verschlüsse).
d) Überprüfen Sie sämtliche Maschinen, die mit der Verarbeitung von Schadstoffen zu tun haben, auf ordnungsgemäßes Funktionieren.
e) Verringern Sie den Lärmpegel, indem Sie Maschinen absondern und isolieren, und ähnliches (Stellen Sie Ohrschutz für Ihre Mitarbeiter zur Verfügung).
f) Reduzieren Sie durch Geräte verursachte Vibrationen.
g) Machen Sie Arbeitsschutz zum obersten Gebot.
   - Bilden Sie Ihre Mitarbeiter in Erster Hilfe aus und weisen Sie auf Gefahren am Arbeitsplatz hin.
   - Machen Sie Erste-Hilfe-Kästen einfach zugänglich und sorgen Sie für entsprechende Einrichtungen (Augenbäder/Duschen).
   - Werten Sie gesundheitliche Beschwerden Ihrer Mitarbeiter als erste Anzeichen einer Vergiftung/Verätzung.
   - Lassen Sie bei Ihren Mitarbeitern freiwillige Blut- und Urinanalysen durchführen, um möglichen Gehalt von Gift- oder Schadstoffen festzustellen.

3. Aktualisieren und verbessern Sie Ihren Produktionsablauf langfristig und kontinuierlich

a) Ersetzen Sie gefährliche Chemikalien durch weniger gesundheitsgefährdende beziehungsweise umweltschädliche. Dies kommt nicht nur Ihren Mitarbeitern, sondern auch der Gemeinschaft zugute.
   - Ersetzen Sie krebserzeugende und andere toxische Stoffe.
   - Lagern oder verwenden Sie explosives Material nicht neben be-

ziehungsweise zusammen mit ätzenden Mitteln – dies könnte zu einem kostenintensiven Unfall führen.

b) Arbeiten Sie nur mit neuesten Technologien, die zur Verbesserung der Umweltfreundlichkeit des Unternehmens beitragen und die Gesundheit Ihrer Mitarbeiter nicht gefährden.
   - Verwenden Sie nur Maschinen mit einem ausgewogenen Input/Output-Verhältnis.
   - Verwenden Sie zuverlässige automatische Meß- und Steuertechniken.
   - Installieren Sie Warnsysteme für den Notfall.

c) Streben Sie eine verbesserte Produktionsnachbereitung an.

d) Ersetzen Sie umweltschädigende Energiesysteme mit niedrigem Wirkungsgrad durch effiziente und weniger umweltschädliche.
   - Setzen Sie Alternativenergiequellen wie Wind- und Solarenergie ein. Untersuchen Sie photovoltaische Verfahren.
   - Entwerfen Sie Systeme zur Energieumsetzung und -rückgewinnung.

e) Vermeiden Sie Zwischenlagerung, indem Sie nur vollständige Produktionsvorgänge zulassen.

f) Verwenden Sie bei gefährlichen, staubbildenden Arbeitsvorgängen (wie zum Beispiel bei der Asbest- und Fiberglasverarbeitung) luftdichte Apparaturen.

4. Rückgewinnung/Recycling und Wiederverwendung

a) Recyclen oder wiederverwenden Sie Abwässer, die nutzbare Substanzen enthalten.

b) Achten Sie auf sorgfältiges Recycling, Wiederverwendung, Rückgewinnung oder gegebenenfalls Entsorgung von Abfällen mit Schadstoffen.

5. Verantwortungsbewußte Fertigung

a) Verändern Sie Produktionsabläufe derart, daß ungewollte Substanzen vollständig eliminiert werden.

b) Zeigt sich, daß bei der Herstellung eines Produktes Unsicherheiten bezüglich aktueller Spezifikationen auftreten, gestalten Sie das Produkt beziehungsweise den Produktionsablauf um.

c) Kann ein Produkt nicht ohne Ausschluß von Unsicherheiten bezüglich aktueller Spezifikationen hergestellt werden, eleminieren Sie dieses Produkt oder den Produktionsvorgang und suchen Sie nach geeigneten Alternativen.

Recycling

Recycling ist wohl die bekannteste, aber auch eine arbeitsintensive Strategie, die verschwenderische Nutzung von Rohstoffen abzumildern. Um Recycling besonders effektiv zu gestalten, muß die Nachfrage nach recycelten Produkten oder Produktteilen verstärkt werden. Umweltbewußte Firmen sollten aber nicht nur diesen Markttrend fördern, sondern auch nachforschen, welche für das Recycling vorgesehene Materialien tatsächlich für welches Produkt recycelt werden. Auch politischer Einfluß sollte für den Kauf recycelter Produkte eingesetzt werden.

1. Fakten sammeln

a) Gründen Sie ein Recycling-Team – mit Mitarbeitern aus Produktdesign, Material, Einkauf und Marketing sowie mit unabhängigen Experten, um das Recycling beziehungsweise die Verwendung von recycelten Produkten zu überwachen und zu bewerten. Geben Sie dem Team die entsprechenden Vollmachten, bestimmte Änderungen durchführen zu können.
b) Informieren Sie Abteilungen Ihres Unternehmens, die Produkte verwenden, die durch Recyclate ersetzt werden können.
   - Stellen Sie die Kosten für alternative Produkte und ähnliches den Umweltverbesserungen gegenüber, denken Sie an die „Sichtbarkeit" der Änderungen.
   - Beurteilen Sie regionale oder langfristige Umweltbelastungen durch bestimmte Recycling-Verfahren und stellen Sie Richtlinien auf, wann Recycling sinnvoll ist.
   - Bedenken Sie Energieverbrauch, Arbeitsaufwand und Kosten von Recycling und vergleichen Sie diese mit herkömmlichen Entsorgungsmethoden. Analysieren Sie die Verbrauchernachfrage für das recycelte Produkt.
   - Stellen Sie die praktischen Kosten des Recyclings den Vorteilen für die Umwelt gegenüber.

c) Stellen Sie sicher, daß sich recycelte Produkte nicht gesundheitsschädigend für die diese Produkte herstellenden Mitarbeiter und Verbraucher auswirken.

2. Recycling in den Produktionsstätten, Büros, im Einzelhandel, usw.

a) Das Design des Produkts sollte recyclefreudig sein (vgl. auch Produktdesign).
   - Verwenden Sie weniger oder einfach trennbare Rohstoffe.
   - Standardisieren Sie Produktbestandteile.
   - Reduzieren Sie biologisch nicht abbaubare Stoffe.

b) Verändern Sie Produkte oder Dienstleistungen, Organisationsstrukturen, Transport- oder Kommunikationssysteme, um Recycling zu optimieren.

c) Sorgen Sie für die Rückgewinnung der Rohstoffe und vermeiden Sie unnötige Abfallproduktion.
   - Führen Sie regelmäßige Bestandsaufnahmen von Produkten und Produktteilen durch und erkundigen Sie sich nach Möglichkei-

ten, wie recycelte Abfallprodukte in die interne oder externe Herstellung integriert werden können.

d) Beschriften Sie Auffangbehälter und Container für recyclefähiges Material klar und auffallend.
e) Geben Sie Ihren Mitarbeitern die Möglichkeit, recyclefähiges Material von zu Hause mitzubringen, wenn keine andere Möglichkeit besteht.
f) Suchen Sie nach einem externen Vertragspartner zur Erleichterung von Recycling.
g) Nutzen Sie die Möglichkeit der elektronischen Kommunikation, statt Kurznachrichten auszudrucken.
h) Weisen Sie Ihre Kunden (durch Tafeln oder Aufdrucke am Produkt) auf umweltfreundliche Produkte und Komponenten hin.
i) Bieten Sie Ihren Kunden einen Nachlaß für das Recycling Ihrer Produkte an (zum Beispiel für Rückgabe getragener Baumwollsachen).

3. Verhandlungen mit Recycling-Firmen

a) Wählen Sie Firmen aus, die den Anforderungen Ihres Recycling-Teams entsprechen, die verhandlungswillig sind und die nicht größeren Unternehmen gehören, von denen bekannt ist, daß sie die Umwelt vernachlässigt beziehungsweise ihre Mitarbeiter ausgebeutet haben.
b) Zur Kostensenkung sollten Sie recycelte Produkte direkt vom Hersteller beziehen.
c) Wenn möglich, kaufen Sie recycelte Produkte von denselben Firmen, die auch Ihre Abfälle recyclen.
d) Besteht für Ihre Zulieferer die Möglichkeit, Nebenprodukte zu recyclen, so nehmen Sie die Anforderungen des Recyclings in Ihre Verträge mit diesen Firmen auf.
e) Verhandeln Sie mit Recycling-Firmen über optimale Transportrouten.
f) Stellen Sie sicher, daß Ihr Recycling-Partner auch sorgfältig mit den ihm anvertrauten Materialien umgeht.

4. Umsetzung von weiterentwickelten Strategien und Prinzipien

a) Verstärken Sie die Nachfrage nach recycelten Produkten durch informative Werbung, Informationen in Schaufenstern der Einzelhändler und Produktetiketten.
b) Bauen Sie eine Datenbank über Zulieferer und Recycling-Firmen mit anderen Unternehmen auf, um so den Kreislauf von wiederverwendbaren und recyclefähigen Materialien zu unterstützen.
c) Bauen Sie eine Netzwerkkommunikation über verantwortungsvolle Recycling-Firmen und Zulieferer recycelter Produkte auf.
d) Gestalten Sie Produkt- und Verpackungsdesign derart um, daß Recycling erleichtert wird.
e) Verstärken Sie den Einsatz von biologisch abbaubaren Substanzen kontinuierlich.

c) Abgänge

Marketing und Verkauf

Marketing setzt sich aus all jenen Schritten zusammen, die nötig sind, bis das Produkt beim Verbraucher angekommen ist. Dazu gehört auch die Art der Werbung, der Preis und der Vertrieb Ihrer Produkte.

1. Bilden Sie Teams, die sich mit dem aktuellen Marketing befassen

2. Verkaufsförderung

a) Verpackungsdesign
   - Überprüfen und bewerten Sie aktuelle Designs.
   - In Zusammenarbeit sollten Sie sinnvolle Verpackungen erarbeiten, die aus umweltverträglichem Material gefertigt werden.
   - Vermeiden Sie überflüssige Verpackung (zum Beispiel unnötig große Behälter oder doppeltes Einpacken).
   - Suchen Sie nach effektiven Verpackungen mit wenig Materialaufwand.
   - Verwenden Sie „Umweltzeichen“ auf der Verpackung, um die

positiven umweltfreundlichen Eigenschaften Ihres Produkts zu betonen (vgl. Global File Report Nr. 3).

b) Verkauf
   - Überprüfen und bewerten Sie den jetzigen Verkaufsstil.
   - Informieren Sie Ihre Kunden über die ökologischen Vorteile Ihrer Produkte.
   - Sorgen Sie auch nach dem Verkauf zum Beispiel durch Kundenberatung dafür, daß Ihre Produkte umweltgerecht verwendet und entsorgt werden.
   - Falls durch die Umstellung auf umweltfreundliche Produktion höhere Preise nicht umgangen werden können, sollten Sie Ihren Vertriebshändlern und Verbrauchern klarmachen, wie die Kosten kalkuliert sind (diskutieren Sie die Preisunterschiede auf der Grundlage von ökologischen Faktoren).
   - Verkaufen Sie Ihre Produkte über den Einzelhandel, richten Sie einen gebührenfreien 0130-Anschluß ein, um Fragen Ihrer Endverbraucher über die ökologischen Auswirkungen Ihrer Produkte beantworten zu können.

c) Einzelhandel
   - Überprüfen und bewerten Sie die jetzigen Absprachen.
   - Verhandeln Sie mit Ihren Einzelhändlern über eine Ihren ökologischen Marktstrategien entsprechende Präsentation Ihrer Produkte.
   - Haben Sie das Gefühl, daß Einzelhändler nicht dem von Ihnen angestrebten Image entsprechen, sollten Sie sich überlegen, ob Sie eigene Läden eröffnen wollen, wo Sie mehr Kontrolle über das Firmenimage und die Präsentation Ihrer Produkte ausüben und das Verbraucherverhalten direkt beobachten können.

d) Werbung
   - Überprüfen und bewerten Sie die jetzigen Medien/Anstrengungen auf diesem Gebiet.
   - Vermeiden Sie umweltschädliches Werbematerial (zum Beispiel beschichtetes Papier und toxische Tinten).
   - Verwenden Sie bei der Werbung für Ihr Produkt „Öko-Einheiten" (zum Beispiel „Blauer Engel"), um dessen Umweltfreundlichkeit zu betonen.
   - Setzen Sie Direct-Mail-Aktionen ein, vermeiden Sie Doppelsendungen; erwägen Sie die Aufteilung Ihres Hauptkatalogs in mehrere Teilkataloge, um jeweils nur die entsprechenden Kundenkreise anzusprechen.

3. Vertrieb

a) Überprüfen und bewerten Sie die vorhandenen Systeme.
   - Bevorzugen Sie Transportsysteme, die durch Energiesparmaßnahmen und weniger Verschmutzung aktiv zum Umweltschutz beitragen.
   - Erforschen und unterstützen Sie umweltfreundlichere Transportsysteme.

4. Stellen Sie Strategien für die Praxis auf (auf der Grundlage obiger Überlegungen)

a) Erforschen Sie, welche Kundenkreise am empfänglichsten für Werbung, die ökologische Faktoren betont, sind.
b) Setzen Sie Ihre Priorität auf Produkte oder Produktkategorien, die in einer ökologischen Kampagne vermarktet werden können.
c) Überprüfen Sie den wirtschaftlichen Erfolg oben aufgeführter Werbetaktiken regelmäßig und verändern Sie diese gegebenenfalls.
d) Arbeiten Sie mit der Public-Relations-Gruppe zusammen, um das Firmenprofil in Hinblick auf diese Entscheidungen zu beobachten, und verändern Sie gegebenenfalls Ihre Strategien.
e) Führen Sie Erfolgsprämien ein oder schaffen Sie andere Anreize, damit Ziele erreicht beziehungsweise überschritten werden.
f) Erwägen Sie die Umsetzung (und Veröffentlichung) von Marketing- oder Verkaufsstrategien, die einen direkten Beitrag zum aktiven Umweltschutz beziehungsweise zur Verbesserung sozialer Bedingungen leisten.
   - Legen Sie einen bestimmten Prozentsatz des Firmengesamtumsatzes oder Firmenprofits für diesen Zweck fest.

Abfall und Emissionen

Jeder Teilbereich eines Unternehmens verursacht in irgendeiner Weise Verschmutzungen. Oft führen unterschiedliche Entscheidungen des Unternehmens zu unterschiedlicher Verschmutzung. Deshalb mag es sich als sinnvoll erweisen, Ihre Teams in Kategorien wie Forschung und Entwicklung, Produktion und Verwaltung aufzuteilen.

1. Gründen Sie Gruppen zur Analyse der Abfallproduktion und -entsorgung und der Emissionen und Emissionskontrolle

a) Erwägen Sie die Aufnahme von Mitarbeitern und Repräsentanten anderer Unternehmen, die über ein einschlägiges Fachwissen bei den Vorgängen der Abfallproduktion und Emissionen sowie Entsorgungsabkommen und Emissionskontrolle verfügen.
b) Wählen Sie willkürlich mehrere Teammitglieder unter Ihren Mitarbeitern aus, die sich für kreative Lösungen einsetzen.
c) Erkundigen Sie sich bei Ihren Zulieferern, anderen Unternehmen Ihrer Branche und Ihren Entsorgungsunternehmen, ob sie mitmachen möchten.
d) Bitten Sie mehrere Mitarbeiter, die ein fundiertes fachliches und rechtliches Wissen haben, dieses in die Analyse der bestehenden Umweltgesetze über Emissionskontrolle, Lärm, toxische Abfallprodukte, Wasserverschmutzung und ähnliches einzubringen.

2. Identifizieren Sie Abfallprodukte und die jetzigen Mittel der Entsorgung

a) Spezifizieren Sie die einzelnen Nebenprodukte (wie Holz, Papier, Chemische Stoffe, Asbeste).
b) Stellen Sie fest, wodurch dieser Abfall produziert wird (Büroabfall, Abfall bei der Entwicklung oder Produktion) und halten Sie den genauen Vorgang fest (verwendete Chemikalien und physische Prozesse).
c) Stellen Sie alle Abfälle fest und ordnen Sie sie nach Giftigkeit, Lebensdauer und allgemeinen Entsorgungsproblemen (notieren Sie auch gesundheitliche Gefahren der Arbeiter, die Land- und Wasserverschmutzung und spezielle Anforderungen beim biologischen Abbau).
d) Werten Sie bestehende Entsorgungsverfahren anhand obengenannter Hierarchie aus und prüfen Sie, inwieweit diese den gesetzlichen Anforderungen entsprechen.

3. Bestimmen Sie Emissionen und aktuelle Emissionswerte

a) Bestimmen Sie alle durch Ihr Unternehmen verursachten Emissionen (einschließlich Lärm, Gasen, Partikel, Gerüche).
b) Weisen Sie den Ursprung dieser Emissionen nach und halten Sie den speziellen Produktionsvorgang fest.
c) Bestimmen und ordnen Sie die medizinischen und ökologischen Konsequenzen jeder Emission.
d) Zeichnen Sie die Ergebnisse sämtlicher Emissionsprüfungen auf und achten Sie auf eventuelle Unzulässigkeiten oder Gesetzesverstöße.
e) Setzen Sie Priorität auf Emissionssteuerungen und tauschen Sie diese gegebenenfalls aus.

4. Prüfen Sie Alternativen zur Reduzierung oder Eliminierung von Emissionen und Abfall

a) Verwenden Sie zwei Prioritätslisten als Ausgangspunkt für Ihre Analyse.
b) Forschen Sie nach alternativen Produktionsmethoden, bei denen überhaupt kein Abfall beziehungsweise keine Emissionen anfallen.
c) Forschen Sie nach alternativen Produktionsmethoden, die Abfall- und Emissionsmengen deutlich verringern.
d) Achten Sie auf physikalische oder chemische Prozesse, die das Abfallprodukt zu einer gefährlichen Mischung werden lassen (zum Beispiel erzeugt eine Mischung aus Methylalkohol, Ameisensäure, Essigsäure und Ester, die anschließend auf 900 – 1 000 ° Celsius erhitzt wird, Kohlendioxid und Wasser).
e) Überprüfen Sie, ob irgendwelche Abfallprodukte in der Firma selbst weiterverarbeitet oder an ein anderes Unternehmen verkauft werden können (beispielsweise kann aus Büros anfallender Papierabfall im Aktenvernichter zerrissen und anschließend als Füllprodukt verwendet werden).
f) Forschen Sie nach geeigneten Abfallentsorgungsmethoden (zum Beispiel nach sicheren Methoden, oder solchen, die die biologische Abbaufähigkeit des Produkts unterstützen).
g) Ordnen Sie die Alternativmethoden aufgrund ihrer Ergebnisse, der leichten Umsetzung und der finanziellen Kosten (wobei besonders zu berücksichtigen ist, daß eine neue Methode zwar die schädlichen

Emissionen reduzieren mag, gleichzeitig aber ein neues noch schädlicheres Nebenprodukt erzeugen kann).

h) Wählen Sie Alternativen aus, die sofort umgesetzt werden sollen (also die ersten auf Ihrer Prioritätsliste, anschließend die Methoden, die die besten Ergebnisse liefern und anschließend diejenigen, die die wenigsten Kosten verursachen).

5. Entwickeln Sie eine Strategie und bauen Sie die zur Realisierung notwendige Infrastruktur auf

a) Entwickeln Sie einen Aktionsplan (notieren Sie die notwendigen Schritte, legen Sie einen Termin fest, teilen Sie eine Arbeitsgruppe zur Überwachung der Einhaltung dieser ökologischen Ziele ein).

b) Benennen Sie langfristig einen erfahrenen Mitarbeiter oder Berater, dessen Aufgabe es ist, Ihre Entscheidungsträger kontinuierlich über den neuesten Stand des Umweltrechts zu informieren (achten Sie darauf, daß auch Sie regelmäßige schriftliche Berichte erhalten).

c) Achten Sie bei allen Abfallsystemen auf die folgenden Punkte:
   - Stellen Sie leicht zugängliche Behälter für die Lagerung anfallender Nebenprodukte auf.
   - Stellen Sie für Altöl, Lösungsmittel, Lösungen, Säuren, Farben, etc. Sammelbehälter auf.
   - Lagern Sie giftige Stoffe an gut durchlüfteten kühlen Stellen und außer Reichweite Ihrer Mitarbeiter.

d) Stellen Sie in den Büros Abfallbehälter für Papier, Kunststoff, Glas, Aluminium und Metall wie Heft- und Büroklammern und Flaschenverschlüsse auf.

e) Verfügen Sie über eigene Verkaufsräume, so sorgen Sie dafür, daß auch Ihre Kunden einen aktiven Beitrag zum Umweltschutz/Recycling leisten können.

f) Sind Sie im Vertrieb tätig, bauen Sie einen Recycling-Ring mit allen Beteiligten auf.

6. Verhandeln Sie mit Ihren Zulieferern und Entsorgungsunternehmen

a) Übergeben Sie Ihren Zulieferern die Verantwortung für Abfälle, die aufgrund deren Produkte entstehen (das heißt sie holen den Abfall ab, den sie selbst weiterverarbeiten können, oder schließen Verträge mit örtlichen Recycling-Unternehmen).

b) Nehmen Sie eine Klausel in die Verträge mit Ihren Zulieferern auf, daß Ihre Zulieferer vertraglich verpflichtet sind, Sie mit allen Informationen über Produkteigenschaften und -materialien zu versorgen (dadurch haftet der Zulieferer bei Fehlinformationen).

c) Führen Sie unangemeldete Überprüfungen durch, um sich davon zu überzeugen, daß die Entsorgungsbedingungen annehmbar sind (vielleicht gründen Sie sogar zusammen mit anderen Firmen eine Organisation, die den Entsorgungsprozeß überwacht).

d) Unterstützende Maßnahmen

Finanzen

Regierungen aller Länder bemühen sich durch den Erlaß neuer Gesetze, die durch Unternehmen aller Art verursachten Umweltbelastungen deutlich zu verringern. So entstehen neue finanzielle Möglichkeiten wie zum Beispiel Steuerabschreibung für den Einbau emissionsabbauender Einrichtungen; Abgaben und Gebühren an die städtischen Versorgungsunternehmen, das heißt deren Gewinne werden erhöht, um Energiesparmaßnahmen realisieren zu können; es werden Vermittlungsverträge geschlossen, die wünschenswerte Produkte wie Umweltschutzpapier zum Gegenstand haben; der Standort für neue Bauten beziehungsweise Umbauten unterliegt immer stärkeren gesetzlichen Auflagen und der Berücksichtigung ökologischer Gesichtspunkte. Dadurch ergibt sich die Forderung, sämtliche Investitionen hinsichtlich ihrer ökologischen Tragfähigkeit zu überprüfen.

In Deutschland und England gibt es ständige staatliche Zuschüsse für bestimmte Umweltschutzforschungsprojekte oder durchgeführte Verbesserungsmaßnahmen. Die bundesdeutsche Regierung offeriert Steuervorteile und niedrige Zinssätze. In Amerika gibt es Steuerbefreiung für bestimmte Abwasserbehandlungstechniken sowie andere Zuschüsse auf unterschiedlichen staatlichen Ebenen. Die europäische Entwicklungsbank in Luxemburg bietet Investitionskredite für Umweltschutzprojekte zu besseren Konditionen als nationale Geldinstitute an. Die EG-Kommision in Brüssel offeriert Fonds für Muster- oder Modellprojekte.

Alle Investitionen sollten routinemäßig unter ökologischen Gesichtspunkten hinterfragt werden, wie zum Beispiel:

– Erhöht sich dadurch die Umweltverschmutzung?

Während normale Haftpflichtversicherungen für übliche geschäftliche Risiken durchaus einen guten Schutz bieten, können die Folgen einiger industrieller Prozesse, zum Beispiel bei der Asbestverarbeitung, nur selten versichert werden. Unternehmen und ihre leitenden Angestellten sind sich der Gefahren bei der Produktion und möglichen gesundheitlichen und Umweltfolgen bewußt und nehmen sie wissentlich in Kauf. Aufgrund der raschen und häufigen Gesetzesänderungen in diesem Bereich muß es sich ein Unternehmen, das mit Risikotechnologien arbeitet, zur Aufgabe machen, die auf legislativer Ebene voraussichtlichen Entwicklungen in der unternehmerischen Praxis vorwegzunehmen.

Bei Gebäudeversicherungen sollte geprüft werden, inwieweit Umweltschäden gedeckt sind. Es gibt auch Versicherungsschutz für durch Umweltschäden wie Verseuchung verursachten Produktionsausfall.

Investitionen

1. Stellen Sie eine Öko-Investitionsstrategie auf

a) Legen Sie ökologische Kriterien für Ihre Investitionen auf.
   – Ordnen Sie diese Kriterien nach Dringlichkeit in puncto Umwelt und Gesellschaft.
   – Investieren Sie in staatliche und nichtstaatliche Unternehmen, die Ihren Kriterien entsprechen.

2. Investieren Sie

a) Wählen Sie Investitionsziele aus, deren Investitionsphilosophie Ihren ökologischen Prinzipien entgegenkommen.
b) Bereiten Sie durch Ihre Investitionen den Weg, damit auch Ihr Geldinstitut ökologische Prinzipien anwenden kann.
   – Überlegen Sie den Kauf von Landes- oder Bundesanleihen, welche Investitionen in ökologische Projekte unterstützen.

- Suchen Sie nach umweltfreundlichen Investitionen (zum Beispiel in Firmen, die für den Einbau umweltfreundlicher Technologien Kapital benötigen).

c) Begründen Sie ökologische Investitionen vor Ihren Aktionären.
d) Schaffen Sie finanzielle Anreize für Ihre Mitarbeiter – dies kann zum Beispiel durch ausgearbeitete Finanzierungspläne für Aktienbeteiligung oder durch Vergütung für eine Verbesserung im umweltbewußten Verhalten, egal in welchem Bereich des Betriebs, erfolgen.

3. Setzen Sie sich für ökologische Investitionen ein

a) Gründen Sie eine Lobby, die sich für Steuervorteile, oder -befreiungen für durch Unternehmen getätigte Investitionen in ökologisch sinnvolle Projekte einsetzt.
b) Fördern Sie staatliche oder private Umweltschutzmaßnahmen.

4. Unterstützen Sie Organisationen innerhalb Ihrer Gemeinde

a) Bezuschussen Sie Organisationen, lokale Gruppen und Institutionen, die sich für ökologische oder humane Projekte engagieren.

Arbeitsplatz

Arbeitsbedingungen

Das Innenleben eines Unternehmens spielt eine große Rolle für das physische und psychische Wohlergehen seiner Mitarbeiter, was sich letztendlich wieder auf das „Wohlergehen" des Unternehmen auswirkt. Da die Mitarbeiter viele Stunden ihrer Wachphase im Unternehmen verbringen, können die Arbeitsbedingungen durchaus als wichtiges „Produkt" betrachtet werden, das im Gegensatz zu den anderen Produkten nicht Kunden, sondern ausschließlich Mitarbeitern zugute kommt beziehungsweise diese beeinträchtigt. Zu Arbeitsbedingungen zählen auch viele Faktoren, die erst auf den zweiten Blick als direkt mit dem Arbeitsplatz verbunden erkennbar sind.

Wenn Streß am Arbeitsplatz, der zum Beispiel durch schlechte Lichtverhältnisse, Lärm, Staub, giftige Substanzen oder Gefahr für die Gesundheit entsteht, nicht vermieden wird, kann man wohl kaum glaubwürdigerweise von seinen Mitarbeitern verlangen, sich für den Umweltschutz zu interessieren und zu engagieren. Inner- und außerbetriebliche ökologische Prinzipien sind von daher eng miteinander verbunden und benötigen einen gemeinsamen Lösungsansatz.

Lärm, einschließlich niederfrequente Schwingungen

Von Maschinen erzeugter Lärm kann in den meisten Fällen durch Verkleidungen, Auspolsterungen, Schutzschilder, geräuschdämmende Materialien, Außengebläse oder ähnliches reduziert werden. Auch Nebengeräusche können sehr störend sein und müssen langfristig vermieden werden. In regelmäßigen Abständen wiederkehrende Lärmbelästigung ist besonders belastend und störend. Im allgemeinen kann Lärm vermieden werden, wenn zwischen dem lärmverursachenden Gerät und dem Mitarbeiter eine kompakte Masse liegt (ohne Risse und Sprünge), wie zum Beispiel schwere Metall- oder Glasplatten, Beton, oder ähnliches. In manchen Fällen empfiehlt sich eine bauliche Isolierung, um die Geräuschübertragung zu vermeiden. Starkem Lärm ausgesetzte Mitarbeiter müssen mit Ohrschützern und ähnlichem ausgestattet werden und sich regelmäßig medizinisch untersuchen lassen.

Beleuchtung und Farbgestaltung

In vielen Fällen gibt es Bestimmungen über die richtige Beleuchtung bei unterschiedlichen Tätigkeiten. Dennoch spielen noch viele weitere Faktoren eine Rolle für das Wohlbefinden der Mitarbeiter, die auch geregelt werden sollten: Kontrastverhältnisse zwischen hellen und dunklen Flächen, Oberflächenspiegelung, Aufstellung von Lichtquellen usw. (Arbeiten am Bildschirm benötigen eine relativ geringe und indirekte Beleuchtung.) Da die Mitarbeiter am besten selbst beurteilen können, welche Lichtverhältnisse für sie die günstigsten sind, sollten sie auch selbst entscheiden können, welche Lichtquellen wo aufgestellt werden.

Kunststoffröhren, die aufgrund ihres sparsamen Energieverbrauchs als umweltfreundlich gelten, werfen bestimmte Probleme auf. Durch

Kombinieren von Lichtquellen mit unterschiedlicher Lichtstärke kann eine tageslichtähnliche Beleuchtung geschaffen werden, die die meisten Menschen als besonders angenehm empfinden; spezielle Lampen oder Glühbirnen, die dies erreichen, sind mittlerweile im Handel erhältlich.

Auch die Farben am Arbeitsplatz tragen bedeutend zum Wohlbefinden der betroffenen Mitarbeiter bei. Auch wenn dieses Thema noch heiß umstritten wird, ist es doch unbestritten, daß bestimmte Rottöne eine weniger beruhigende Wirkung haben als bestimmte Grüntöne. Eine hell angestrichene Decke läßt einen Raum höher wirken als eine dunkel gestrichene.

Elektromagnetische Felder

Neueste Forschungen haben ergeben, daß Menschen, vor allem Kinder und schwangere Frauen, unter den Auswirkungen relativ niedriger magnetischer und elektrischer Felder, die durch moderne Maschinen (und auch elektrische Heizdecken) erzeugt werden und durch übliche Decken und Wände hindurchströmen, leiden können. Zu diesem Bereich gibt es die unterschiedlichsten Meinungen in Europa und Amerika, einige Forscher sind zwar der Überzeugung, daß das Risiko entweder sehr gering oder gar nicht vorhanden ist, dennoch stößt man immer wieder auf wissenschaftliche Bedenken, die zu folgenden Empfehlungen geführt haben: Bildschirme, die vor allem seitlich und nach hinten ausstrahlen, sollten nicht zu eng nebeneinander stehen, und es sollten auch nicht zu viele auf kleinstem Raum aufgestellt werden. Schwangere Frauen sollten daran nicht arbeiten. Räume neben Transformatoren oder anderen Maschinen, die mit hohen Stromfrequenzen betrieben werden, sollten nicht als Arbeitsplatz für die Mitarbeiter genutzt werden. Betriebsgebäude, in denen viele Mitarbeiter untergebracht sind, sollten nicht in der Nähe von Hochspannungsleitungen errichtet werden.

„Klima“

Aus Gründen des persönlichen Wohlbefindens der Mitarbeiter empfiehlt sich eine natürliche Belüftung anstatt einer geschlossenen Klimaanlage, was sich aufgrund der jeweiligen Witterungsverhältnisse in vielen Ländern das ganze Jahr über relativ unproblematisch praktizieren läßt. Architekten wird in der Ausbildung die Anwendung von Solar- und Windenergie, baulichen Maßnahmen zur Hitzespeicherung und -rückgewinnung, etc. vermittelt, um den Energieverbrauch auch unter härtesten Außenbedingungen drastisch zu senken. Wurde eine Klimaanlage eingebaut, so ist besonders auf Luftfeuchtigkeit, unterschiedliche Geschwindigkeiten von Ventilatoren, Zugluft, Temperaturschwankungen sowie auf unterschiedliche Temperaturen in Fuß- und Kopfhöhe zu achten. Von Oberflächen ausgestrahlte Hitze kann ebenfalls zu einer Beeinträchtigung der Gesundheit führen. Kann die durch Lampen, Geräte oder Menschen erzeugte Wärme nicht durch natürliche Maßnahmen abgeleitet werden, sollte eine solarbetriebene Klimaanlage installiert werden.

Technischer Ausbau

Viele Überlegungen hinsichtlich der technischen Ausrüstung eines Betriebs beziehen sich auf die Konstruktion der jeweiligen Maschine, so daß wir hier nur ein paar grundlegende Hinweise geben können: Um Bedienungsfehler zu vermeiden, sollte das Prinzip „Pro Funktion ein Schalter" gelten, Notschalter müssen eindeutig gekennzeichnet und leicht zugänglich sein. Ergonomisches Design muß die Regel sein, um Ermüdungserscheinungen vorzubeugen. Maschinen und Aufgabenstellung müssen so konzipiert werden, daß monotone, sich ständig wiederholende Bewegungsabläufe häufig unterbrochen werden und daß physiologische Gefahren sowie asymmetrische beziehungsweise exzessive Muskelbeanspruchung ausgeschlossen werden. Bei der Raumnutzung sollte auf ein kontrastreiches, jedoch ausgewogenes Verhältnis zwischen „privaten" Bereichen beziehungsweise Maschinen und den gemeinschaftlichen zum Beispiel für Teamworkaufgaben genutzten Zonen geachtet werden.

Arbeitsschutz

Viele Arbeitsplätze sind ihrem Wesen nach gefährlich, Vorsichtsmaßnahmen werden schon nach kürzester Zeit ignoriert. Mit Hilfe einer

Bilanz können den Mitarbeitern Sicherheitsbestimmungen erneut eindringlich vermittelt werden. Gefahrenschilder und -symbole (einschließlich der Farbencodes) sollten wiederholt werden. Schutzvorrichtungen und -geräte bedürfen möglicherweise einer Reparatur oder müssen erst eingebaut werden. In einigen Fällen stellen unter Druck geratene Arbeiter die Sicherheitseinrichtungen während der Produktion ab – ein Zeichen dafür, daß die Konstruktion dieser Einrichtungen so verändert werden muß, daß sie nicht mehr stillgelegt werden können. Blendschutz- und Antispritzmaßnahmen müssen ständig überholt werden. Transportwege müssen klar gekennzeichnet sein, um Zusammenstöße von Menschen und Produkten zu vermeiden. Das Tragen von Schutzkleidung und ähnlichem muß gewährleistet sein. Flächen um Automaten herum bedürfen besonderer Aufmerksamkeit: Absperrungen oder Umzäunungen verhindern das Betreten solcher Gebiete. Bei Maschinen, die Werkstücke oder Abfall ausstoßen können, muß die Auswurfbahn gesichert werden. Besondere Vorsicht ist angebracht, wenn die üblichen Schutzvorrichtungen bei Reparaturen oder Einbauarbeiten außer Kraft sind.

Arbeitsverteilung

Die offensichtlichen Vorteile einer rigiden Fließbandarbeit werden durch die menschlichen Nachteile untergraben: hohe Abwesenheitsrate und Ausschuß, Unzufriedenheit der Mitarbeiter und hohe Kündigungsraten. Eine befriedigende Arbeitsatmosphäre des Unternehmens ist immer mit der Art der Tätigkeit verbunden. Auch wenn sich die Möglichkeiten und Bedürfnisse eines Unternehmens sowie die Bedürfnisse der Belegschaft von denen anderer Firmen deutlich unterscheiden können, tragen folgende Prinzipien anerkanntermaßen zu einer gesunden Arbeitswelt bei:

- Teilen Sie Arbeitsvorgänge so auf, daß sie Teamworkaufgaben enthalten; Gruppen, die über die bestimmte Arbeitsweise eigenständig entscheiden können, sind generell effizienter, kreativer und zufriedener.
- Die Verantwortung für die Aufgabe sollte immer einhergehen mit der zur Bewältigung dieser Aufgabenstellung nötigen Entscheidungsbefugnis.

- Vermeiden Sie Arbeitsvorgänge, bei denen ausschließlich Wiederholungstätigkeiten ausgeführt werden müssen oder deren Zeitablauf starr vorgegeben ist.
- Vermeiden Sie es, einzelne Mitarbeiter zu isolieren; jede Form der Arbeitszuteilung sollte mit Kontakt zu anderen, auch wenn er unterbrochen wird, verbunden sein.
- Vermeiden Sie Streß, der durch überhöhte Beanspruchung der Arbeitskraft Ihrer Mitarbeiter, zum Beispiel durch Hektik, Krafteinsatz oder Präzision des Bewegungsablaufes, verursacht wird.

Ernährung

In den Betriebskantinen eingenommene Mahlzeiten bilden oft den Hauptteil der Nahrungsaufnahme eines Mitarbeiters und tragen somit entscheidend zur Gesundheit und Produktivität bei. Gesunde Ernährung im Betrieb kann möglicherweise auch zu Hause zu einer Umstellung auf diese Form führen. Weiterhin können die Ausgaben eines Unternehmens für medizinische Zwecke und Gesundheitsfürsorge sowie krankheitsbedingten Ausfall gesenkt werden, indem für die Allgemeingesundheit der Mitarbeiter gesorgt wird.

Aus diesen Gründen zeugt es von Weisheit, wenn ein Unternehmen seine Mitarbeiter mit Informationen über Gesundheit und Ernährung versorgt. Mit Hilfe von Broschüren oder Anschlägen ans Schwarze Brett sowie Kursen nach Feierabend, zu denen auch die Ehe- und Lebenspartner und Freunde eingeladen werden, sollten die Mitarbeiter über die schädlichen Auswirkungen einer fetthaltigen, salz- und zuckerreichen Kost aufgeklärt werden. Einige Unternehmen stellen Turnhallen oder ähnliche Einrichtungen zur Verfügung (und verstärken in Klassen individuelle Alkoholentziehungs- oder Gewichtsreduktionsprogramme). Andere Firmen bauen Duschen und Umkleideräume, damit einige Mitarbeiter sich zum Beispiel durch Heimtrainer im Büro sportlich betätigen können.

Wird die Kantine von externen Unternehmen beliefert, sollte auf ausgewogene Kost geachtet werden. Ist der Zulieferer dazu nicht in der Lage oder nicht willens, so sollte auf eigenen Küchenbetrieb umgestiegen werden. Ein eigener Küchenbetrieb ermöglicht generell das Zubereiten frischer und nahrhafter Kost und kann auf spezielle Bedürfnisse der Mitarbeiter zugeschnitten werden. Noch verwertbares

Essen, sofern es nicht vermieden werden kann, sollte an gemeinnützige Großküchen gespendet werden. Die Kantine selbst sollte ansprechend eingerichtet, gut belüftet, hell und mit Pflanzen geschmückt sein. Einweggeschirr und -besteck sollte grundsätzlich nicht verwendet oder dem Recycling zugeführt werden. Sonstige Speisereste sollten kompostiert und für das Betriebsgelände verwendet werden.

Essensgewohnheiten können bei einzelnen Mitarbeitern tief verwurzelt sein, so daß eine Kostumstellung in der Kantine (unter Berücksichtigung landestypischer und nationaler Vorlieben) nur sehr langsam vollzogen werden sollte. Langfristig sollten jedoch folgende Ziele verfolgt werden: Niedriger Fett- und Zuckergehalt / Wenig oder mageres Fleisch / Mehr (frisches) Gemüse und Obst.

Es kann nützlich sein, die Waren aus der Kantine mit dem Eiweiß-, Salz- und Fettgehalt sowie der Kalorien- und Preisangabe auszuzeichnen. Die Speisekarte sollte mindestens ein vegetarisches Gericht beinhalten. Die Frühstückskarte sollte Magerjoghurt, Weizenmehl, Vollkornprodukte und andere Alternativen zum üblichen cholesterinhaltigen Frühstück enthalten. Tee, koffeinfreier Kaffee und Kräutertees gehören bei ernährungsbewußter Kost zum Standardangebot.

Getränkeautomaten in der Firma sollten ebenfalls überprüft werden und als Alternative zu zuckerhaltigen Limonaden und Kaffee mit Fruchtsäften und Magermilch bestückt werden. Schokoriegel und Chips sollten durch Nüsse, Sonnenblumenkerne und Müsliriegel ersetzt werden. Können die Zulieferer diesen Ansprüchen nicht nachkommen, sollten Sie eigene Automaten aufstellen.

Haushaltstips

Während die Industrie als Hauptverursacher der Umweltverschmutzung angesehen wird, tragen auch die einzelnen Haushalte zu 30 % zur Umweltverschmutzung bei. Deshalb ist die Ermutigung der Mitarbeiter zu einem umweltbewußten Verhalten auch außerhalb des Betriebs von enormer Bedeutung: weniger Autofahren, Wasser und Strom sparen, Alternativen zu herkömmlichen Pestiziden in Heim und Garten, Stofftragetaschen, Umweltschutzpapier, mäßiges Verpacken usw. Auch Ratgeber für einfache und praktische Tips sollten allen Mitarbeitern zur Verfügung gestellt werden.

Erfahrene und erfolgreiche Manager wissen, daß zu einem gut funktionierenden Betrieb auch die guten zwischenmenschlichen Beziehungen zu und unter den Mitarbeitern zählen. Es gibt zahlreiche Veröffentlichungen über das Betriebsklima, so daß wir hier nur ein paar Beobachtungen nennen, die sich vor allem auf die Wahrnehmung des Unternehmens als Umgebung für seine Mitarbeiter beziehen.

Das Betriebsklima eines Unternehmens kann nicht losgelöst von seinen äußeren Umgebungseinflüssen betrachtet werden, genausowenig wie es von seinen Abfallprodukten oder Emissionen getrennt werden kann. Die Firmenpolitik hinsichtlich der Lohnzahlung, Kinder- und Familienversorgung greift beispielsweise auf die ganze Gemeinde über, wirkt sich positiv oder negativ auf die betroffenen Familien aus; dies wiederum beeinflußt die schulische und später die berufliche Leistungsfähigkeit der Kinder und das Ausmaß an von der Gemeinde zu tragenden sozialen Einrichtungen. Bei einem von Aggression geprägten Arbeitsklima, ist es unwahrscheinlich, daß eine produktive Zusammenarbeit zwischen dem Unternehmen und Initiativen, die sich hauptsächlich aus Mitarbeitern zusammensetzen, möglich ist. In den letzten Jahren wurden viele Techniken zur Verbesserung des Arbeitsklimas und der Kooperation zwischen dem Management und der Belegschaft entwickelt. Dazu zählen neben den bereits erwähnten organisatorischen Bedingungen auch folgende:

- Aktienbeteiligung der Mitarbeiter als Mittel zur direkten Teilnahme am Erfolg eines Unternehmens. Dies wirkt am besten, wenn es mit der Vertretung einiger Mitarbeiter im Management gekoppelt wird (ein Sitz im Aufsichtsrat). Auch Kunden und Gemeindemitglieder sollten zum Kauf von Firmenaktien angeregt werden.
- Das Management sollte auf Kooperation und nicht auf zwischenmenschlichen Konkurrenzkampf zielen; es wurde mit Hunderten von psychologischen Experimenten nachgewiesen, daß Menschen in kooperativen Situationen effizienter lernen und arbeiten können.
- Verbesserte sofortige Konfliktlösungsstrategien anstelle von umständlichen und langwierigen offiziellen Beschwerdeverfahren.
- Belohnung der Mitarbeiter in Form von beträchtlichen finanziellen Zuwendungen und öffentlicher Aufmerksamkeit für brauchbare Vorschläge.

- Beurteilung des „sozialen Verhaltens" eines Unternehmens: gleiche Behandlung aller Mitarbeiter, unabhängig von Rasse, Geschlecht, ethnischer Zugehörigkeit, Religion und sexuellen Vorlieben, körperlichen Behinderungen und ähnlichem. Analysieren Sie relevante Firmenstatistiken über Einstellungen, Werbung, Schadensersatz etc. Klären Sie alle Mitarbeiter über sexuelle und rassistische stereotypische Belästigungen am Arbeitsplatz auf.
- Entwickeln Sie kooperative Geschäftsbeziehungen zu Gewerkschaften und Behörden in den Bereichen Gesundheit und Arbeitsschutz.

Transport

1. Realisieren Sie kurzfristige umweltfreundliche und energiesparende Maßnahmen

a) Verwenden Sie nur bleifreies Benzin. Prüfen Sie, ob bestimmte Geräte wie Gabelstapler oder Lieferwagen mit Propan, Erdgas oder elektrisch angetrieben werden können.
b) Entsorgen Sie Frostschutzmittel und ähnliche Substanzen entsprechend den Herstellerhinweisen; führen Sie Altöl dem Recycling zu.
c) Überlegen Sie, inwieweit Firmenwagen umweltfreundlicher werden können.
d) Verwenden Sie asbestfreie Kupplungs- und Bremsbeläge.
e) Überlegen Sie die Anschaffung runderneuerter Reifen.
f) Beim Kauf von Neuwagen:

  - Erkundigen Sie sich nach energiesparenden Fahrzeugen, die mit fortgeschrittenen Abgas- und geräuschreduzierten Einbauten ausgerüstet sind, auch wenn diese in Ihrem Land nicht gesetzlich vorgeschrieben sind.
  - Machen Sie Sicherheit zur obersten Priorität: erwerben Sie nur Wagen mit Airbags und Automatiksicherheitsgurten usw.
  - Informieren Sie sich über die ökologischen und gesundheitlichen Auswirkungen bestimmter für Autos verwendeter Lackierungen.

2. Vermeiden Sie unnötige Fahrten

a) Analysieren Sie die Fahrpläne Ihrer Mitarbeiter in allen Abteilungen.
   - Koordinieren Sie Betriebsfahrten, um Fahrten zu minimieren. Das gilt vor allem für Flugstrecken, die die Stratosphäre verschmutzen.
   - Benutzen Sie eher das Faxgerät als Kurierdienste.

b) Kaufen Sie bei ortsansässigen Händlern.

c) Denken Sie über die finanzielle Unterstützung von Mitarbeitern nach, die bereit sind, in die Nähe des Unternehmens zu ziehen.

3. Unterstützen Sie effiziente Transportmittel

a) Planen Sie den innerbetrieblichen Transport sämtlicher Waren und Bauteile so, daß Energie gespart wird.

b) Einsatz von Elektroautos, wobei die Umweltbelastung durch die Stromerzeugung berücksichtigt werden sollte.

c) Stellen Sie Fahrräder und Motorroller für innerbetriebliche Strecken zur Verfügung.

d) Schaffen Sie Lieferwagen an, die von Pendlern gemeinsam benutzt werden können.

e) Bezuschussen Sie Mitarbeiter, die alternative Fortbewegungsmittel benutzen, die Fahrgemeinschaften gebildet haben oder auf öffentliche Verkehrsmittel umgestiegen sind.
   - Sorgen Sie für ausreichende Parkmöglichkeiten, vor allem in Gebieten, in denen nur sehr wenige oder überteuerte Parkplätze zur Verfügung stehen.
   - Unterstützen Sie Fahrgemeinschaften Ihrer Mitarbeiter großzügig.
   - Bezuschussen Sie Fahrscheine für öffentliche Verkehrsmittel, vertreiben Sie Monatskarten oder ähnliches auf dem Firmengelände.
   - Richten Sie kostenlose Zubringerverbindungen von öffentlichen Haltestellen zu Ihrem Unternehmen ein.

Das Gebäude und Betriebsgelände

1. Neu- beziehungsweise Umbauten nach menschlichen Aspekten vornehmen

a) Berücksichtigen Sie bei der ökologischen Bauweise topographische und klimatische Umstände.
   - Planen Sie Arbeitsräume so, daß sie optimal beheizt beziehungsweise gekühlt werden können.
   - Bauen Sie modernste Energiesparfenster und -Fensterrahmen ein.
   - Bringen Sie Isolierungen und Abdämmungen auf den neuesten Stand der Technik.

b) Planen Sie den internen Organisationsablauf und Arbeitsplatz so, daß sich ein Arbeitsplatz nicht nachteilig auf einen anderen auswirkt (Lärm, Staub, Rauch, Chemikalien, elektromagnetische Felder).

c) Führen Sie bei der Planung der Heizung, Klimaanlage und Entlüftungssysteme humane, gesundheitliche und energiesparende Kriterien an.
   - Beauftragen Sie ein professionelles Unternehmen mit der Durchführung einer Luftanalyse, so daß einige potentielle Probleme durch erhöhte Frischluftzufuhr eliminiert werden können.
   - Führen Sie Buch über Beschwerden und Krankheiten Ihrer Mitarbeiter (einschließlich der Blut- und Urinwerte auf freiwilliger Basis), damit krankmachende Bausubstanzen identifiziert werden können und so schnell wie möglich Abhilfe geschaffen werden kann.
   - Verwenden Sie Fenster, die man öffnen und schließen kann.
   - Bauen Sie Heizungssysteme ein, die jeder Mitarbeiter individuell für einen Arbeitsplatz regeln kann.

d) Tageslicht an allen Arbeitsplätzen, Korridoren und Treppen ist künstlichem Licht immer vorzuziehen.

e) Schaffen Sie einen ästhetischen Arbeitsplatz, lassen Sie Ihre Mitarbeiter bei der Machart mitreden und berücksichtigen Sie ethische und kulturelle Unterschiede.

2. Bausubstanzen und Mobiliar

a) Kaufen Sie kein Mobiliar oder Teppiche, die Formaldehyd oder Pestizide abgeben.
b) Entfernen oder versiegeln Sie Asbest oder ähnliche Gefahrstoffe.
c) Kaufen Sie keine Möbel aus gefährdeten Holzarten wie Teak und Mahagoni, sondern aus Holzarten, deren Verarbeitung ökologisch verantwortungsvoll ist.
d) Wählen sie nach Möglichkeit natürliche, aus Ihrer Gegend stammende Materialien aus.
e) Suchen Sie nach Alternativen zu im Innenbereich verwendeten Pestiziden und Rodentiziden; warnen Sie Ihre Mitarbeiter vor möglichen Sprayaktionen.
f) Wählen Sie Reinigungsgeräte, die mit umweltfreundlichen Mitteln arbeiten.

3. Landschaftsgestaltung

a) Entwerfen Sie Gebäude/Umbauten so, daß sie sich harmonisch in die Landschaft und benachbarte Architektur einfügen.
b) Sorgen Sie für Bewuchs, wie zum Beispiel Wein an Spalieren der Gebäude als energiesparender Schattenspender, der zugleich eine behagliche Atmosphäre schafft.
c) Pflanzen Sie schnellwachsende Bäume und Büsche, die den Wind abhalten und somit Energie sparen.
d) Pflanzen Sie in der Nähe von Südlagenfenstern Laubbäume, um Energie zu sparen.
e) Warnen Sie Ihre Mitarbeiter, wenn Pflanzenbehandlungsmittel im Betriebsgelände eingesetzt werden.
   – Ersetzen Sie chemische Schädlingsbekämpfungsmittel durch biologische; informieren Sie sich über möglichen Krankheitsbefall Ihrer Pflanzen und entsprechende Gegenmittel.
f) Schaffen Sie einen Freiluftaufenthaltsraum zur Erholung Ihrer Mitarbeiter.
   – Sorgen Sie für Fuß- und Fahrradwege, Einzel- und Mehrfachsitzgelegenheiten, ansprechende optische Überraschungen, Wind- und Wetterbeobachtungsstationen und berücksichtigen Sie die wechselnden Jahreszeiten. (Legen Sie Teiche oder abwassergespeiste Brunnen an.)

g) Erwägen Sie die Bewirtschaftung unbebauter Grundstücke durch benachbarte Anwohner – soll Obst und Gemüse angebaut werden, prüfen Sie zunächst die Bodenbelastung.
h) Auch bei einem kleinen Grundstück sollte ein freier wildbewachsener Platz eingeplant werden. Wenden Sie in diesem Teil des Grundstücks biologische Gartengestaltung an oder beauftragen Sie örtliche Unternehmen mit dem Anlegen eines Öko-Systems.
   - Pflanzen Sie abwechselnd Grünpflanzen und beeren- oder früchtetragendes Gebüsch an, um wilden Tieren Nahrung zu bieten.
   - Pflanzen Sie für die Bienen und aus optischen Gründen eine Wald- und Kräuterwiese an.
   - Bieten Sie Tieren wie Eidechsen, Kröten, Schmetterlingen und ähnlichem artgerechte Lebensformen.
   - Pflanzen Sie Dickichte, um wildlebende Tiere zu schützen.
   - Bauen Sie gegebenenfalls Vogelvolieren oder Nistplätze.
   - Pflanzen Sie seltene heimische Pflanzenarten an, sofern sie geschützt werden können.
i) Um den Wasserverbrauch und Gartenpflegekosten zu senken, sollten nur heimische Pflanzen angepflanzt werden.
j) Bieten sich bestimmte Teile Ihres Betriebsgeländes für wilde Tiere an, so sollten Sie sie als „Reservate" nutzen: Teiche / Flußbetten / seichte Gewässer und Buchten / Hügel / Gestein / „natürliche" Korridore oder Sammelplätze für Insekten, Vögel, Säugetiere.

5. Treffen Sie für ökologische Zwischenfälle auf dem Betriebsgelände Vorsichtsmaßnahmen

a) Entwickeln Sie einen Plan bei ökologischen Notfällen (Evakuierung, Notstrom, Wasserspeicher, Erste Hilfe, Radio- und Telefonverbindungen, usw.) wie bei: stärkeren Erdbeben / Tornados, Windhosen, Windstürmen / chemischen Explosionen / Verseuchung durch Abfallprodukte / Fluten / Feuer / giftiger Rauchentwicklung.
b) Weisen Sie Ihre Mitarbeiter auf ihre Verantwortung bei Notfällen hin (zeigen Sie Ihnen Schutzeinrichtungen).
c) Planen Sie Katastrophenschutzübungen.
d) Installieren Sie automatische Kontroll- und Sicherheitseinrichtungen für Produktionsvorgänge, bei denen giftige Substanzen erzeugt werden.

e) Stellen Sie Auffangbehälter und -tanks auf, um Überlaufen bei einem Unfall zu verhindern.
f) Installieren Sie automatische Alarmsysteme, die Ihre Mitarbeiter und die Anwohner vor Verseuchung oder anderen Gefahren warnen, die unmittelbar bekämpft werden müssen.
g) Schließen Sie die Anwohner Ihres Unternehmens in die Notfallplanung ein.

Internationale Geschäftssbeziehungen

Ökologische und soziale Gesetzgebung greift am besten in Ländern, wo der Gesetzestext in der Praxis möglichst eindeutig verstanden wird. In internationalen Beziehungen, wo unterschiedliche Kulturen und Wertvorstellungen koexistieren, steht dieses System aus Gesetzen und Konventionen auf wackeligem Boden. Weltumspannende Wirtschaftsbeziehungen sind faktisch zwar vorhanden, was fehlt, ist jedoch ein einfacher Mechanismus für die Gewährleistung der globalen Verantwortung. Daraus folgt, daß internationale Geschäftsbeziehungen gerade aus einer ethischen Warte heraus besonders gepflegt werden müssen.

Die folgenden Prinzipien des Elmwood-Instituts können als Basis für internationale Firmenziele dienen:

- Bewußtsein über die globale Interdependenz
- Frieden und Gewaltlosigkeit
- Menschenrechte
- soziale und wirtschaftliche Gerechtigkeit
- persönliche und soziale Verantwortung
- Dezentralisierung wirtschaftlicher und politischer Macht
- kulturelle Unterschiede
- postpatriarchalisches Bewußtsein
- ökologische Weisheit

Soziale und rechtliche Bedingungen, Wirtschaftsgüter und kulturelle Faktoren müssen bei internationalen Geschäftsgepflogenheiten berücksichtigt werden, sollten jedoch nicht höher als ökologische und menschenwürdige Ziele bewertet werden.

1. Stellen Sie Ziele auf

a) Führen Sie über die idealen Vorgaben für ökologische und soziale Ziele von ausländischen Produktionsstätten Brainstorming-Sitzungen durch. Zentrale Organisationen wie die UNESCO werden Ihnen bei der Suche nach idealen Handelspartnern gerne behilflich sein.
b) Sammeln Sie Informationen über (ganz oder teilweise) im Ausland produzierte oder verbrauchte Waren.

2. Respektieren Sie die Gemeinschaft

a) Eignen Sie sich Kenntnisse über die Geschichte und Kultur des Landes an, mit dem Sie Geschäftsbeziehungen pflegen.
b) Respektieren Sie die Landesarchitektur, -ernährung, -sprache und -kultur.
c) Überdenken Sie Ihre Werbe-, Verkaufs- und Marketingstrategien.
   – Vermeiden Sie Diskriminierungen aufgrund rassischer, sexistischer Äußerungen beziehungsweise religiöser oder klassenspezifischer Diffamierung.
   – Achten Sie auf Probleme, die sich aus der Einführung eines unterschiedlichen Lebensstils in diesen Ländern ergeben können.

3. Verhandeln Sie über Standards

a) Zielen Sie darauf ab, nur mit ausländischen Herstellern zusammenzuarbeiten, deren Arbeits- und Sicherheitsstandards mit den in Ihrem Heimatland üblichen vergleichbar sind.
b) Nehmen Sie Absprachen über neue Materialien, Bauteile und Arbeitsstandards in die Verträge mit Subunternehmern auf.
c) Bevorzugen Sie zuverlässige Zulieferer, die Verhandlungsbereitschaft signalisieren und sich in Ihr Firmenimage integrieren.
   – Überprüfen Sie durch gelegentliche Besuche, daß Subunternehmer und Tochterfirmen sich an die vereinbarten Regelungen halten.
d) Entwickeln Sie Richtlinien für Desinvestition oder einen Wirtschaftsboykott für Länder, deren Regierungen internationale ökologische, zivile oder soziale Standards ignorieren.

4. Setzen Sie internationale Richtlinien um

a) Für den Export bestimmte Waren sollten den ökologischen und gesundheitlichen Anforderungen für Inlandsprodukte genügen beziehungsweise sie übertreffen.
b) Streben Sie eine vergleichbare, faire und nichtausbeuterische Lohnpolitik für alle Mitarbeiter Ihrer Tochterfirmen und Subunternehmer an.
c) Mischen Sie sich nicht in die Landespolitik ein.
d) Übernehmen Sie in Ihre Verträge internationale Konventionen der Arbeiterbewegung über Löhne, Risiken, Rassen- oder Geschlechtergleichbehandlung; bestehen Sie darauf, daß diese Bestimmungen von allen Firmen in den Ländern eingehalten werden, unabhängig davon, ob sie dieses Abkommen unterzeichnet haben oder nicht.
e) Zielen Sie darauf ab, Kategorien wie Rasse, Geschlecht, ethnische Zugehörigkeit, Religion usw. als diskriminierende Faktoren bei Einstellung, Werbung und Entschädigungsleistungen zu eliminieren.
f) Lagern oder produzieren Sie gefährliche Substanzen nicht in Ländern, deren rechtliche Standards niedriger sind als in Ihrem Land.
g) Versorgen Sie Mitarbeiter und Verbraucher mit präzisen Informationen über Gebrauch, Transport, Lagerung und Entsorgung der Produkte, um ökologische und gesundheitliche Risiken zu vermeiden beziehungsweise zu reduzieren.
h) Beschränken oder stoppen Sie die Herstellung bestimmter Produkte, wenn dies aus ökologischen oder gesundheitlichen Gründen erforderlich ist.

5. Bioregionale Überlegungen

a) Informieren Sie sich über Anwendungen für ausländische Konzepte wie:

- Tragfähigkeit
- Biodiversität
- Angemessene Technologien
- Kultur

6. Rohstoffe

a) Bei Aufstellen Ihrer Strategien sollten Sie bedenken, ob die totale Kontrolle über Rohstoffe wirklich ein wünschenswertes Ziel ist.
b) Unterstützen Sie tragfähigen Umgang mit Rohstoffen.
c) Falls Sie in Ihr Unternehmen kleinere Handwerksbetriebe integrieren, tun Sie dies auf faire Weise.

7. Achtung vor dem Leben

a) Boykottieren Sie jeglichen Handel mit Elfenbein, Schildkröten und ähnlichen Waren, die mit gefährdeten, bedrohten oder seltenen Tierrassen zusammenhängen, zum Beispiel: Elefanten, Walrösser, Riesenschildkröten, Nashörner usw.
b) Ersetzen Sie Waren, die nur mit Hilfe von Technologien und Techniken erhalten werden (zum Beispiel Treibnetze), die andere Tierarten oder Menschen gefährdet.

8. Wenden Sie ausgereifte ökologische Strategien und Praktiken an

a) Sammeln Sie Informationen über alternative tragfähige Produktionsprozesse in der Fischerei, Landwirtschaft oder Forstwesen.
b) Bereiten Sie den Markt auf neue tragfähige Technologien vor.
c) Informieren Sie andere Unternehmen über Ihre ökologisch erfolgreichen Praktiken und technischen Verbesserungen bei der Produktion.
d) Initiieren Sie ein Computernetzwerk zum Informationsaustausch zwischen umweltbewußten Unternehmen.
e) Bringen Sie Ihr Bemühen, ein umweltbewußtes und sozial verantwortliches Unternehmen zu werden, in Ihren Katalogen, Broschüren, der Firmenzeitung, im Jahresbericht und gegenüber der Öffentlichkeit zum Ausdruck.

3. Schwerpunkte und Hauptarbeitsfelder

Ziele eines umweltbewußten Managements und der Ökobilanz.

Bei der Planung der Strategie eines Unternehmens für ein umweltbewußtes Management, ist es weder möglich noch erstrebenswert, alles auf einmal zu erledigen. Die Entwicklung umweltfreundlicher Praktiken innerhalb eines Unternehmens braucht jahrelanges Bemühen um kontinuierliche Lösungen, sorgfältige Planung und Realisierung, gepaart mit einem sachlichen Urteilsvermögen. Wir haben für Sie einige Schwerpunkte aufgelistet, die Ihnen bei der Planung Ihres Managements helfen können.

Geschäftliche Prioritäten

Hier ist es erforderlich, seine Aufmerksamkeit zunächst auf rechtliche Anforderungen zu richten, dann auf Schritte, die dem Unternehmen Kosten sparen oder Gewinne ermöglichen, anschließend auf wirtschaftlich neutrale Schritte und schließlich auf Maßnahmen, die eine Belastung für das Unternehmen darstellen oder in diesem Zusammenhang risikoreich sind.

Ökologische Prioritäten

Die amerikanische Umweltschutzbehörde hat vor kurzem die gravierendsten ökologischen Probleme, mit der die Welt konfrontiert wird, aufgelistet:

- globale Klimaveränderungen
- stratosphärische Zerstörung der Ozonschicht
- Veränderung der natürlichen Umgebung
- Ausrottung von Arten und Verlust der Biodiversität
- Luftverschmutzung (zum Beispiel: Smog)
- toxische Luftverschmutzer (zum Beispiel: Benzole)
- Radongas
- Luftverschmutzung in geschlossenen Räumen
- Trinkwasservergiftung
- Kontakt mit Chemikalien im Beruf
- Anwendung von Pestiziden

Es kann nicht länger bestritten werden, daß unternehmerische Aktionen bedrohte Tierrassen oder ganze Regionen (zum Beispiel Regenwald) gefährden können oder irreparable Schäden verursachen und deshalb in erster Linie bekämpft werden sollen. (Hat ein Unternehmen das Leben wilder Tiere beeinträchtigt, sollten diese Tiere wiederangesiedelt werden.) Die vollständige Verbannung von FCKW ist ebenfalls oberste Priorität. Luftverschmutzende oder trinkwassergefährdende Praktiken müssen ebenfalls eingestellt werden. Teilweise stellt auch die Luftverschmutzung in Produktionsstätten (oder sogar in Büros) ein ernstes Problem dar. Manche Unternehmen bergen hohe Risiken für Unfälle katastrophalen Ausmaßes oder Arbeitsunfälle, die die Gesundheit der Mitarbeiter und Anwohner gefährden, was natürlich gravierende rechtliche und wirtschaftliche Folgen hat und sich auch negativ auf das Firmenimage auswirkt. Katastrophen- und Evakuierungspläne, Katastrophenschutzübungen und ähnliches sollten ausgearbeitet und veröffentlicht werden (einschließlich Ernstfallstrategien in erdbebengefährdeten Regionen).

Als nächstes sollten Sie sich mit Wasser- und Energiesparmaßnahmen sowie den in Ihren Produktionsprozessen verwendeten Rohstoffen auseinandersetzen. Anschließend sollten Sie sich mit den verwendeten Materialien befassen und prüfen, ob Sie sie durch ökologisch sinnvollere ersetzen können. Auch die Verarbeitungsprozesse können durch Umrüstung/Umbau auf moderne Technologien verändert werden. Anfallende Emissionen, Wärme oder ähnliches kann umgeleitet, recycelt oder wiederverwendet werden. Ist dieser Schritt erfolgreich vollzogen, kann mit Restschadstoffen (oder Lärm) so umgegangen werden, daß sich Schutzkleidung für die Mitarbeiter erübrigt.

Personal und organisatorische Prioritäten

Am besten fangen Sie in solchen Abteilungen Ihres Unternehmens an, in denen die Mitarbeiter bereits Interesse an ökologischen Verbesserungen bekundet haben. Bei der Neueinstellung von Mitarbeitern sollten deren Kenntnisse über Umweltschutz berücksichtigt werden. Umweltmanager sollten Menschen mit entsprechenden Qualifikationen in den Bereichen Ökologie, Betriebswirtschaft und Psychologie sein. In größeren Betrieben ist es nicht ratsam, eine massive zentralisierte Bürokratie für Umweltfragen aufzubauen; vielmehr sollten selbstbestimmte ökologische Einheiten mit einer gewissen zentralen Koordination über das ganze Unternehmen verteilt werden, gleichwohl darf die langfristige und echte Unterstützung durch das Topmanagement nicht fehlen. Durch entsprechende Schulung und Motivation sollten das Umweltbewußtsein aller Manager aufgebaut beziehungsweise verstärkt werden.

Gesundheitliche und psychologische Prioritäten

Vom sozialen Standpunkt aus betrachtet haben hier gesundheitliche Risiken Priorität, die schwerwiegende rechtliche, wirtschaftliche Folgen haben und sich auch negativ auf das Firmenimage auswirken können. Schränken Sie zum Beispiel die Verwendung krebserregender Pestizide ein, verbannen Sie formaldehydhaltige Teppichböden aus Ihren Büros und überwachen Sie die Lagerung, den Gebrauch, die Produktion oder Entsorgung giftiger Substanzen sorgfältig. Zu einem gutgeführten Unternehmen gehört auch die Achtsamkeit für die Mitarbeiter und Anwohner.

Geben Sie allen Schritten, die Gewohnheiten auslösen oder als Beispiel dienen können, Priorität: durch das Verwenden von Umwelttoilettenpapier und Umweltpapier setzen Sie eindeutige Zeichen. Setzen Sie Maßnahmen mit sofortigen und drastischen Auswirkungen um, wie zum Beispiel die Umstellung auf stromsparende Lampen, sorgen Sie dafür, daß alle Mitarbeiter über den Nutzen dieser Maßnahme informiert werden. Konzentrieren Sie sich zunächst auf Maßnahmen, bei denen Konsens besteht zum Beispiel auf Staubreduktion, und erst später auf Schritte, über die Ihre Mitarbeiter geteilter Meinung sind, zum Beispiel Raucher- und Nichtraucherecken (zum Beispiel an Orten, für die noch keine gesetzlichen Regelungen vorliegen).

b) Die Planung der Ökobilanz

Wie bei allen geschäftlichen Aktivitäten gilt auch hier, daß sorgfältige Planung vonnöten ist, wenn die Ökobilanz erfolgreich sein soll. Es ist von erheblicher Bedeutung, daß jene Mitarbeiter, die die Ökobilanz erstellen, das Verständnis und Wissen für diesen Prozeß teilen: ihre Ziele, Methoden sowie das Verhältnis zur Firmenpolitik und

-struktur. Dieser Prozeß muß im übrigen auch den Abteilungen verdeutlicht werden, die im Zuge der Bilanzerstellung untersucht werden.

Auf diesem Gebiet erfahrene Leute, einschließlich der Mitarbeiter der amerikanischen Umweltschutzbehörde EPA, betrachten diesen Prozeß als eine geordnete Serie von Aktionen und Konditionen, die allesamt notwendig sind, wenn die Ökobilanz produktiv sein soll.

Definition der Ziele und des Rahmens der Ökobilanz

In einigen Bilanzen, vor allem in Amerika, geht es schlichtweg nur darum, festzustellen, ob das Unternehmen die gesetzlich vorgeschriebenen Emissions-Grenzwerte und andere Bestimmungen de facto einhält. Da die Ziele einer Ökobilanz wesentlich umfassender gehalten sind, müssen sämtliche Aspekte aller Tätigkeiten des Unternehmens untersucht werden. Es muß die Frage gestellt werden, inwieweit diese Aktivitäten allgemeinen Managementansprüchen zuwiderlaufen. Diese Erweiterung des Ziels kann natürlich nur in kleinen und langsamen Schritten erreicht werden und wird am besten von der entsprechenden Schulung der Mitarbeiter begleitet. Des weiteren ist es von Relevanz, festzulegen, ob die Ökobilanz eine einmalige Aktivität ist, ob sie in regelmäßigen Abständen wiederholt werden muß oder sogar zu den üblichen Tätigkeiten zu zählen ist. Fragen über eine vertrauliche Behandlung der Ökobilanz, die Art der Aufbewahrung des Berichts oder die Verteilung der Ökobilanz sowie die Beziehung der Rechtsabteilung des Unternehmens zum Erstellungsprozeß müssen bereits in der Vorphase der Bilanzerstellung geklärt werden. Das Bilanzteam muß sich klar darüber sein, ob es dazu aufgefordert ist, Empfehlungen auszusprechen oder lediglich Informationen zu sammeln. Auch sollte ein Zeitplan für die Erstellungsphase festgelegt werden.

Unterstützung des Programms durch das Topmanagement

Wie wir bereits deutlich gemacht haben, hängt der Erfolg einer Ökobilanz wesentlich von der Unterstützung durch das Topmanagement ab. Schriftliche, vom Topmanagement „abgesegnete“ Darlegungen der Vorgehensweise sind erste Zeichen des Erfolgs, informelle Zeichen sind jedoch genauso wichtig: das Einbezogenwerden in den Informationsfluß der oberen Entscheidungsetagen, häufig erhaltene Aufmerksamkeit durch Topmanager und das Vertrauen und Wissen, daß Probleme schnell und sorgfältig durch das Topmanagement gelöst werden. Der langfristige Erfolg der Ökobilanz hängt stark davon ab, wie weit es dem Topmanagement gelingt, Personal der unteren Ebene in das Erreichen ökologischer Ziele miteinzubeziehen; dies geschieht jedoch nur, wenn das Topmanagement dauerhaftes und echtes Interesse zeigt. Es ist auch zu bedenken, daß sich Bilanzen, in denen Probleme beschrieben werden, auch auf die Haftung des Unternehmens auswirken können, sofern das Management sofortige Gegenmaßnahmen unterläßt.

Unabhängigkeit der Bilanzprüfer von den zu überprüfenden Aktivitäten

Da das Erstellen von Bilanzen, vor allem von Erfüllungsbilanzen, unter Umständen Kritik von seiten der Mitarbeiter nach sich zieht, müssen die Bilanzprüfer eine unabhängige Stellung innerhalb des Unternehmens einnehmen (oder als externe Mitarbeiter damit beauftragt werden). Um Objektivität auch dann zu gewährleisten, wenn die Ökobilanzierung angestellten Mitarbeitern obliegt, sollten sie keinesfalls Tätigkeiten bilanzieren, die sie vorher geleitet haben oder zu denen eine sonstige Verbindung besteht. Eine gewisse Spannung zwischen den Bilanzprüfern und den Bilanzierten ist normal, vergleichbar mit der Erstellung einer Soll- und Haben-Bilanz; erfahrene Bilanzprüfer wissen jedoch, wie man sich vor Schuldzuweisungen schützt. Sie können die geistige Einstellung der Bilanzierten nachvollziehen und zur Entwicklung einer kooperativen Atmosphäre und zu konstruktiven Lösungen beitragen, die sich für das Unternehmen und aller damit zusammenhängenden Komponenten positiv auswirken.

Optimale Besetzung und Schulung

Das Erstellen einer Ökobilanz erfordert umfassendes Fachwissen sowie eine gewisse Vertrautheit mit industriellen Prozessen und Praktiken. Nach diesen Kompetenzen muß das Bilanzteam deshalb zusammengestellt werden. Verlangen bestimmte Sachlagen nach tieferem

Wissen, muß das Bilanzteam wissen, an welche Stelle es sich wenden kann. Bei Unternehmen, die ihre Bilanzen intern erstellen möchten, können Mitarbeiter Berufsverbänden von Ökobilanzprüfern beitreten, die jetzt wie Pilze aus dem Boden schießen, an Schulungen teilnehmen und persönliche Kontakte pflegen, um die Vorteile kollektiver Erfahrungen nutzen zu können. Somit erhöht sich auch die Qualität der erstellten Ökobilanz ständig. Wir empfehlen, ab und zu Berater hinzuzuziehen.

Formelle Vorgehensweise bei der Ökobilanzierung

Bilanzteams erstellen üblicherweise Protokolle, Fragebögen, Checklisten und andere arbeitserleichternde Hilfsmittel. Dies gehört zur notwendigen Planung und ist Teil des Vorbereitungsprozesses und bedingt umfangreiche Aktivitäten. Die Arbeit eines Bilanzprüfers ist zeitaufwendig: Interviewtätigkeiten, Prüfungen unterschiedlicher Aufzeichnungen, Inspektion der Gebäude und manchmal die Analyse von Laborberichten. Dieser Zeitaufwand muß deshalb im Bilanzbudget veranschlagt werden.

Berichterstellung

Im Rahmen der sogenannten „Feldarbeit" halten Bilanzteams Manager üblicherweise über ihre Teilergebnisse auf dem laufenden. Dies geschieht entweder in mündlicher Form oder mit Hilfe von Arbeitspapieren, die Diskussionsgrundlage bilden. Bei diesen Besprechungen können Mißverständnisse geklärt werden, zu bestimmten erkannten Problemen Lösungen entwickelt und mögliche Alternativen dargelegt werden. Diese können in den Schlußbericht eingearbeitet werden, der dem Topmanagement vorgelegt wird; diese Berichte reflektieren häufig den zu bestimmten Problematiken gefundenen Konsens. (Fachbereichsmanager sollten selbstverständlich detaillierte Ausarbeitungen erhalten.) Manchmal werden die Zuständigkeiten für korrigierende oder verbessernde Maßnahmen in den Schlußbericht aufgenommen, so daß anschließende Überprüfungen leichter durchzuführen sind. Eine Abschlußkonferenz auf der Grundlage des Berichts ist im allgemeinen die Folge einer Bilanz.

Qualitätssicherung

Wie bei jeder geschäftlichen Aktivität, muß auch die Arbeit des Bilanzteams überwacht werden, um die Qualität zu sichern. Einige Stichproben sollten während der entsprechenden Arbeit erfolgen, andere, die bilanzierten Personen betreffend, kurz nachher. Wieder andere können in periodischen Abständen durchgeführt werden. Wir können Ihnen abschließend noch das Textbuch „Environmental Auditing Quality Management" von Ann C. Smith und William A. Yodis empfehlen, das einen wichtigen Beitrag zur Qualitätssicherung der Planung und abschließenden Beurteilung leistet.

V. Umwelt-Controlling am Beispiel Wilkhahn

Das Beispiel Wilkhahn: Ein Firmenportrait

Im Tal zwischen Deister und Süntel, 35 Kilometer südwestlich von Hannover, hat die Stuhlindustrie eine lange Tradition, die auf den Beginn des 19. Jahrhunderts zurückgeht. Noch vor 50 Jahren produzierten über 100 meist mittlere und kleinere Firmen Stühle aus dem Holz der umliegenden Buchenwälder. Von den vielen sind nur wenige übriggeblieben – unter ihnen Wilkhahn, 1907 von den Tischlermeistern Christian Wilkening und Friedrich Hahne gegründet und heute ein Unternehmen mit weltweitem Renommee. Bis zur kriegsbedingten Schließung des Werks in Bad Münder-Eimbeckhausen wurden Stühle von hoher handwerklicher Qualität gefertigt, deren Form dem bürgerlichen Geschmack der Zeit entsprach.

Mit der Wiederaufnahme der Produktion löste sich das Unternehmen von dem überlieferten Angebot. In der Erkenntnis, daß sich Lebensstil, Geschmack und Wertvorstellungen der Nachkriegsgesellschaft rasant wandelten, entwickelte und fertigte Wilkhahn in Zusammenarbeit mit namhaften Entwerfern jener Jahre eigenständige Produktlinien, die als „Gestaltete Sitzmöbel" eine radikale Abkehr vom Gewohnten waren und dem Unternehmen vor allem bei den Architekten des Wiederaufbaus den Ruf eines Avantgardisten eintrugen. Der Anstoß zu dieser Neuorientierung kam von dem Gründersohn Fritz Hahne, der 1948 in die Geschäftsführung eingetreten war. Er machte sich vor allem die Ideen des legendären Bauhauses zu eigen, das in der exemplarischen Verbindung von Kunst, Handwerk und Technik die eigentliche Geburtsstätte der industriellen Formgebung ist. „Industrial Design" wurde fortan zur verpflichtenden Leitlinie für die Wilkhahn-Produktgestaltung. Sie ist es bis heute geblieben.

Zu einer Schlüsselfigur wurde der Architekt und Designer Georg Leowald, der für Wilkhahn unter anderem die ersten in Europa hergestellten Schalenstühle aus glasfaserverstärktem Kunststoff entwarf. Andere, richtungsweisende Sitzmöbel wurden von Gestaltern wie Roland Rainer, Walter Papst oder Herbert Hirche geschaffen.

In den 60er Jahren begann eine Phase enger und fruchtbarer Kooperation mit der ehemaligen Hochschule für Gestaltung in Ulm. Sie führte dazu, daß die Experimentierfreude der Avantgarde von einer systematischen Produktpolitik abgelöst wurde, und zur Ausprägung dessen, was unter dem Stichwort „Corporate Identity" heute allgemein geläufig ist.

Zugleich begann sich das Unternehmen auf zwei Marktsegmente zu konzentrieren: auf die Einrichtung von Büros und Verwaltungsgebäuden einerseits und von Objekten mit gemeinnütziger Zweckbestimmung andererseits – wie zum Beispiel von Bildungseinrichtungen, Kurkliniken, Flughäfen, Veranstaltungsräumen und vielen mehr. Heute produziert Wilkhahn 25 durchgängige Sitzmöbel- und Tischprogramme für die Arbeit am Schreibtisch, für Konferenz und Besprechung, für Empfangs- und Wartebereiche sowie für Pausen- und Aufenthaltsräume.

1971 wurde mit dem Aufbau einer eigenen Designabteilung begonnen. Sie wurde 1986 in eine selbständige Tochterfirma – die Wilkhahn Entwicklungsgesellschaft „Wiege" – umgewandelt und ist seitdem auch für andere Auftraggeber erfolgreich tätig. Darüber hinaus pflegt Wilkhahn nach wie vor die enge Zusammenarbeit mit externen Designern. Das Bemühen um Erzeugnisse, die durchdacht und eigenständig sind und lange Zeit Bestand haben, hat dem Unternehmen viele Auszeichnungen im In- und Ausland eingetragen.

Das Unternehmen beschäftigt über 600 Menschen. Es hat Tochtergesellschaften in Frankreich, Spanien, Japan, in der Schweiz, in Großbritannien und Österreich. In Australien, Brasilien, Südafrika und in den USA wird das Wilkhahn-Programm von renommierten Partnern in Lizenz gefertigt.

Dieser Erfolg ist letztlich auf eine Philosophie zurückzuführen, die durch drei Maximen umrissen ist und die Grundlage einer gewachsenen Unternehmenskultur bildet:

„Wahrhaftigkeit der Produkte"

Damit ist das Bemühen gekennzeichnet, Dinge zu schaffen, deren Beschaffenheit und Funktion gut abzulesen ist und die nicht durch ihre Fassade über ihren wahren Wert täuschen. Sie erfüllen die an der Ulmer Hochschule formulierte Forderung nach der „Moral der Gegenstände" als Produkte, bei denen ästhetischer, praktischer und zeitgerecht ökologischer Nutzen in Einklang stehen. Im Idealfall sind solche Erzeugnisse Beiträge zur Kultur und werden zu Klassikern. Nicht immer gelingt das, aber es ist das Ziel, das sich Wilkhahn bei jeder Entwicklung stets von neuem steckt.

Zur Konsequenz in Fragen des Industrial Design kommt hier das Prinzip der Kontinuität: Jede neue Produktlinie ist so angelegt, daß sie sich zehn bis zwanzig Jahre erfolgreich im Markt behauptet.

Nicht allein für die Erzeugnisse, sondern für die Unternehmenspolitik generell gilt, daß in einer Zeit der raschen Veränderungen, der immer neuen Trends und des modischen Wandels Stetigkeit und Berechenbarkeit bei Geschäftspartnern wie Käufern einen zunehmend hohen Stellenwert haben. Sie bilden die Grundlage eines partnerschaftlichen Selbstverständnisses von Wilkhahn – nach außen und innen.

Es ist wichtig, im thematischen Zusammenhang dieses Beitrages die Bedeutung der formalen und technischen Produktqualität und der ihr zugrundeliegenden unternehmerischen Grundhaltung hervorzuheben, denn sie ist zugleich auch eine wichtige Voraussetzung für die Identifikation der Mitarbeiterschaft mit dem Gegenstand ihrer Arbeit und darüber hinaus mit den gesellschaftlichen Zielen des Unternehmens im weitesten Sinn.

Folgerichtig wurden parallel zum wirtschaftlichen Aufstieg bei Wilkhahn Verhaltensweisen ausgeprägt, die sich in einer entsprechenden Sozialkultur widerspiegeln.

„Fairneß gegenüber dem Anderen"
ist deshalb die zweite Maxime der Unternehmensphilosophie. Das Bemühen um partnerschaftliches Verhalten wurde von Fritz Hahne maßgeblich beeinflußt, bei dem sich in den 50er Jahren ein zunehmend schlechtes Gewissen regte: Die Unternehmen verdienten in jenen Jahren der Wiederaufbaus viel Geld, aber die Mitarbeiter, die vor der Währungsreform für geringen Lohn gearbeitet und ihren Beitrag zum vielgerühmten „Wirtschaftswunder" geleistet hatten, profitierten davon kaum.

In dieser Zeit wurde die Idee geboren, die Arbeitnehmer über Lohn und Gehalt hinaus am Unternehmensergebnis zu beteiligen – nicht in Form eines Prämiensystems, wie es damals schon von etlichen Unternehmen praktiziert wurde, sondern durch jährlich fortgeschriebene Anteile am zuwachsenden Vermögen der Firma.

Vor der Verwirklichung waren erhebliche steuerliche und gesellschaftsrechtliche Probleme zu lösen, da es für ein Beteiligungsmodell dieser Art keine Vorbilder gab und die Regeln im Rahmen der gesetzlichen Bestimmungen in allen Details entwickelt werden mußten.

Die vermögensbildende Ergebnisbeteiligung wurde am 1. Januar 1971 wirksam. Seither werden jährlich 50 Prozent des festgestellten Betriebsergebnisses nach Steuern (um die ungleiche steuerliche Belastung von Stamm- und Stillen Gesellschaftern auszugleichen) den Mitarbeitern in Form von Kapitalanteilen zugeführt.

Jeder Jahresanteil wird für die Dauer von sieben Jahren festgelegt. Er steht dem Unternehmen als Investitionskapital zur Verfügung, und der Mitarbeiter kommt in den Genuß einer Verzinsung, die in den letzten Jahren regelmäßig über zehn Prozent lag. Nach Ablauf der Festlegungsfrist können die Anteile veräußert werden.

Die beteiligten rund 500 Mitarbeiter – ausgeschiedene und im Ruhestand lebende eingerechnet – sind in einer Beteiligungs-GmbH zusammengeschlossen, wobei ein paritätisch besetzter Partnerschaftsausschuß alle relevanten Belange regelt.

Angesichts eines partnerschaftlichen Selbstverständnisses dieser Art

ist es naheliegend, daß ein kooperativer Führungsstil ungeschriebenes Gesetz ist. Und der Betriebsrat ist bei Wilkhahn als wichtiger, geachteter und einflußreicher Partner bei der Erfüllung der gemeinsamen Ziele angesehen. Die Sorge um die akute Gefährdung unserer Lebensräume ist bei Wilkhahn schon seit Jahren in der Diskussion und hat schließlich dazu geführt, daß
„Ökologisch verantwortliches Handeln"
zum dritten, verpflichtenden Prinzip der Unternehmensphilosophie wurde. Verwaltungsrat, Geschäftsführung und Betriebsrat von Wilkhahn verabschiedeten eine Grundsatzerklärung dazu, in der es unter anderem heißt:

„In ähnlicher Weise, wie wir uns in den 50er Jahren relativ allein dem Design mit allen geschäftlichen Vor- und Nachteilen zuwandten, aber das Image gerade wegen des Alleinganges die tief angelegte Prägung erfuhr, weil wir eben nicht vordergründig nur Umsatz und Gewinn im Auge hatten, sondern glaubwürdig ‚höhere Ziele' verfolgten, sind heute ökologische Anliegen zu sehen. Wir können Fragen der Ökologie als ein solches Ziel auffassen, so wie damals Fragen der Produktgestaltung.

Es entspricht unserer Mentalität, daß wir den ökologischen Aspekt unseres Handelns im Zweifel höher werten als schnellen Gewinn."

In dieser Überzeugung ist „Ökologie" umfassend interpretiert: Dazu gehören Verzicht auf Raubbau an den Ressourcen, Vermeiden von Umweltverschmutzung, kontrollierte Materialverwendung, Energiesparen und die Architektur.

Die Zeit ist reif. Die Welt ist in bezug auf ökologisches Denken ohnehin längst in Bewegung geraten. Wir sind aus unserer Tradition heraus nicht die Trittbrettfahrer – diejenigen, die sich am Ende einer Entwicklung noch mitziehen lassen. Dies war der Grund für die Berufung des Zukunftsforschers und Ökologen Prof. Rüdiger Lutz zum Geschäftsführer Innovation 1990.

Anspruch von Wilkhahn ist es, Ökologie, Ökonomie, Humanisierung und Ästhetik auf einen Nenner zu bringen. Die Vorgaben auch für die Werksarchitektur sind damit beschrieben.

Das Unternehmen ist nicht nach einem Generalplan auf der grünen Wiese gebaut worden und seine Entwicklung läßt sich an den zeittypischen Baulichkeiten ablesen. Um 1960 entstanden der Verwaltungsbau von Herbert Hirche, einem Schüler Mies van der Rohes, sowie Fertigungs- und Lagergebäude von Georg Leowald mit weitgespannten, filigranen Stahlkonstruktionen als frühe Zeugnisse der Leichtbauweise.

Das Mitte der 60er Jahre einsetzende rapide Wachstum des Unternehmens machte großflächige, funktional betonte Hallen erforderlich, denen der hannoversche Architekt Wolfgang Knospe Gliederung und Proportion gab.

1985 stand Wilkhahn erneut vor der Notwendigkeit der baulichen Erweiterung. Statt einer herkömmlichen Halle wurden – nach dem Entwurf von Frei Otto – vier zeltförmige Produktionspavillons in Holz-Hängestabkonstruktion errichtet, in denen die Polsterei mit ihren sehr unterschiedlichen Arbeitsgruppen untergebracht ist.

Auch auf ökologischem Gebiet wurde mit den überwiegend aus Holz bestehenden Pavillons ein erster Schritt nach vorn getan.

In ihrer Zeichenhaftigkeit erfüllen sie den ästhetischen Anspruch und sind, ganz im Gegenteil zu üblichen Industriebauten, eine Bereicherung der Umgebung.

1991 wurde ein weiteres Ausbauprogramm begonnen, das Fertigungshallen, eine neue Energiezentrale und ein Ausstellungs- und Bürogebäude umfaßt. Bei diesem Vorhaben stehen ökologische Aspekte – vor allem im Hinblick auf den aktiven und passiven Wärmeschutz und auf die Materialverwendung – eindeutig im Vordergrund.

Die neuen Fertigungshallen

Nach Plänen des Architekten Professor Thomas Herzog, München, entstehen neue Fertigungshallen von einprägsamer Struktur.

Sie sollen 1992 in Betrieb genommen werden.

Die neuen Fertigungshallen sind auf Seite 166 abgebildet.

Die neuen Fertigungshallen

Organisationsstruktur

Nach einem eineinhalbjährigen Prozeß zur langfristigen Strategieentwicklung, in den alle Führungskräfte des Unternehmens bis zur Meisterebene eingebunden waren, wurde eine grundlegend neue Organisationsstruktur geschaffen und am 1. Januar 1990 in Kraft gesetzt.

Die herkömmliche funktionale Gliederung in Produktion, Finanzen und Vertrieb wurde durch drei unternehmerische Grundfunktionen ersetzt:

,,Innovation'' umfaßt das Finden neuer Produkte und das Aufspüren neuer Ideen, Wege und Denkweisen, besonders in ökologischen Fragen.

,,Strategie/Koordination'' umfaßt die Planung der langfristigen Unternehmensentwicklung und die zielgerichtete Bündelung der Kräfte; ,,Operation'' sorgt für die Verwirklichung der Pläne und ihre Umsetzung in die Praxis von Produktion und Vertrieb.

Dabei werden Leistungskraft und Wettbewerbsfähigkeit wesentlich davon abhängen, daß das planmäßige Wachstum des Unternehmens weniger ,,von oben her'', sondern an seiner Basis erfolgt – in Form von weitgehend selbstbestimmten Leistungszellen in der Produktion ebenso wie im Vertrieb, wobei die einzelnen Mitarbeiter mehr Entscheidungsspielraum und Mitwirkungsmöglichkeit in ihrem Arbeitsbereich erhalten.

Kurze Informationswege und informelle Entscheidungsprozesse sind Kennzeichen der neuen Organisation.

Als verbindende Klammer zwischen den drei Bereichen fungieren die Koordinationsrunden mit wechselnden Teilnehmern aus allen Ebenen und Fachgebieten. Durch sie wird sichergestellt, daß relevante Fragen und denkbare Entwicklungen hierarchiefrei und bereichsübergreifend analysiert, diskutiert und notwendige Entscheidungen vorbereitet werden.

Hinter dieser entscheidenden Neuerung steht die Überzeugung, daß es mit ,,business as usual'' künftig nicht mehr getan ist. Die strategischen Ziele für das neue Jahrzehnt erfordern ein neues Denken auf vielen Gebieten. Ökologisch verantwortungsbewußtes Wirtschaften wird dabei zu einem bestimmenden Faktor werden. Sie haben bei Wilkhahn eindeutig Vorrang vor der Gewinnmaximierung.

(Fortsetzung auf S. 170)

Die Wilkhahn-Organisation

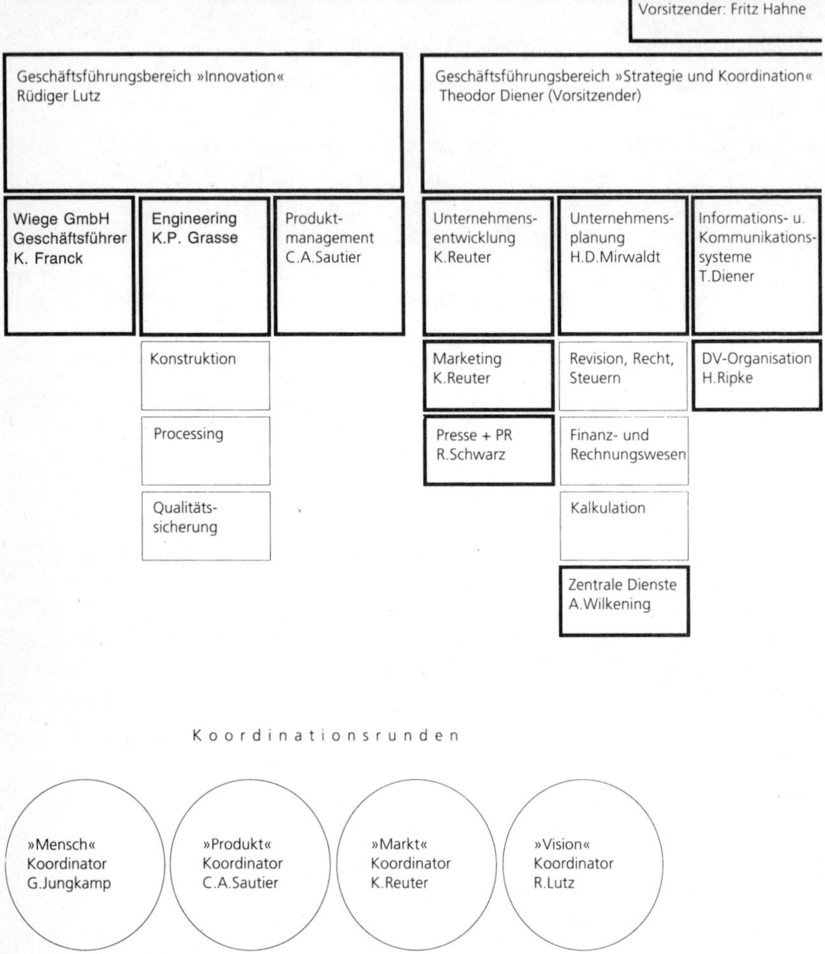

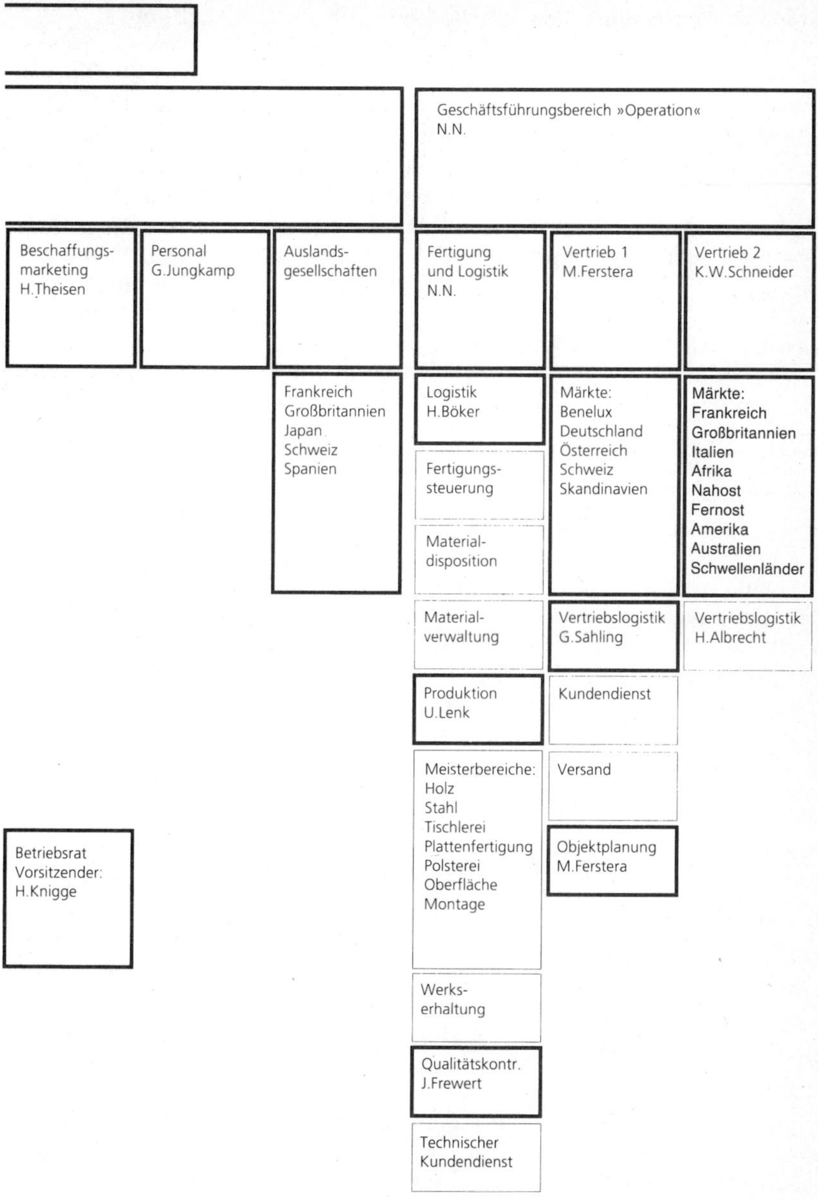

Geschäftsführungsbereich »Operation«
N.N.
Beschaffungs-marketing
H.Theisen
Personal
G.Jungkamp
Auslands-gesellschaften
Frankreich
Großbritannien
Japan
Schweiz
Spanien
Fertigung und Logistik
N.N.
Logistik
H.Böker
Fertigungs-steuerung
Material-disposition
Material-verwaltung
Produktion
U.Lenk
Meisterbereiche:
Holz
Stahl
Tischlerei
Plattenfertigung
Polsterei
Oberfläche
Montage
Werks-erhaltung
Qualitätskontr.
J.Frewert
Technischer Kundendienst
Vertrieb 1
M.Ferstera
Märkte:
Benelux
Deutschland
Österreich
Schweiz
Skandinavien
Vertriebslogistik
G.Sahling
Kundendienst
Versand
Objektplanung
M.Ferstera
Vertrieb 2
K.W.Schneider
Märkte:
Frankreich
Großbritannien
Italien
Afrika
Nahost
Fernost
Amerika
Australien
Schwellenländer
Vertriebslogistik
H.Albrecht
Betriebsrat
Vorsitzender:
H.Knigge

Wilkhahns Weg der ökologischen Transformation

Der dramatische Kulturwandel und die Beschleunigung gesellschaftlicher, ökologischer und technologischer Entwicklungen wirken sich im Design heute mehrfach aus: Als Verunsicherung der ,,klassischen Moderne", mit Tendenzen zur Post-Moderne, Neo-Barock, Dekonstruktivismus und semantischem Recycling (50er, 60er Jahre).

Doch neben diesen eher symbolischen Designbewegungen gibt es seit zwei Jahrzehnten die immer bedeutender werdende Richtung des ,,ökologischen Funktionalismus", welcher sich der großen Herausforderung unserer Zeit stellt: Dem verantwortungsvollen und umweltbewußten Umgang mit der Natur und ihren Ressourcen. Umweltplanung, Architektur, Produktgestaltung und Kommunikations-Design sind gefordert, sich dieser lebenswichtigen Aufgabe mit aller Kreativität und Innovationskraft zu stellen.

Die Notwendigkeit einer umweltverträglichen Produktion und Konsumtion wird heute von keiner Seite mehr bezweifelt. Ein Handlungsbedarf ist offensichtlich und zwar besonders im Kernbereich der Industriegesellschaft, bei den Firmen und Betrieben selbst.

Doch trotz dieser allgemeinen Erkenntnis und der Dringlichkeit einer Ökologisierung von Technologie und Produktion gibt es kaum reale Innovationen in dieser Richtung.

Wilkhahn möchte diese indifferente Situation überwinden und bezüglich der eigenen Produkte und deren Herstellung eine konsequente Umweltpolitik betreiben. Dazu gehört als Voraussetzung die Analyse der materiellen und energetischen Aspekte sämtlicher Produktionsprozesse – eine Ökobilanzierung des gesamten Betriebes. Dies wird in Zusammenarbeit mit wissenschaftlichen Instituten und Landesbehörden zur Zeit in Angriff genommen.

Daneben müssen die Mitarbeiter in die ökologische Denkweise eingeführt und trainiert werden.

Weiterhin gilt es in der Produktentwicklung, in Design und Konstruktion die gewonnenen Erkenntnisse aus der Ökobilanz für zukünftige Produkte umzusetzen.

Insgesamt gilt es also eine ökologische Transformation durchzuführen, die in ihrer Tragweite produktspezifische technische Innovationen bei weitem übersteigt.

Wilkhahn stellt sich dieser Herausforderung in der festen Überzeugung, daß ohne eine derart grundlegende Erneuerung nicht nur das wirtschaftliche Überleben der Industrienation gefährdet ist.

zum Beispiel
Picto

Die klare Form des Stuhls beruht auf einem einfachen kinetischen Prinzip, bei dem der Besitzer zwischen Sitzfläche und Rückenlehne ein in jeder Neigung ausbalanciertes Verhältnis selbst erzeugt. Kraftspeicher wie Federn oder Gasdruckdämpfer sind nicht notwendig.

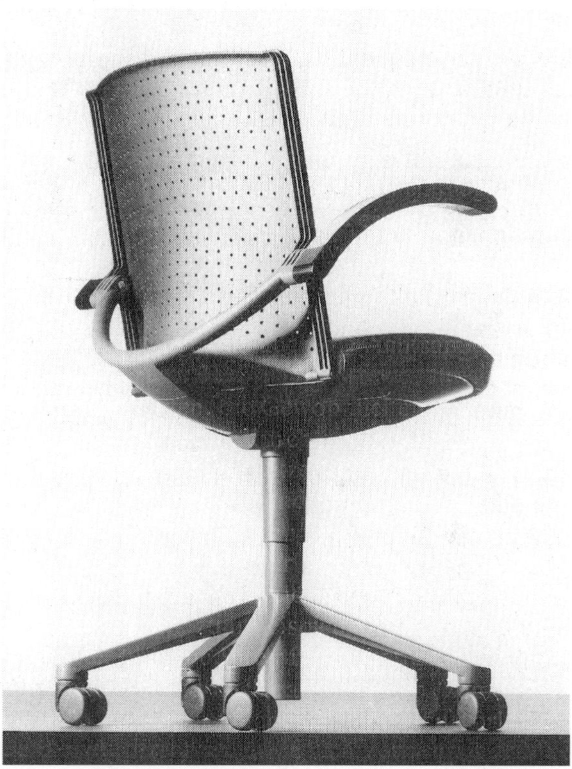

Design Produkt Entwicklung Roericht, i.e. Burkhard Schmitz und Franz Biggel.

Picto ist ein Drehstuhl mit lastabhängiger Mechanik. Durch den Körperdruck neigt sich die Rückenlehne. Dabei wird der gelenkig mit ihr verbundene Sitz nach vorn geschoben und zugleich angehoben: der Stuhl paßt sich selbsttätig und stufenlos jeder Haltung des Benutzers an. Der gepolsterte Sitz wird auf einer ansteigenden Rollenbahn geführt: Je weiter man sich zurücklehnt, desto mehr Halt bietet folglich die Lehne. Körpergewicht und Lehnendruck sind in jeder Position ausbalanciert, und die Muskulatur wird wirksam entlastet. Das funktioniert, ohne jede Voreinstellung, bei einem Leichtgewicht so präzise wie bei einem Zweizentnermann.

Picto ist so bequem, daß es eigentlich keiner Polsterung der anatomisch ausgeformten, perforierten Rückenlehne bedarf, auch wenn sie als Alternative angeboten wird.

Was heute schon, erst recht aber in Zukunft mindestens ebenso wichtig ist wie die perfekte Funktion, ist die Frage der Umweltverträglichkeit eines Industrieprodukts. Der Stuhl ist vollständig demontierbar und besteht zu 95 Prozent aus „sortenreinem", also wiederverwendbarem Material. Jedes Bauteil ist entsprechend gekennzeichnet. Die Sitzschalen aus zähelastischem Polypropylen sind schwarz, das heißt mit schwermetallfreiem Pigment, durchgefärbt. Frei von Schwermetallen sind auch die Aluminiumteile. Die Gestelle und Rückenträger werden nach Wahl entweder poliert oder lösungsmittelfrei beschichtet.

Für Bezüge, die mit dem Polstermaterial nicht verklebt und auswechselbar sind, wird Trevira oder Wolle verarbeitet. Und das Rückenpolster besteht aus einer Baumwollmatte.

Ökobilanz Picto

Bei der Entwicklung von Picto wurde großen Wert darauf gelegt, wenige Werkstoffe zu verwenden. Das bedeutete naturgemäß einen hohen Entwicklungsaufwand, weil nicht auf vorhandene Standards zurückgegriffen werden konnte.

Die Materialien:

5 250 g	Aluminium-Druckguß	352 g	Buche
2 973 g	Polypropylen	219 g	Polyamid
1 653 g	Stahl	200 g	Bezugsstoff
480 g	Polyurethan	140 g	Zink-Druckguß

Die untere Sitzschale nimmt alle für die Höheneinstellung und Arretierung erforderlichen Teile in Nestern lose auf. Durch die obere aufgeklipste Sitzschale bilden sich die entsprechenden Gegenlager.

Die Bedienungstasten sind Bestandteil der unteren Sitzschale und über Filmscharniere beweglich.

Durch die Überlappung der unteren und oberen Sitzschalen ergibt sich eine U-förmige Randausbildung, in die ein – an den Stoff angenähtes – Klemmprofil hineinschnappt.

So ist die Stoffbefestigung ohne Verklebung möglich, und der Stoffbezug läßt sich auswechseln.

Das „Öko-Profil" beschreibt die spezifischen Kennlinien eines Produktes in bezug auf deren Umweltbedeutung. Das Ergebnis ist eine Beschreibung der einzelnen Materialien und Konstruktionsprinzipien und deren Bewertung mittels einer Material-, Energie- und Rohstoffbilanz.

Picto besteht zu 95 % aus sortenreinen Materialien.
Dadurch ist eine wichtige Voraussetzung für Recycling geschaffen.

Die Schalen sind aus Polypropylen (PP) gespritzt.
Der Energiebedarf von PP ist im Vergleich zu anderen Kunststoffen sehr gering.

PP läßt sich ohne wesentlichen Qualitätsverlust wieder zermalen und neu verspritzen.

Das Gestell ist aus Aluminium-Druckguß hergestellt. Auf Chromauflagen wird verzichtet, um ein Wiedereinschmelzen zu ermöglichen.
Die Farbbeschichtung erfolgt durch Bepulvern lösemittelfrei.

Die Farbpigmente sind frei von Schwermetallen.

Sämtliche Verbindungen sind rein mechanisch ausgeführt, unlösbare Kleberverbindungen gibt es nicht. Somit ist die für eine Kreislauf-Wirtschaft notwendige Demontierbarkeit gegeben.

Öko-Profil
produktspezifische Kennlinie der Umweltrelevanz

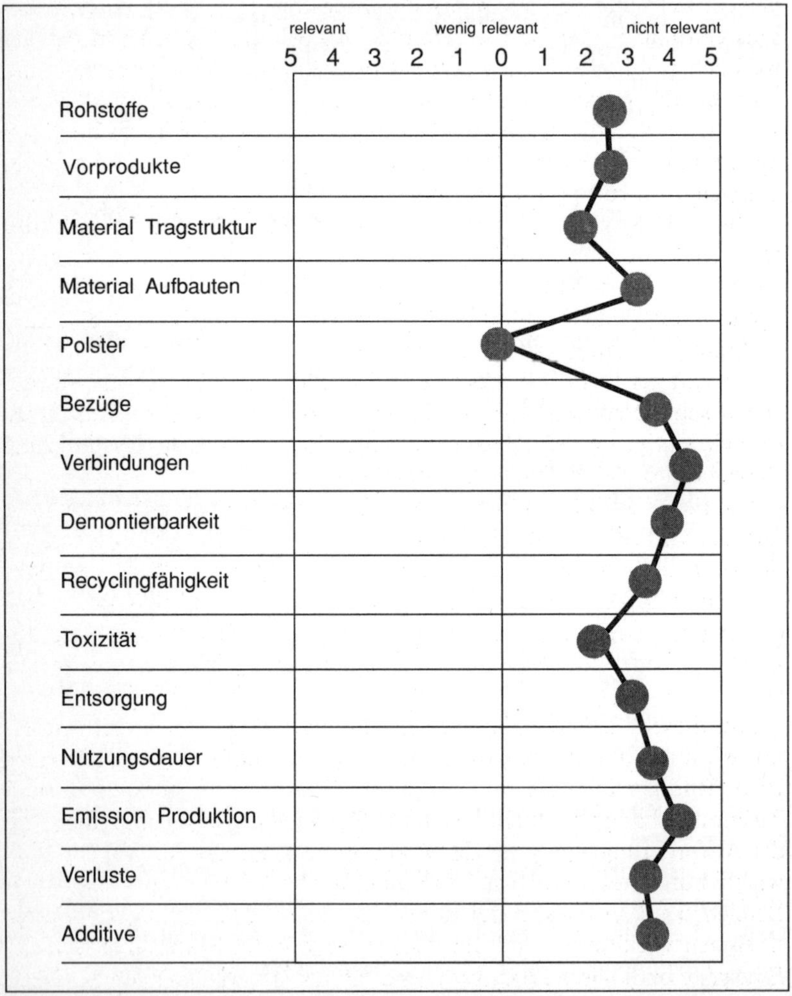

Umwelt-Controlling bei Wilkhahn

Die Zielsetzung des Projektes

Im Rahmen des Pilotprojektes „Umwelt-Controlling – Aktive Nutzung von Ökobilanzen für Unternehmen" wurde mit Unterstützung des Umwelt- und des Wirtschaftsministeriums des Landes Niedersachsens erstmals in der Bundesrepublik in Zusammenarbeit mit der gewerblichen Wirtschaft ein Umwelt-Controlling-Konzept entwickelt und erprobt. Die praktischen Ergebnisse dieses Projektes sind so vielversprechend, daß die beteiligten Unternehmen, die beteiligten Fachverbände und die Auftraggeber sich für eine Weiterentwicklung des Umwelt-Controlling ausgesprochen haben.

Dieses Projekt dient der praxisbezogenen Weiterentwicklung des Umwelt-Controlling-Konzeptes auf spezifische in Niedersachsen typische Branchen (Möbelindustrie). Diese Weiterentwicklung soll eine breite industrielle Anwendung ermöglichen und somit ein umweltgerechteres Verhalten der Unternehmen fördern.

Im Rahmen des Projektes soll ein Leitfaden erstellt werden, der die spezifischen Produktionsstrukturen und ökologischen Problemfelder berücksichtigt und somit eine einfache Übertragung des Systems auf Betriebe der gleichen Branche ermöglicht.

Die Firma Wilkhahn bietet das ideale Praxisfeld für die Vertiefung und die Verbreitung des Umwelt-Controlling-Konzeptes; denn zum einen handelt es sich bei der Möbelindustrie um eine für das Land Niedersachsen typische Branche, so daß hinsichtlich der ökologischen Optimierungspotentiale und der Erfahrungen in der Anwendung des Umwelt-Controlling-Systems große Übertragungseffekte zu erwarten sind.

Aus diesem Grund ist ein eigener Geschäftsführungsbereich für Innovation und Ökologie eingerichtet. Die Geschäftsführung hat Herr Prof. Rüdiger Lutz als ein anerkannter Zukunftsforscher. In diesem Zusammenhang verpflichtet sich die Geschäftsleitung zur Einhaltung der Anforderungen aus der Elmwood-Studie (vgl. Kapitel IV). Die Verwirklichung dieser Ansprüche mündet in zahlreiche Projekte aus den Bereichen zukunftsweisender Industriearchitektur, recyclingorientierter Designentwicklungen und ökologisch orientierter Materialwirtschaft. Eine erste ökologische Analyse ausgewählter Materialien nach der Ökobilanzsystematik erfolgte bereits in Zusammenarbeit mit dem Institut für ökologische Wirtschaftsforschung 1991.

Von der Implementation des Umwelt-Controlling erhofft sich das Unternehmen eine systematische Erfassung der betrieblichen Umweltrelevanz und somit eine strategische Ausrichtung der betrieblichen Umweltschutzaktivitäten. Die formale Implementation des Umwelt-Controlling soll dazu dienen, die ökologische Herausforderung als Aufgabenstellung und Entscheidungsgrundlage in alle relevanten Funktionsbereiche des Unternehmens zu integrieren.

Der Stand der Entwicklung des Umwelt-Controlling

Mit dem zum 30. 11. 90 beendeten Projekt „Umwelt-Controlling – Aktive Nutzung von Ökobilanzen für Unternehmen im Rahmen einer präventiven Umweltpolitik" konnte der Grundstein für die Entwicklung eines Umwelt-Controlling-Systems für mittelständische Betriebe geschaffen werden.

Der Schwerpunkt der Praxisforschungen in den beteiligten Unternehmen lag auf der Analysephase des Controlling-Ablaufs.

Ziel des Projektes war es zunächst, Instrumente zu entwickeln und praktisch zu erproben, die die Umweltsituation der Unternehmen systematisch erfassen und handlungsorientiert aufbereiten können.

Hierzu wurde vom Institut für ökologische Wirtschaftsforschung Berlin das Know-how entwickelt:

- wie betriebliche Ökobilanzen erstellt und welche Informationen dafür gebraucht werden,
- wie Schwachstellenanalysen erarbeitet und welche Informationen hierfür benötigt werden,
- nach welchen Regeln ein Umwelt-Controlling als dauerhaftes ökologisches Informationssystem in allen Funktionsbereichen des Unternehmens implementiert werden kann.

Die durch die Projektarbeiten erzielten ökologischen Verbesserungen in den beteiligten Unternehmen zeigten deutlich das Potential der ökologischen Optimierungen, die durch das Verfahren Umwelt-Controlling aufgedeckt werden können.

(Fortsetzung auf S. 178)

Umweltcontrolling – sieben Thesen zur Innovationsökologie

Umweltcontrolling – ein Schritt zur ökologischen Unternehmenskultur

Das Umweltcontrolling-Verfahren ist die erste sichtbare Konsequenz aus den seit Jahren bekannten Erkenntnissen über den Zustand unserer Umwelt.

Obwohl Umweltcontrolling hauptsächlich als Technik und Methode einzustufen ist, hat es für die Industrie eine Schwellen- und Pionierfunktion: Über dieses Verfahren *kann* eine umfassende Ökologisierung des jeweiligen Betriebes eingeleitet werden.

Diese Ökologisierung darf nicht als rein technische Maßnahme gesehen werden, sondern ist eine Neu- und Umorientierung der gesamten Unternehmen hinsichtlich seiner Verantwortung gegenüber der Umwelt und der Zukunft unseres Lebensraumes. (Diese Verantwortung orientiert sich an dem ethischen Prinzip der Nachhaltigkeit (sustainability) einer dauerhaften Produktion und Wirtschaftsweise).

Diese Umorientierung bedeutet einen Paradigmenwechsel der Unternehmenspolitik und, noch grundlegender: der Unternehmenskultur. Die Corporate Culture der bisherigen Industriegesellschaft ist nicht mehr geeignet, den neuen ökologischen Anforderungen gerecht zu werden.

Mehr noch als die technologisch bedingten Innovationsschübe der letzten Jahrzehnte wird die Ökologisierung strukturelle Veränderungen der Produktions- und Arbeitswelt bedingen.

Eine solche konsequente Neudefinition der Unternehmenskultur wird sich dem schon erkannten Ökonomie-Ökologie Konflikt stellen müssen: Eine Ökologisierung zum Nulltarif kann es nicht geben.

Die Durchsetzung des ökologischen Paradigmas in den Industriebetrieben hängt auch von entsprechenden Regulativen im administrativen und politischen Umfeld ab. Erst durch ein konzertiertes Zusammenwirken aller Kräfte wird diese Innovationsökologie lebendig, wovon das Umweltcontrolling ein erster Schritt ist.

Allerdings wurde auch deutlich, daß der Aufwand einer solchen systematischen Untersuchung noch relativ hoch ist. Ebenso konnte in diesem Projekt die Verallgemeinerbarkeit der einzelnen Instrumente nur bedingt geprüft werden.

Als Bestandteil der Projektergebnisse sind Leitfäden ausgearbeitet worden, mit deren Hilfe ein Umwelt-Controlling in einem mittelständischen Unternehmen implementiert werden kann. Diese Leitfäden bilden die Grundlage für das hier beschriebene Projekt bei Wilkhahn.

Elemente zur Weiterentwicklung des Umwelt-Controlling-Konzeptes

Um das Projektziel der konzeptionellen Weiterentwicklung des Instrumentariums in Richtung der praktischen Anwendung und Nutzung zu erreichen und aus der Aufgabe mit diesem Projekt gleichzeitig aktiv die Anwendung des Umwelt-Controlling in der niedersächsischen Wirtschaft zu forcieren, ergeben sich die folgenden konkreten Projektaufgaben:

Die branchenspezifische Konkretisierung der bestehenden Umwelt-Controlling-Instrumente

Die an der bisherigen Entwicklung und erfolgreichen Implementation des Umwelt-Controlling beteiligten Unternehmen sind von ihren spezifischen Produktionsverfahren her Unternehmen, die weitestgehend durch ihre kontinuierliche Herstellungsverfahren und Fertigungsprozesse gekennzeichnet werden können. Mit der Firma Wilkhahn wird nun erstmals ein Betrieb miteinbezogen, der stark durch die Montage zugekaufter Einzelbaugruppen geprägt ist. Damit nimmt die Fertigungstiefe ab, aber die Bandbreite der eingesetzten Materialien, Lieferanten und Verfahren erweitert sich erheblich.

In diesem Sinne soll im Projekt erprobt werden, inwieweit diese produktionsspezifischen Unterscheidungsmerkmale auf die Informationserfassung und Verarbeitung im Rahmen des Umwelt-Controlling Einfluß nehmen und die bestehenden Instrumente zur Informationserfassung ergänzt werden müssen. Dies gilt insbesondere für die Bereiche der Informationserfassung bei Lieferanten beziehungsweise Unterauftragnehmern.

Diese Anforderungen setzen zunächst eine Aufbereitung der Ergebnisse des ersten Projektes unter der Berücksichtigung der branchenspezifischen Struktur und der typischen ökologischen Problemfelder der Möbelindustrie voraus.

Entwicklung von Instrumenten zur Reduktion des Informationsaufwandes

Im Rahmen der Kommunikation über die bisherige Umwelt-Controlling-Entwicklung zeigte es sich, daß die entwickelten Instrumente nur dann eine breite Implementierungschance in der deutschen Industrie haben und im Sinne der Entwicklung einer aktiven ökologischen Unternehmenspolitik wirken können, wenn sich der ökonomische Aufwand in den einzelnen Unternehmen erheblich reduzieren läßt. Der größte Arbeitsaufwand liegt bisher bei der Erfassung sowohl der Informationen zum Stoff- und Energiefluß als auch in der Beschaffung beurteilungsrelevanter Informationen.

In diesem Sinne sollen im Projekt Instrumente entwickelt werden, die die Vorgehensweise bei der Informationsauswahl, der Erfassung und der Auswertung weiter systematisieren. Dies umfaßt im einzelnen:

- Entwicklung eines Leitfadens zur praxisgerechten Abgrenzung der Subsysteme (ökologische Abgrenzung des Unternehmens und einzelner Produktionsschritte) nach der Stoff- und Energiebilanz-Systematik;
- Entwicklung eines Leitfadens zur sinnvollen Eingrenzung des Erfassungsaufwandes im Rahmen der Produktbilanz;
- Weiterentwicklung der Systematik der Beurteilungskriterien;
- Leitfaden zur stärkeren Systematisierung der Beurteilung der Einzelkriterien in der Schwachstellenanalyse.

Konzeptionelle Weiterentwicklung der Umsetzungs- und der Kontrollphase

Die bisherige Entwicklung des Controlling-Systems war stark auf die Bausteine Informationserfassung und ökologische Analyse konzentriert. Die Weiterentwicklung muß sich aber auch den Anforderungen an die Durchsetzungs- und Kontrollmechanismen eines Controlling-Systems in der betrieblichen Praxis stellen.

Hierbei gilt es, die Optimierungspotentiale, die sich aus den ökologischen Analysen ergeben, als Anforderungen an die betriebliche Aufbau- und Ablauforganisation zu präzisieren und entsprechende Instrumente zur Umsetzung dieser Anforderungen in den einzelnen Funktionsbereichen der Firma Wilkhahn zu entwickeln:

Die Entwicklung von Konzepten zur Einbindung des Umwelt-Controlling in die Ablauforganisation

Ziel der Integration des Umwelt-Controlling in die betriebliche Ablauforganisation ist es, die sich aus dem betrieblichen Umweltprogramm und der Maßnahmenplanung des Unternehmens ergebenden betrieblichen Veränderungsprozesse systematisch zu steuern und zu kontrollieren. Hierfür ist ein Instrumentarium zur Konkretisierung der Optimierungspotentiale als strategische und operative Ziele zu entwickeln. Es gilt, die Umweltschutzanforderungen in das Führungssystem (Zielbestimmungsystem, Zielerreichungskontrolle, Fehleranalyse) zu integrieren.

Um diese Zielvorgaben operationalisierbar zu machen, ist es notwendig, ein ökologisches Kennzahlensystem auf der Basis des Konzeptes der Ökobilanz und der ökologischen Schwachstellenanalyse zu entwickeln. Dieses System soll die Integration der Umweltschutzaufgaben in den alltäglichen Betriebsablauf und eine ökologische Erfolgskontrolle der erfolgten Maßnahmen zur Verbesserung der Umweltsituation des Unternehmens vereinfachen.

Die Weiterentwicklung einer Konzeption zur Einbindung in die Aufbauorganisation

Die Auswertung der bisherigen praktischen Implementation zeigt, daß der von Unternehmen für das Umwelt-Controlling-System benötigte Informationsaufwand erheblich reduziert werden könnte, wenn die einzelnen Funktionsträger im Unternehmen im Rahmen ihrer kommerziellen Informationserfassungsaufgaben die ökologisch relevanten Informationen miterfassen und verknüpfen.

Hinzu kommt, daß die Implementation des Umwelt-Controlling dauerhaft nur durchgesetzt werden kann, wenn die Zuständigkeiten und die Verantwortung für die zusätzlichen Umwelt-Controlling-Aufgaben eindeutig definiert sind.

In der Planungs- und Umsetzungsphase des Umwelt-Controlling ergeben sich darüber hinaus eine Vielzahl neuer Aufgaben beziehungsweise eine Veränderung der bestehenden Anforderungen an Management, Fachfunktionsträger und Mitarbeiter.

Die Aufgabe des Projektes ist es deshalb, ein Konzept für die Einbindung des Umwelt-Controlling in die Aufbauorganisation eines typisch mittelständischen Betriebes zu entwickeln und praktisch bei der Firma Wilkhahn zu erproben. Für die branchenweite Nutzung ist diese in Form eines Leitfadens zu instrumentalisieren.

Weiterentwicklung eines praxisorientierten innerbetrieblichen Umwelt-Kommunikationssystems

Ziel der instrumentellen Weiterentwicklungen zum Aufbau eines innerbetrieblichen Umwelt-Kommunikationssystems ist es, für die Durchsetzungsphase des Controlling-Prozesses den einzelnen Funktionsträgern (Einkauf, Materialwirtschaft, Entwicklung, Design, Finanz-Controlling) die Informationen funktionsgerecht zur Verfügung zu stellen, die sie zur Erfüllung ihrer neuen umweltbezogenen Aufgaben und Zielsetzungen benötigen. Außerdem sind ihre Aufgaben bei der Informationserfassung zum Umwelt-Controlling in der Form eines Anforderungskataloges festzulegen.

Im Projektrahmen gilt es, die unter ökologischen Kriterien besonders relevanten Funktionsbereiche typischer mittelständischer Unternehmen herauszuarbeiten und für diese eine Analyse der bestehenden Informationen und Informationskanäle (formal und informell) sowie deren Verknüpfung vorzunehmen.

In einem zweiten Schritt sind die Anspüche der einzelnen Funktionsbereiche hinsichtlich der Erfüllung der neuen Aufgabenstellung im Umwelt-Controlling zu ermitteln, aber auch ihre Aufgaben bei der Informationserfassung herauszuarbeiten und zu dokumentieren. Dies bildet die Basis für die Entwicklung eines übertragungsfähigen Konzeptes zum Aufbau eines betrieblichen Umweltkommunikationssystems.

Die Beschreibung der Systemanforderungen eines EDV-gestützten Umwelt-Controlling

Um die Effizienz des Umwelt-Controlling-Systems zu steigern und damit die Kosten-Nutzen-Relation zu optimieren, ist die Entwicklung eines Konzeptes für ein EDV-gestütztes Umwelt-Controlling-Verfahren notwendig, das innerbetrieblich nutzbar ist.

Grundlage hierfür bildet die von der Gesellschaft für Prozeßsteuerungs- und Informationssysteme mbH (PSI) in Velbert in Zusammenarbeit mit dem IÖW, auf dem Entwicklungsstand des ersten Controlling-Projektes entwickelte Umwelt-Controlling-Prototyp-Software.

Im Rahmen des Projektes soll dieses Prototyp-Programm eingesetzt werden, um hiermit die praxisgerechten Anforderungen an ein umfassendes, EDV-gestütztes Umwelt-Controlling-System präzisieren und in einem Pflichtenheft dokumentieren zu können.

Wesentlich ist hierbei die Analyse der im Unternehmen vorhandenen EDV-gestützten Informationen. Auf der Grundlage dieser Analyse kann eine Abgrenzung der Aufgaben des speziellen Controlling-Systems erfolgen. Durch eine Definition möglicher Schnittstellenkonfigurationen kann dann präzisiert werden, wie das Umwelt-Controlling-System mit den bestehenden EDV-gestützten Informations- und Datenbanksystemen, beispielsweise in Form der Einbeziehung von datenbankgestützten Stücklisten, Materiallisten, Lagerbeständen, Produktdatenblättern etc., kommunizieren kann.

Entwicklung und Durchführung von Qualifikationsmaßnahmen für die einzelnen Fachabteilungen

Ziel des Projektes ist es, das Umwelt-Controlling-System übergreifend im gesamten Unternehmen zu integrieren. Hierfür ist es notwendig, die Anforderungen, die das Umwelt-Controlling-System an die Fachabteilungen des Unternehmens stellt, diesen zu verdeutlichen und den entsprechenden Funktionsträgern des Unternehmens ihre veränderten und neuen Aufgaben zu erklären und sie hierfür zu qualifizieren.

Die Übertragung des Umwelt-Controlling-Ansatzes auf die niedersächsische Wirtschaft, speziell die Möbelindustrie

Die Übertragung der Projekterkenntnisse bei Wilkhahn in die niedersächsische Wirtschaft soll aktiv von der Firma Wilkhahn unterstützt werden. Aus diesem Grund wird das Projekt in enger Kooperation und Absprache mit den zuständigen Mitarbeitern des niedersächsischen Umwelt- und Wirtschaftsministeriums erfolgen. In diese Kooperation sollen auf eigenen Wunsch die zuständigen Aufsichtsbehörden integriert werden.

Um die Übertragbarkeit der entwickelten Bausteine auf die Branche und die niedersächsische Wirtschaft sicherzustellen, wird Wilkhahn in Zusammenarbeit mit dem Institut für ökologische Wirtschaftsforschung eine wissenschaftliche Aufbereitung und Reflexion der Projektergebnisse und -erfahrungen vornehmen. Hierbei soll ein in der Branche allgemein anwendbarer Leitfaden für die Implementation des Umwelt-Controlling erstellt und an diese verteilt werden.

Ebenso ist vorgesehen, schon während des Projektes einen intensiven Austausch mit den Branchenverbänden und Industrieorganen sowie den zuständigen Gewerkschaften zu suchen. Schon während der Projektlaufzeit wird deshalb ein Arbeitskreis eingerichtet, der als Gremium dem Diskussions- und Erfahrungsaustausch dienen soll. Als Teilnehmer dieses Arbeitskreises sind bisher vorgesehen:

- das Niedersächsische Umweltministerium und Ministerium für Wirtschaft, Technologie und Verkehr
- die zuständigen Gewerkschaften Holz und Kunststoffe
- die Fachverbände der Möbelindustrie
- die niedersächsischen Unternehmensverbände
- die Gewerbeaufsicht
- die Industrie- und Handelskammer
- die Handwerkskammern
- der Bildungsverein der niedersächsischen Wirtschaft

Um Projektergebnisse und Leitfaden einer Öffentlichkeit vorstellen zu können, ist nach Abschluß der Beratungsphase eine gemeinsame Veranstaltung der beteiligten Beratungsunternehmen mit den Umwelt- und Wirtschaftsministerien vorgesehen.

Wissenschaftlicher Erfahrungsaustausch und Auswertung des Projektes

Das IÖW wird einen wissenschaftlichen Beirat für das Projekt gründen, der den Erfahrungsaustausch zu anderen Projekten und Forschungsvorhaben sicherstellen soll. Dieser soll im Rahmen eines Experten-Workshops zu Anfang des Projektes um externe Fachleute erweitert werden. Vorgesehen sind in diesem Zusammenhang bisher die folgenden Personen die sich speziell mit der Thematik der Öko-Bilanzierung bzw. des Umwelt-Controlling auseinandergesetzt haben:

- Dr. Bernd Wagner/Universität Augsburg (Umwelt-Bilanz für die Fa. Kunert AG)
- Prof. Dr. Volker Stahlmann/Lehrstuhl für Materialwirtschaft an der FH Nürnberg, Schwerpunkt ökologische Materialwirtschaft
- Förderkreis Umwelt future e.V (Ökobilanz der Fa. Bischof + Klein)
- Eckart Hildebrandt (Projektbeirat der Projekte ,,Ökobilanz“ und ,,Umwelt-Controlling“)
- Prof. Dr. E. Seidel/Universität Siegen (Autor ,,ökologische Betriebswirtschaftslehre“ und ,,Öko-Controlling“)
- Prof. Dr. J. Freimann/Universität Hannover (Habilitation zum Thema Umweltberichterstattung von Unternehmen)
- Dr. K. Habersatter/ETH Zürich (Bearbeiter der Ökobilanzen von Packstoffen, Hrsg. BUWAL, Schweiz)
- Dr. A. Braunschweig/Vereinigung ökologisch bewußter Unternehmen in der Schweiz (Autor ,,Ökologische Buchhaltung, Schweiz)
- St. Schaltegger, A. Sturm/Projektgruppe Ökologische Wertschöpfungsanalyse an der EH Basel

Der Ablauf der praktischen Realisierung bei der Firma Wilkhahn

Die praktische Abwicklung des Projektes erfolgt parallel mit der Entwicklung der oben beschriebenen Instrumente und der betrieblichen Umsetzung der Konzepte. Diese Vorgehensweise ermöglicht die direkte Reflexion der konzeptionellen Entwicklung anhand der praktischen Umsetzung und somit bei Bedarf eine umgehende Korrektur.

Die praktische Implementation bei der Fa. Wilkhahn erfolgt hierbei nach dem bereits im ersten Controlling Projekt erfolgreich angewendeten Konzept in den folgenden Stufen:

Zielworkshop

Im Zielworkshop werden die ökologischen Ziele der Firma Wilkhahn präzisiert und strukturiert. Es werden die Schwerpunkte der Projektarbeiten erarbeitet.

Informationssystemanalyse

Anhand der spezifizierten Leitfäden über die für das Umwelt-Controlling benötigten Informationen werden die im Betrieb vorhandenen Informationen hinsichtlich der Informationsquellen, -inhalte und Aufbereitungsformen analysiert. Ein Schwerpunkt dieser Tätigkeit ist die Erfassung und Systematisierung der elektronisch gestützten betrieblichen Informationsverarbeitung.

Ablaufplan Umwelt-Controlling

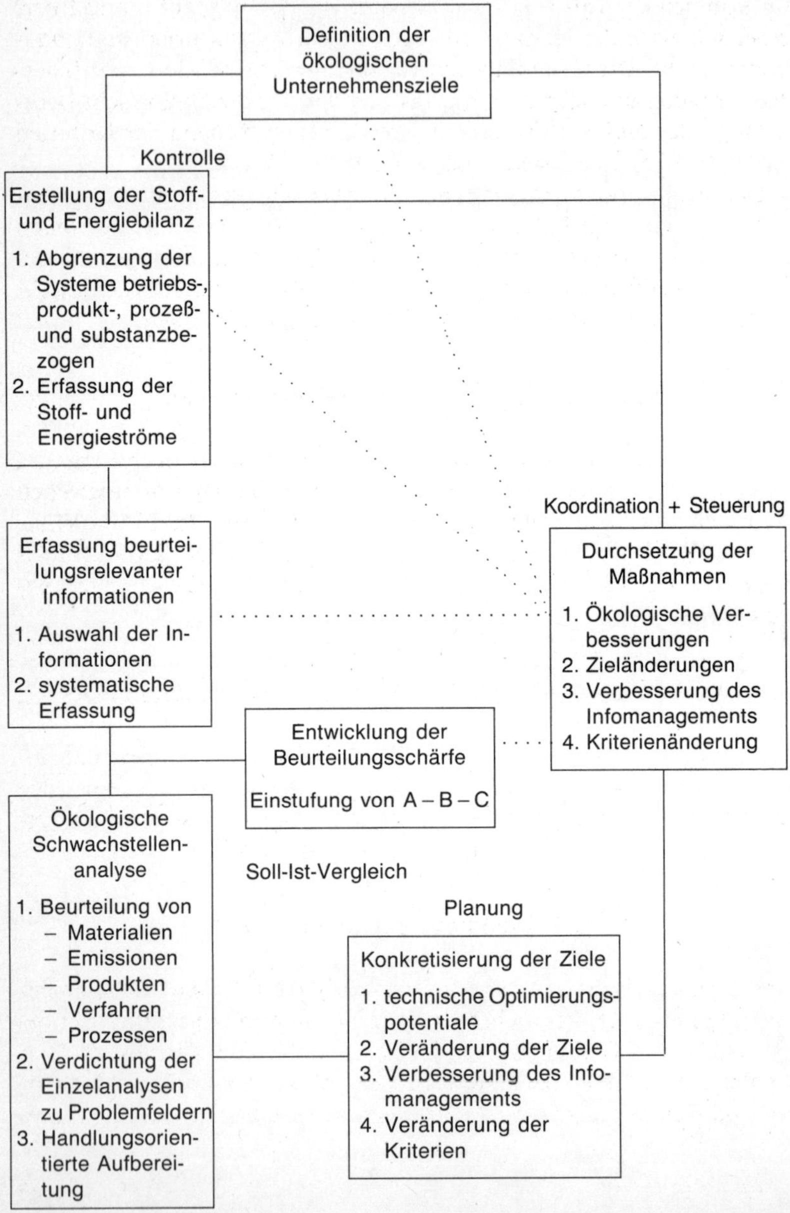

Informationserfassung

Im Rahmen der Informationserfassung werden die Stoff- und Energieströme nach der IÖW-Ökobilanzsystematik strukturiert und quantitativ erfaßt. Die Grundlage hierfür bilden die in Phase 1 spezifizierten Leitfäden zur Informationserfassung. Die für die ökologische Beurteilung relevanten Informationcn werden entsprechend der Kriterien in der IÖW-Schwachstellenanalyse-Systematik erfaßt.

Die Informationserfassung und Verarbeitung erfolgt unter Anwendung der EDV mit Hilfe der PSI-Prototyp-Software. Hierbei sollen wo möglich durch eine Erweiterung der Schnittstellenkonfigurationen quantitative Informationen zu den Stoff- und Energieströmen direkt in das Umwelt-Controlling-System übernommen werden.

Beurteilung der ökologischen Schwachstellen

Unter Anwendung des Analyse-Systems des Umwelt-Controlling und unter Zuhilfenahme der Erfahrung aus den bisherigen ökologischen Analysen werden die ökologischen Schwachstellen der Firma Wilkhahn ermittelt und entscheidungsorientiert aufbereitet. Die Aufbereitung erfolgt hier wiederum mit Hilfe des PSI-Umwelt-Controlling-Prototyps.

Analyse der Organisation des betrieblichen Umweltschutzes

Im Rahmen der Organisationsanalyse werden die formalen und informellen Zuständigkeiten für die verschiedenen Umweltschutzbelange und ihre Verknüpfung ermittelt. Eventuell bestehende strukturelle Defizite werden aufgezeigt.

Maßnahmenplanung

Auf der Grundlage der Schwachstellenanalyse erfolgt die Maßnahmenplanung bezüglich stofflicher Optimierungen und hinsichtlich der organisatorischen Einbindung des Umwelt-Controlling-Verfahrens. Hier werden sowohl kurzfristige Maßnahmen als auch mittel- und langfristige Strategien festgelegt. Die Maßnahmen werden im Rahmen eines betrieblichen Workshops diskutiert und beschlossen in Form eines betrieblichen Umweltprogramms. Die Zuständigkeiten werden festgelegt und die jeweilige Verantwortung geklärt.

Umsetzung der Maßnahmen

Auf der Grundlage der erstellten Pflichtenhefte werden die Maßnahmen zur Verbesserung der ökologischen Situation und zur Integration des Umwelt-Controlling umgesetzt und dokumentiert. Die Umsetzung der Optimierungspotentiale wird durch die Bildung von Ausschüssen zu den einzelnen Fragestellungen unterstützt. Diese Ausschüsse sollen die Bearbeitung der Problemstellung sicherstellen und kontrollieren. Im Rahmen dieser Phase besteht die Aufgabe der externen Projektbearbeitung vor allem in der Anleitung, der Unterstützung bei der Auswahl von alternativen Materialien und Verfahren nach ökologischen Kriterien und der wissenschaftlichen Begleitung dieser Schritte.

Ebenso werden die Qualifikations- und Schulungsmaßnahmen für die entsprechenden Fachabteilungen spezifisch entwickelt und durchgeführt.

Interne Ergebnispräsentation

Zur Darstellung der Ergebnisse im Unternehmen werden eine interne Dokumentation der Ergebnisse sowie ein unternehmensinterner Workshop durchgeführt mit dem Ergebnis einer Fortschreibung des betrieblichen Umweltprogramms.

Phasenplan der Arbeitsschritte

Der Projektbeginn war am 01. 02. 1992. Bei einer Laufzeit von 24 Monaten soll das Projekt zum 31. 01. 1994 abgeschlossen sein.

PHASE I	**01. 02. 1992 – 31. 03. 1992**
Arbeitsschritte der betrieblichen Umsetzung	**Arbeitsschritte zur Weiterentwicklung der Umwelt-Controlling-Konzeption und zur Sicherung der Übertragbarkeit**
– Erfassung der branchenspezifischen Strukturen und ökologischen Problemfelder – Entwicklung der Arbeitsinstrumente zur Informationserfassung	– Durchführung eines Expertenworkshops (Auswertung des 1. Projekts und Einbeziehung der Erfahrungen aus anderen Projekten) – Erstellung eines branchenspezifischen Leitfadens zur Informationserfassung – Sachstandsbericht an das Land Niedersachen

PHASE II	**01. 04. 1992 – 30. 06. 1992**
Arbeitsschritte der betrieblichen Umsetzung	**Arbeitsschritte zur Weiterentwicklung der Umwelt-Controlling-Konzeption und zur Sicherung der Übertragbarkeit**
– Durchführung des Zielworkshops – Informationserfassung zum Stoff- und Energiefluß – Erfassung der beurteilungsrelevanten Informationen – Erfassung der umweltschutzrelevanten Organisationsstruktur – Aufbereitung der Informationen für die Schwachstellenanalyse	– Entwicklung von Leitfäden für die Bereiche: a. Informationssystem-Analyse b. Organisationsanalyse – Weiterentwicklung des Schwachstellenanalysekonzepts mit den Schwerpunkten: a. Überprüfung der Beurteilungskriterien b. Systematisierung der Vorgehensweise bei der Beurteilung – Durchführung eines Hearings zum Umwelt-Controlling, speziell zu den Zwischenergebnissen des Projektes – Zwischenbericht an die Ministerien

PHASE III	01. 07. 1992 – 30. 08. 1992
Arbeitsschritte der betrieblichen Umsetzung	**Arbeitsschritte zur Weiterentwicklung der Umwelt-Controlling-Konzeption und zur Sicherung der Übertragbarkeit**
– Durchführung eines Workshops zur Darstellung der Schwachstellen und Planung der Verbesserungsmaßnahmen – Erstellung der Pflichtenhefte a. Ökologische Verbesserungsmaßnahmen b. Veränderung der Organisationsstruktur c. zukünftige Informationserfassung	– Entwicklung der Vorgehensweise zur Erstellung eines betrieblichen Umweltprogramms – Entwicklung eines Konzeptes zur Ermittlung von branchenspezifischen Umwelt-Controlling-Kennzahlen – Konzepterstellung zur notwendigen Organisationsentwicklung im Rahmen der Implementation des Umwelt-Controlling – Entwicklung eines Pflichtenheftes zur EDV-Einbindung – Wissenschaftliche Analyse und Systematisierung möglicher Alternativen – Dokumentation der Ergebnisse

PHASE IV	01. 09. 1992 – 31. 01. 1993
Arbeitsschritte der betrieblichen Umsetzung	**Arbeitsschritte zur Weiterentwicklung der Umwelt-Controlling-Konzeption und zur Sicherung der Übertragbarkeit**
– Suche nach ökologisch und ökonomisch vertretbaren Alternativen für die Bereiche der a. eingesetzten Materialien b. Produktionsverfahren c. Produkte d. Logistik – Einleitung der Verbesserungsmaßnahmen – Einleitung organisatorischer Maßnahmen	– Wissenschaftliche Reflexion der eingesetzten Instrumente und der erzielten Projektergebnisse – Erstellung beziehungsweise Verbesserung der Leitfäden für die einzelnen Arbeitsschritte – Erstellung des branchenspezifischen Gesamtleitfadens ,,Implementation eines Umwelt-Controlling-Systems" – Erstellung des Projektberichtes – Durchführung eines weiteren Hearings zur öffentlichen Präsentation und Diskussion der Ergebnisse – Durchführung einer öffentlichen Veranstaltung zur Verbreitung des Umwelt-Controlling in der niedersächsischen Industrie in Zusammenarbeit mit dem Umwelt- und dem Wirtschaftsministerium und den Fachverbänden

PHASE V	31. 01. 1993 – 31. 01. 1994
Arbeitsschritte der betrieblichen Umsetzung – Durchsetzung der ökologischen Optimierungspotentiale – Durchsetzung der organisatorischen Maßnahmen – Installation des Umweltinformationssystems – Durchführung der Schulungs- und Qualifikationsmaßnahmen – Durchführung der Vierteljahres-Workshops zu den erreichten Ergebnissen – Kritische Würdigung der bisher erzielten Optimierungen und interne Dokumentation der Projektergebnisse – Weiterentwicklung des Umweltprogrammes	

Ablaufplan Umwelt-Controlling

Phase I bis 31. 3. 92

Wilkhahn
- Interne Organisation und Information zum Umwelt-Controlling-System/ÖC-Arbeitsgruppe
- Begleitung der Umsetzung bereits begonnener ökologischer Maßnahmen (z.B. Verpackungskonzept)

Wilkhahn + IÖW
- Vorabgespräche des IÖWs mit einzelnen Abteilungen zur Klärung der Schwerpunkte und qualitativen Erwartungen
- Analyse der bei Wilkhahn vorhandenen Informationssysteme und des generellen Informations-/Kommunikationsflusses im Hause
- Experten-Workshop zum Thema Umwelt-Controlling (Externe Fachkräfte und Organisationen)

IÖW
- Erfassung der branchenspezifischen Strukturen und ökologischen Problemfelder
- Erstellung eines branchenspezifischen Leitfadens zur Informationenerfassung
- Sachstandsbericht an das Land Niedersachsen

Phase II vom 1. 4. – 30. 6. 92

Wilkhahn
- Erfassung der umweltrelevaten Organisationsstruktur und der beurteilungsrelevanten Informationen
- Informationen zum Stoff- und Energiefluß (z.B. Lieferantenabfragen)

Wilkhahn + IÖW
- Aufbereitung der Informationen für Schwachstellenanalyse (Stoff-/Energiefluß, umweltrelevante Organisationsstrukturen, weitere Informationen)
- Zielsetzungs-Workshop
- Umwelt-Controlling-Hearing mit Ministerien, Gewerkschaften, Fachverbänden und weiteren . . .?

IÖW
- Aufbereitung der Informationen für Schwachstellenanalyse
- Weiterentwicklung des Schwachstellenanalysekonzepts
- Leitfäden für Informationsanalyse und Organisationsanalyse
- Zwischenbericht an die Ministerien

Phase III vom 1. 7. – 30. 8. 92

Wilkhahn
- s. Phase II

Wilkhahn + IÖW
- Konzeption und Organisationsentwicklung im Rahmen der Einführung des Umwelt-Controlling-Systems
- Erstellung von Pflichtenheften für die Bereiche:
  - EDV-Einbindung
  - ökologische Verbesserungsmaßnahmen
  - Veränderungen der Organisationsstruktur
  - zukünftige Informationserfassung
- Workshop zur Darstellung der Schwachstellen und Planung der Verbesserungsmaßnahmen

IÖW
- Wissenschaftliche Analyse und Systematisierung möglicher Alternativen
- Weiterentwicklung des betrieblichen Umweltprogramms
- Dokumentation der Ergebnisse
- Konzept für branchenspezifische Umwelt-Controlling-Kennzahlen

Wilkhahn
- Einleitung von Verbesserungsmaßnahmen und organisatorischer Belange

Wilkhahn + IÖW
- Alternativenfindung für:
  - eingesetzte Materialien
  - Produktionsverfahren
  - Produkte
  - Logistik
- Erstellung bzw. Verbesserung der Leitfäden für die einzelnen Arbeitsschritte
- Umwelt-Hearing

Wilkhahn
- Durchsetzung der ökologischen Optimierungspotentiale
- Durchsetzung organisatorischer Maßnahmen
- Installation des Umweltinformationssystems
- Schulungs- und Qualifikationsmaßnahmen
- Durchführung des Vierteljahres-Workshop zu den erreichten Ergebnissen
- Kritische Würdigung der bisher erzielten Projektergebnisse

Optimierung und interne Dokumentation
- Weiterentwicklung des Umweltprogramms

Phase IV vom 1. 9. 92 – 31. 1. 93

IÖW
- Wissenschaftliche Reflexion der eingesetzten Instrumente und der erzielten Ergebnisse
- Erstellung des Projektberichts
- Herausgabe des branchenspezifischen Gesamtleitfadens: Implementation eines *Umwelt-Controlling-Systems*

Phase V vom 1. 2. 93 – 31. 1. 94

Die beteiligten Forschungsinstitute

Institut für ökologische Wirtschaftsforschung (IÖW)

Das Institut für ökologische Wirtschaftsforschung (IÖW) GmbH wurde 1985 mit der Absicht gegründet, durch Forschungsprojekte und Gutachten einen Beitrag für die Verknüpfung von Ökonomie und Ökologie zu leisten. Dazu gehören die Arbeits- und Forschungsfelder:

- Ökologische Unternehmenspolitik,
- umweltökonomische Instrumente und Strategien,
- räumliche Strukturpolitik,
- sektorale Strukturpolitik,
- Arbeitspolitik,
- grundlagentheoretische Fragen.

Das Forschungsfeld „Ökologische Unternehmenspolitik" hat dabei von Beginn an ein großes Gewicht bekommen. Das Entdecken und Wahrnehmen unternehmenspolitischer Handlungs- und Entscheidungsspielräume für ökologisch wünschenswerte Entwicklungen wurde in der Vergangenheit stark unterschätzt, bedeutet aber im besten Sinne des Wortes präventive Umweltpolitik.

Informationen stellen eine wesentliche umweltrelevante Grundlage angemessener Entscheidungen dar. Aus diesem Grunde beschäftigt sich das IÖW seit 1986 intensiv mit der konzeptionellen Entwicklung und praktischen Einführbarkeit betrieblicher Umwelt-Informationssysteme (UIS). Dazu gehören die Ökobilanz (aufgegliedert in die Input- Output-Bilanz des Betriebes, Produkt- und Prozeßbilanzen sowie eine Substanzbilanz), mit der situativ Beschaffenheiten und Zustände (zum Beispiel zu Vergleichszwecken) ermittelt werden können, sowie das Umwelt-Controlling, das die kontinuierliche Planung, Steuerung und Kontrolle der Unternehmen in ökologischer Hinsicht erlaubt.

Institut für ökologische Wirtschaftsforschung GmbH (IÖW)
Herr Hendric Hallay Tel. 030-8826094
Frau Sabine Lehmann Tel. 030-8826094
Giesebrechtstraße 13
10629 Berlin

Das Umwelt-Controlling-System (UCS) ermöglicht, die ökologischen Probleme von Unternehmen systematisch zu erfassen, die Beschaffung ökologisch relevanter Informationen zu effektivieren, Bewertungsmodelle und handhabbare Kennziffern einzusetzen und somit die Grundlagen für ein betriebsbezogenes ökologisches Informationsmanagement den Entscheidungsträgern an die Hand zu geben. Bundesweit leistet mit dieser Entwicklung das IÖW Pionierarbeit auf diesem Gebiet.

Gesellschaft für Prozeßsteuerungs- und Informationssysteme mbH (PSI)

PSI ist als Unternehmen seit 20 Jahren mit zur Zeit über 500 Mitarbeitern beratend und realisierend auf den Gebieten Informationstechnologie, Technologie/Organisationsentwicklung und Managementberatung tätig. Gemeinsam mit dem Klienten werden betriebliche Veränderungsprozesse gestaltet und durchgesetzt. Mit der Praxis aus über 500 realisierten Projekten, der Kompetenz der Eigenentwicklungen/Marktforschung und der umgesetzten Erfahrung aus den beratenden Unternehmen ist PSI kompetenter Partner für die Verbesserung der Leistungsfähigkeit des zu beratenden Unternehmens. Zielsetzung der PSI ist es, den Klienten durchgängig und partnerschaftlich von der strategischen Beratung bis zur Realisierung aus einer Hand betreuen zu können. PSI bietet Sicherheit aufgrund finanzieller Unabhängigkeit und Neutralität der Beratung.

Entsprechend den Anforderungen der Projekte beziehungsweise der Projektphasen werden die jeweils erforderlichen Spezialisten der PSI aus den Gebieten

- Industrie- und Büroautomatisierung,
- Anlagenautomatisierung,
- Umwelttechnik,
- Informations- und Softwareengineering,
- Training und Projektmanagement,
- ganzheitliche Beratung und Organisationsentwicklung eingesetzt.

Diese Bereiche sind innerhalb der PSI zentrale Kompetenzzentren für technische, wirtschaftliche oder Managementaufgaben und garantieren dadurch dem Klienten eine hohe Sicherheit betreffend der Durchsetzbarkeit und Realitätsnähe gemeinsam erarbeiteter Ziele und Lösungen.

Während der Einsatz der Informations- und Kommunikationstechnik im Bereich Industrie, Energie- und Wassertechnik seit Jahren selbstverständlich ist, wird er in Zukunft auch für Umweltschutzaufgaben unentbehrlich, und zwar in allen Umweltbereichen, vor allem aber in bereichsübergreifenden Anwendungen. Das Einsatzspektrum reicht hier von der Meßdatenerfassung und -auswertung über Prozeßsteuerungs- und Regelungsfunktionen bis hin zu umfangreichen Informationssystemen.

Gesellschaft für Prozeßsteuerungs- und Informationssysteme mbH (PSI)

Herr Christoph Roenick Tel. 02053-492-31
Bernsaustraße 4–6
42553 Velbert

VI. Innovations-Ökologie – eine synoptische Betrachtung

Wir befinden uns im „Jahrzehnt oder gar im Jahrhundert der Umwelt" – dies ist zweifellos richtig. Und wie reagieren wir darauf? Mit mehr Einsparung, „Gürtel enger schnallen", oder mit neuen Supertechnologien?

In dieser synoptischen Zusammenfassung werden noch einmal die wichtigsten Aspekte der angesprochenen Dimensionen der ökologischen Transformation unserer Industrie benannt. Das Dreieck zwischen Umwelt – Markt – und Zukunftsoptionen wird skizziert, das aus der theoretischen und praktischen Arbeit in der Forschung und Industrie gewachsen ist. „Es ist keine Garantie, sondern höchstens ein realfuturologischer Prolog auf eine Möglichkeit, zwischen der ökologischen Skylla und der sozio-ökonomischen – Charybdis unseres Chaos – Ära durchzuoszillieren."

Waren Ende der 60er und Anfang der 70er Jahre die Thesen von den „Grenzen des Wachstums" und der Zerstörung unserer Umwelt von Staat und Wirtschaft noch gleichermaßen kritisiert und negiert worden, so hat sich dies im Laufe von 20 Jahren grundsätzlich verändert.

Die Anfänge waren dadurch gekennzeichnet, daß die ökologischen Themen in kleinen Subkulturen und politisch wie technologischen Alternativgruppen diskutiert wurden und Bücher wie zum Beispiel Ernest Callenbachs *Ökotopia* ein Untergrund-Besteller waren. Heute ist diese Diskussion längst in die öffentliche Verwaltung, in die Ministerien und in den Regierungsapparat eingedrungen. Gegenwärtig steht diese Entwicklung an der Schwelle zum Allgemeinwissen, das heißt daß es eine Selbstverständlichkeit wird, Maßnahmen zur Sicherung des Lebensraumes, der Umwelt und der Ökologie vorzunehmen. Daß Wirtschaft und Industrie die letzte Bastion des Widerstands gegen diese ökologische Innovation darstellen, liegt auf der Hand: Während Regierung und Verwaltung in übergreifenden Zielvorgaben und Regulativen denken, muß die Wirtschaft die ökonomische Rationalität jeder ihrer Handlungen und Entscheidungen bedenken.

Kurz gesagt muß sich also ein Unternehmen fragen, ob sich eine Umweltschutzmaßnahme rechnet oder die zusätzlichen Kosten eine Gefährdung seiner Marktposition bedeuten. Die gesamte Auseinandersetzung um Ökologie contra Ökonomie dreht sich um diese eine Frage, die jedoch gleichzeitig so komplex ist, daß sie auch im einzelnen Falle nicht mit einem klaren Ja oder Nein beantwortet werden kann. Da ist zum einen die schon erwähnte Funktion des Staates, der mit seinen Auflagen und eingreifenden Regulativen dafür sorgen kann, daß sich Umweltschutz rechnet. Da ist zum anderen der sich verändernde Markt, der durch das Bewußtsein der Konsumenten gestaltet wird. Umweltschutzargumente bei der Produktion wie bei den Produkten *können* heute ein Marketing- und Verkaufsvorteil darstellen. Und da ist zum dritten die Betrachtung der Gesamtentwicklung auf unserer Erde, die keinen anderen Schluß zuläßt als den, daß wir unsere wirtschaftlichen Aktivitäten grundsätzlich umorientieren müssen, weil es sonst in Zukunft keine Märkte mehr geben kann, wenn das Überleben der Menschheit in Frage gestellt ist.

Letztere Einsicht ist es auch, die zum Teil viele Unternehmen und Betriebe in den letzten Jahren motivierte, stärker ökologisch und umweltorientiert zu arbeiten. Aus diesem Grunde haben einzelne Unternehmerpersönlichkeiten und Manager begonnen, auch über die Kosten der Umweltmaßnahmen hinwegzusehen, weil das gemeinsame Überleben im Vordergrund steht, sie stellen also das Allgemeinwohl und die globale Problematik über kurzfristige Gewinnorientierung. Dies ist eine zutiefst ethische Grundhaltung. Daß es daneben auch „ökologische Trittbrettfahrer" gibt, die lediglich ein Umweltmäntelchen tragen, soll dabei nicht übersehen werden.

Konvergenz der Kontrahenten

Unternehmen und Wirtschaft als Pioniere und Vorreiter der ökologischen Wende? Ja und Nein. Nein, weil schon seit über 30 Jahren die Problematik der Umweltzerstörung und der ökologischen Gefährdung durch Industrieprodukte diskutiert wird. Und dann doch Ja, weil erst durch den Auftritt der Wirtschaft auf der Spielbühne der ökologischen

Szenerie eine große Kurskorrektur für Politik und Entwicklung erreicht werden kann.

Mit der Integration der Wirtschaft und Industrie könnte deshalb die Umwelt- und Ökologie-Bewegung einen sehr potenten Mitstreiter gewinnen, der vieles von dem praktisch realisieren könnte, was schon zuvor in den Expertenkreisen und Umweltinitiativen theoretisch erdacht wurde. Statt also eine künstliche Kontroverse aufzubauen zwischen Basisinitiativen im Umweltschutz einerseits und den Industrieunternehmen andererseits, geht es heute um eine produktive, interessenübergreifende Kooperation dieser gesellschaftlichen Kräfte.

Angst vor der Megamaschine

Ebenso, wie diese Dissonanz von Wirtschaft und betroffenen Basisgruppen überwunden werden muß, so ist auch die noch immer existente Technophobie in vielen populistischen Kreisen zu transzendieren. Die verständliche Schuldzuweisung, daß nämlich diese Technologie, die bestimmte Verschmutzungen und Zerstörungen bewirkte, insgesamt gestoppt werden sollte, ist ein weit verbreiteter, aber wenig hilfreicher Akt ohnmächtiger Wut und Perspektivlosigkeit. Die Flucht in die Kleintöpferei, in das Indianer-Tipi oder die vorindustrielle Welt des Mittelalters sind lediglich Phänomene der Überflußgesellschaft und in keinem Fall Antworten auf die rasante Entwicklung unserer Gesellschaft und der Welt.

Wachstumsbeschleunigung als Ursache

Gerade die Betrachtung der exponentiellen Weltbevölkerungszunahme und des damit einhergehenden notwendigen Mehrbedarfs an Gütern, Material und Energie sowie die entstandenen katastrophalen Zerstörungen in unserer Lebenswelt können nur *mit* und nicht ohne die modernsten Technologien und Verfahren angegangen werden. Es geht also um bessere, intelligentere und umweltfreundlichere Technologien und nicht um Abschaffung der Technik. In diesem Sinne wird „High-Tech" ökologisch verträglich, wenn man entsprechend definiert, wie eine Hochtechnologie aussehen sollte. Nicht die bloße Produktivität, der Ausstoß an Quantitäten, ist relevant, sondern die Integrierbarkeit in das umgebende ökologische und soziale System. Eine solche „Allianztechnik", wie sie Ernst Bloch mal bezeichnet hat, würde die Kräfte der Natur nutzen, aber nicht ausbeuten, würde die menschliche Produktivität erhöhen, aber nicht überflüssig machen.

Diese Idee arbeitete ich deshalb so deutlich heraus, weil sämtliche der ökologisch engagierten Unternehmen eine pro-technologische Einstellung aufweisen, das heißt sie arbeiten alle an verbesserten Verfahren und Methoden der Produktion, um damit höherwertige Güter und umweltverträglichere Produkte herzustellen.

Innovations-Ökologie

Eine zentrale Rolle bei dieser Aufgabe spielt das Innvotionsmanagement, das heißt die Definition der produkt- und produktionsorientierten Innovationen und ihre Verknüpfung mit Umweltstrategien und ökologischer Orientierung. Diese Synthese produktionsbetonter Planung und kontextueller Einflüsse (zum Beispiel Umweltschutz) wird mit dem neuen Begriff „Innovations-Ökologie" umrissen. Um Marktchancen im Umweltbereich auszuschöpfen, muß es natürlich zu erheblichen Umstellungen in Produktion und Produktgestaltung kommen, was sich in der Regel auch nur durch neue oder verbesserte Technologien erreichen läßt.

Die dabei anfallenden Pionierkosten eines Unternehmens, das solche Schritte wagt, werden ausgeglichen durch die Vorteile des Zuerstkommens, das heißt die Langfristigkeit des Erfolgspotentials und die klar erkennbaren Umweltvorteile bieten die Gewißheit, im Marketing eine deutliche Image-Steigerung verbuchen zu können. Auf diese Weise kann die befürchtete Innovationsfalle umgangen werden, die insbesondere meistens dann entsteht, wenn anfangs bei hohen Kosten die Nachfrage trotz dieses ökologischen Zusatznutzens so gering ist, daß ein durchdringender Markterfolg verhindert wird. Um die komplexe Dynamik der Umweltmärkte und der sonstigen Märkte mit ökologierelevanten Aspekten zu erfassen, bedarf es mehr als der traditionellen Instrumente des Rechnungswesens. Vielmehr ist es notwendig, die noch schwachen Signale über die Zukunft, Trendbrüche und qualitative Veränderungen zu erfassen.

Zu den bekannten und auszuweitenden Informationsinstrumenten der strategischen Unternehmensplanung muß sich deswegen zum Beispiel eine Methode wie die Szenariotechnik hinzugesellen, um die öffentliche Bewußtseinsstruktur im Umweltbereich besser analysieren zu könne, Verfahren wie das der Diffusionskurve, der Risikoanalyse, des Umwelt-Controlling, der Ökobilanz und Umweltverträglichkeitsprüfung sowie der innerbetrieblichen Technologiefolgenabschätzung müssen sich dem Planungskonzept anschließen. Oft ist eine solche Strategie auch nicht nur auf bestimmte wenige technische Instrumentarien zu beschränken, sondern eine Aufgabe der vielen tausend Kleinigkeiten. Die Partizipation der Mitarbeiter von der Produktentwicklung bis hin zur Qualitätskontrolle, dem Arbeits- und Umweltschutz sind dabei genauso bedeutsam wie die Beachtung der Vorgänge in Verkauf, Distribution und beim Kunden oder Anwender selbst.

Ökologie ist Chefsache

Ganz klar wird aus der bisherigen Analyse, daß Umweltschutz und ökologisches Marketing und Planung Chefsache sein muß, das heißt sie kann nicht delegiert werden als eine Aufgabe unter vielen, sondern muß direkt vom Topmanagement eines Betriebes initiiert und überwacht werden.

Das Modell des Fach- und Machtpromotors, sei es in Form des Umweltschutzbeauftragten oder Innovationsmanagers beziehungsweise Innovationsökologen greift deshalb nur, wenn es alle vier Aufgabenbereiche erfüllen kann:

Die 4 Funktionen des Innovationsökologen

1. Die Innovationsfunktion, das heißt die Entwicklung umweltfreundlicher Technik und Produktgestaltung,
2. die Kontrollfunktion bei der eigenverantwortlichen Einhaltung der Umweltstandards und der Fortführung,
3. die Sprecherfunktion gegenüber der umweltinteressierten Öffentlichkeit,
4. die Information und Weiterbildungsfunktion für die Mitarbeiter, da ohne sie die gesteckten Ziele niemals erreicht werden können. Dabei ist auch eine enge Kooperation zwischen Arbeitgeber- und Arbeitnehmervertretern ganz besonders zu betonen.

Die schon zahlreichen Beispiele aus verschiedensten Branchen zeigen, daß jedes Unternehmen mehr für Ökologie und Umweltschutz tun kann, ohne daß dadurch die betriebswirtschaftlichen Ziele negiert werden müssen.

Man kann eher umgekehrt sagen, die langfristige Sicherung des Unternehmens besteht zum Teil in der *frühzeitigen* Erkenntnis, daß die Maßnahmen des Umweltschutzes wichtig und förderlich sind, da sie eine Motivation schaffen, die insgesamt zur Innovation, Weiterentwicklung und damit gesamtwirtschaftlich für den Betrieb zu einer sozial akzeptablen *Zukunftsorientierung* führt. So wenig die soziale Dimension bei ihrer Einführung die Betriebe an den Rand des Ruins gebracht hat, wie einige Manager und Unternehmer der 50er Jahre prophezeiten und befürchteten, so wenig wird die Einführung der ökologischen Innovation die Wirtschaft dramatisch belasten.

Vielmehr ist dies die Chance, branchenspezifische und allgemeine Wettbewerbsvorteile zu erlangen und damit insgesamt zu einer Verbesserung von Umwelt und Gesellschaft beizutragen.

Das Prinzip Verantwortung

Diese Haltung entspricht dem von dem Philosophen Hans Jonas postulierten „Prinzip Verantwortung", welches eine Grundlage für unternehmerisches Handeln an der Jahrtausendwende darstellen könnte. Jonas erweiterte den kategorischen Imperativ von Immanuel Kant dahingehend, daß er sagt: „Handle immer so, daß die Wirkungen deiner Handlung nicht zerstörerisch sind für die zukünftigen Möglichkeiten menschlichen Lebens." Dieses an dem Begriff der Beständigkeit, Nachhaltigkeit oder Dauerhaftigkeit (sustainability) festzumachen heißt, es geht hier um die Gestaltung von Zukünften beziehungsweise der Ermöglichung ihrer Gestaltung. Das alte Modell des „Augen zu und durch!" muß ersetzt werden durch ein offenes Sehen möglicher Katastrophen und Auswege.

Eine zeitgemäße Analogie für dieses Umdenken ist das Bild vom Wechsel von einer Autobahn zu einer kurvenreichen Bergstrecke und Landstraße. Wer meint, er könne Tempo und Fahrweise der Autobahn im gebirgigen Gelände beibehalten, wird in kürzester Zeit einen

Unfall produzieren. Wir sind nun über 100 Jahre lang auf der Autobahn des Industrialismus gefahren und müssen nun die viel schwierigere Strecke des ökologischen Umbaus meistern. Hier sind andere Sicht- und Verhaltensweisen notwendig. Wir können nicht mehr an der Natur vorbeifahren, sondern müssen den Frieden mit der Natur im Äußeren wie im Inneren schließen.

Erweitertes Produktionsmodell

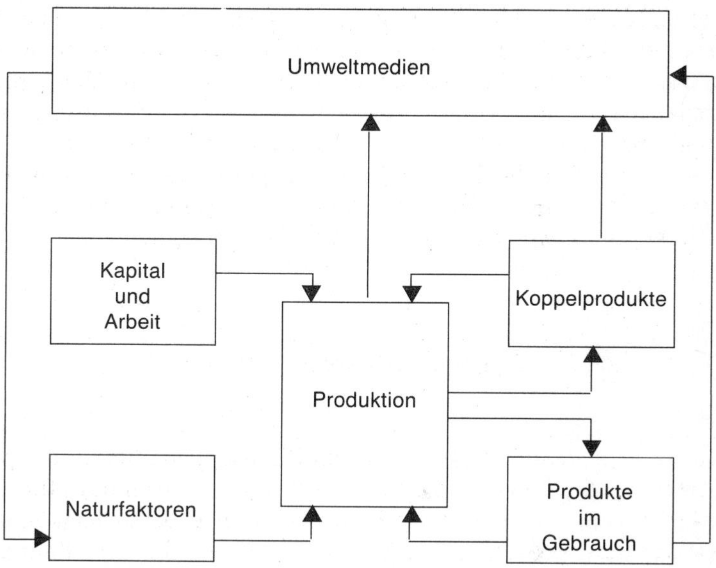

Das „Prinzip Verantwortung" von Hans Jonas ist in seiner ethischen Wirkung für die ökologische Transformation sicher mindestens so bedeutsam wie der Kantsche kategorische Imperativ für die Aufklärung. Gegenüber kurzfristigem Gewinnstreben kommt heute ein langfristiges Denken mit Rück- und Nebenwirkungen von Entscheidungen auf die natürlichen Lebensgrundlagen immer mehr ins Zentrum der Betrachtung. Daß diese Ökologisierung und auch Einbeziehung der Ethik auf dieser Komplexititätsstufe für Unternehmen bisher noch recht schwierig war und ist, darf kein Grund sein, solche Ansätze zu negieren. Der Industrialismus hat im Lauf seiner Geschichte viele Erweiterungen erfahren und gerade durch seine Dynamik gezeigt, daß er auf die jeweiligen Umwelt- und Sozialansprüche eingehen konnte und damit auch sein eigenes Überleben ermöglichte. Heute ist das Überleben des Industriesystems nur noch unter Einbeziehung dieser ökologischen Fragen vorstellbar. Ohne Ökologie verkommt die Industrie zu einem technokratischen Monster, einem zum Aussterben verurteilten Dinosaurier eines Systems ohne Sinn und Zweck.

Was ist wie heute machbar?

Nach dieser Gesamtbetrachtung wollen wir nun zu den Details, Methoden und Verfahren kommen, die ein ökologisches Management und eine umweltorientierte Innovationsstrategie in der Industrie real werden lassen. Was geschieht denn wirklich, wenn ein Unternehmen ökologisiert und umweltethisch geführt wird?

Die Frage, die bei einer solchen Diskussion über ökologieorientierte Unternehmensplanung immer wieder gestellt wird, heißt: Was ist heute eigentlich Stand der Technik, das heißt was ist wirklich praktisch machbar und was bleibt Illusion und imaginäre Vorstellung der Gesetzgeber? Hier kommen sich traditionellerweise immer die Industrie und die staatlichen Behörden ins Gehege. Die Industrieverbände möchten den Stand der Technik, eigentlich immer recht niedrig ansetzen, um nicht neu investieren zu müssen, und die Ministerien, die Umweltbehörden verfolgen das genaue Gegenteil. Aber wer außer einigen involvierten Experten weiß denn wirklich, was machbar ist und was nicht? Dieses Ritual der Auseinandersetzung über den Stand der Technik ist nun im Sinne einer Ökologisierung und Umweltverbesserung geradezu kontraproduktiv.

Denn dadurch werden mögliche Innovationen verhindert, weil sie nicht gefordert werden. Es wird das gemacht, was immer geht und was am billigsten zu erreichen ist. Genau auf diese Weise kommen die sogenannten „End-of-the-pipe-Technologien“ zustande, die heute immer noch gegenüber den integrierten Anlagen im Umweltschutz dominieren. Geforderte Grenzwerte werden dabei durch nachgeschaltete Reinigungssysteme und Filter erreicht, obwohl man eigentlich an einer ganz anderen Stelle beginnen müßte. Dies ist technisch-wissenschaftlich unlogisch, aber betriebswirtschaftlich-ökonomisch rational.

Erst bei einer extrem verschärften Umweltgesetzgebung kommen ökologische Innovationen zum Tragen und machen sich auch bezahlt. In diesem Sinne ist also ein strenger Gesetzgeber im Bereich des Umweltschutzes nicht abzulehnen, sondern geradezu der Innovation und damit Erneuerung und Verbesserung von Industrie und Wirtschaft dienlich. Im internationalen Raum zeigte zum Beispiel Japan, daß durch bestimmte Auflagen die Technologie der Industrie zu Höchstleistungen fähig war, welche sie selber niemals glaubte erreichen zu können. Da nun sämtliche Nationen und Wirtschaftssysteme der Erde mit Umweltproblemen zu kämpfen haben, ist eindeutig derjenige langfristig im Vorteil, der möglichst früh die schärfsten Umweltgesetze in technisch realisierbare Konzepte umsetzen konnte.

Innovations-Ökologie-Marketing

Dabei kann man erfahrungsgemäß zwei Grundrichtungen unterscheiden: Die eine ist die mehr defensive Orientierung, wo man vermeiden will, was nicht unbedingt sein muß, wo man aber auch nicht erwartet, daß notwendige Umweltinvestitionen sich auszahlen werden. Man läuft also den Weg des geringeren Widerstandes und versucht, die Gesetze und Auflagen zu erfüllen, ohne mehr zu tun.

Demgegenüber steht eine offensive Umweltpolitik des Unternehmens, die aufbauend auf eigenen Umweltproblemen im Betrieb die Chancen eines neuen Erfolgspotentials im Markt voll ausschöpfen will. Erwartet wird dabei ein überdurchschnittliches Wachstumspotential durch das Marktsegment umweltverträglicher Produkte und Produktionen.

Für eine solche Betrachtung reicht im eigenen Betrieb eine simple Portfolio-Analyse bezüglich der Marktchancen und Risiken. Wichtig hierfür ist allerdings die Beachtung der Zeitdimension, weil kurzfristig hohe Investitionen sich eventuell langfristig im Umweltmarkt doch bezahlt machen.

Selbstverständlich darf hier das Argument der *Innovationsfalle* nicht vergessen werden, das heißt, daß Pioniere für den Umweltschutz zum Beispiel bestimmte Entwicklungen machen, die von anderen Wettbewerbern aufgenommen werden, der Pionier aber dafür nicht honoriert wird.

Dieses Argument stimmt genauso wie die andere These vom Branchenersten, der eine Innovation wagte und damit einen Imagegewin. erzielte, den nun kein Nachfolger wettmachen kann. Rein empirisch gesehen, halten sich die *First* und die *Followers* in der Gewinnbilanz die Waage, allerdings ist immer nur einer der Erste und mehrere sind die Nachfolger. Somit ist wohl eindeutig, wer den größeren Gewinn durch eine Pioniertat erzielte.

Um nun solche ökologisch innovativen Pionierstrategien zu verfolgen, muß ein Unternehmen mehr tun, als nur seine Produktpalette strategisch zu durchforsten und umweltkritisch zu analysieren. Was ich hier anspreche, ist die Notwendigkeit, in einem Unternehmen, egal welcher Branche, Szenarien für die gesellschaftliche und ökologische Entwicklung unserer Umwelt durchzuführen. Da jeder und jedes Unternehmen ganz spezielle Ziele mit seinen Produkten und Dienstleistungen verfolgt, genügt es nicht, allgemeine soziale Entwicklungsszenarien, wie sie in der populären Sachbuchliteratur vorkommen, zu übernehmen, sondern das Unternehmen muß für sich selbst ein qualitatives Zukunftsszenario mit unterschiedlichen Variationen durchspielen. Dabei können sämliche Verfahren und Mittel der Kreativitätstrainings verwendet werden, ebenso Experten-Hearings und Brainstormings mit Mitarbeitern und Externen. Auch unabhängig von der Bedeutung und der Relevanz solcher Verfahren für die betriebliche Umweltpolitik wird die Entwicklung von Szenarien zu einer wichtigen Kommunikationsfunktion im Unternehmen.

Gerade gegenüber den mehr technokratischen und quatitativen Systemen zur Erfassung bestimmter Daten bietet das Szenario die Möglichkeit zu echter Kommunikation zwischen den unterschiedlichen Partizipatoren im Betrieb. Daß dazu andere Verfahren von der Netzwerktechnik, Portfolio-Analyse bis hin zum Entscheidungsbaum und sonstigen Methoden der Darstellung und Simulation von geschichtlichen und zukünftigen Momenten dienen können, ist natürlich nicht ausgeschlossen, sondern soll produktiv integriert werden in die Szenariotechnik.

Es gibt auch da unterschiedliche Richtungen, aber es ist eindeutig, daß für ökologieorientierte Innovationsstrategien die Szenariomethode einen ganz besonderen Stellenwert erhält.

Zur Erweiterung der Palette von Informationsinstrumenten in der Umweltpolitik im Betrieb gehört die Ökobilanz, eine Idee, die der Schweizer Ökonom Rudi Müller-Wenk entwickelte und die inzwischen in nur 15 Jahren ihren Eingang gefunden hat in öffentliche Verwaltung, Wirtschaft und Industrie.

Ein solches Energie- und Materialbilanzsystem wurde natürlich in speziellen Branchen schon länger verwandt, aber in dieser erweiterten Form kann das Unternehmen ein Belastungsprofil für seine Produkte wie für die Produktion und somit das gesamte Unternehmen liefern. Auf diese Weise wurden auch im Bürobereich Ökobilanzen erstellt und sehr erfolgreich durchgeführt, das heißt es kam zu einer Verbesserung der Umweltsituation durch eine kritische Nutzung von Materialien und ihrem Verbrauch.

Eine kleine Sonderform der Ökobilanz ist die umweltorientierte Technikbewertung, das Technology Assessment. Stehen bei der Umweltverträglichkeitsprüfung die institutionellen und grundsätzlichen Fragen noch im Vordergrund, so wird beim Technology Assessment hauptsächlich die produkt- beziehungsweise verfahrensbezogene Nebenwirkung zu identifizieren sein. Viele Vorschriften oder auch freiwillige Normen wie zum Beispiel der Blaue Umweltengel des Umweltbundesamtes können heute als solche Verfahren betrachtet werden. Die Schwierigkeit liegt natürlich in den Wertkonflikten, rationale Entscheidungskriterien für eine Gesamtbeurteilung zu finden. Je klarer man dabei die Unternehmensstrategie definiert und Umweltschutzaspekte schon integriert hat, desto eher werden sich Anhaltspunkte finden, die dann nicht nur am Markt, sondern auch politisch und rechtlich akzeptiert werden. Der Verband Deutscher Ingenieure (VDI) hat dazu in seinem Ausschuß „Grundlagen der Technikbewertung" erste planmäßige systematische Vorgehen definiert. Das schließt ein, den Stand einer Technik und ihre Entwicklungsmöglichkeiten zu analysieren, die unmittelbaren und mittelbaren technischen, wirtschaftlichen, gesundheitlichen, ökologischen, humanen, sozialen und anderen Folgen dieser Technik und möglichen Alternativen abzuschätzen, aufgrund definierter Ziele und Werte diese Folgen zu beurteilen oder auch weitere wünschenswerte Entwicklungen zu fördern und Handlungs- und Gestaltungsmöglichkeiten daraus herzuleiten und auszuarbeiten. In den technologisch orientierten Branchen der Industrie ist nach empirischen Untersuchungen eine solche Technikbewertung weitverbreitet. Allerdings handelt es sich dabei oft um Partialstudien zu ganz spezifischen Fragestellungen. Im wachsenden Feld umweltorientierter Technikbewertung geht es aber um die Vorwegnahme zukünftiger Standards, um bei langfristigen Investitionen nicht überrascht zu werden. Zunehmend sehen sich die Hersteller von Produkten und die Lieferanten von Vorprodukten Fragen nach der ökologischen Unbedenklichkeit ihrer Produkte ausgesetzt. Die Produkt- und Umwelthaftung wird hier sicher dafür sorgen, daß Umweltrisiken weiter abgesenkt werden können. Dies wird dazu führen, daß Unternehmen ihre Produkte künftig mehr und mehr einem solchen Technology Assessment unterziehen und damit die gesamte Produktion darauf auslegen müssen.

Wie eingangs betont, ist der Umweltmarkt wachstumsfähig, allerdings nur, wenn er auch vorbereitet wird, das heißt ein strategisches Ökomarketing muß stattfinden. Sowohl bei der Produkt- als auch Distributions- und Kommunikationspolitik im Marketing geht es darum, ökologische Produkte und Innovationen einzuführen und umweltschädliche Produkte zu eliminieren. Also nicht nur in Forschung und Entwicklung, sondern in Marketing und Distribution liegt der Schlüssel zur Einführung ökologischer Produkte, die dann auch tatsächlich abgesetzt werden können. Dies betrifft den Verkauf sowie die Kundendienstberatung, die Nachbetreuung, eventuell sogar die Rücknahme genutzter oder verbrauchter Produkte. Die Verpackungsindustrie erlebt in dieser Richtung gegenwärtig ihre blauen Wunder.

Das Marketing darf in diesem gesamten Verfahren keinesfalls nachgeschaltet sein, sondern sollte am besten zum Beispiel in gemeinsamen Szenariokonzepten schon mitwirken an der Erstellung umweltfreundlicher Produkte und integrierter Produktionsprozesse. Je eher das Marketing weiß, wo die Reise hingeht, um so optimaler kann es mit seinen Instrumenten der Produkt-, Distributions- und Preispolitik hinsichtlich der Einführung umweltorientierter Produkte agieren. Auf diese Weise schließt sich auch über das Marketing der Kreis von der basis-initiierten Ökologisierung über Politik und Wirtschaft hin zu einer basisorientierten Marketingpolitik des Unternehmens, um tatsächlich die Bedürfnisse des Nutzers und Konsumenten und die Erfordernisse der Umwelt zu berücksichtigen.

Fazit:

Insgesamt läßt sich somit eine Möglichkeit der Ökologisierung von Wirtschaft und Industrie durchaus denken. Ziele, Maßnahmen und Instrumentarien sind oder werden zur Zeit entwickelt, die Richtschnur ist bekannt und die Notwendigkeit nicht zu bezweifeln. Dennoch wird eine solche „Innovations-Ökologie" erst dann wirklich greifen, wenn der angesprochene Paradigmenwechsel so weit gediehen ist, daß die noch herrschende Ökonomie als das gesehen wird, wie sie die Zukunftsforscherin Hazel Henderson bezeichnet: eine Geisteskrankheit, die uns in eine kollektive Psychose zwingt. Letztendlich wird es deshalb keine Kontroverse zwischen Ökologie und Ökonomie geben, sondern einen Übergang, sei er hart oder sanft, vom ökonomischen zum ökologischen System.

Diese Ökologisierung der Ökonomie halte ich für sehr viel wahrscheinlicher als den manchmal vorzufindenen Versuch, die Ökologie zu ökonomisieren. Das mag gut gemeint sein, geht aber an der strukturellen Unvereinbarkeit der beiden Systeme vorbei. Die Prioritäten müssen neu gesetzt werden, und es ist wohl keine Frage, daß wir dem Überleben und damit Mensch und Natur den Vorrang einräumen müssen, alles andere wäre Selbstmord. Doch es müssen auch Strategien des Übergangs entwickelt werden. Mit der Innovations-Ökologie wird eine solche Transformation von der superindustriellen Gesellschaft zur umweltverträglichen Lebens- und Produktionsform eingeleitet. Welche Folgen und neuen Entwicklungen dies hat, muß heute noch exploriert werden, zum Beispiel so wie es Ernest Callenbach in seiner Vision skizziert.

VII. Ernest Callenbach: Meine Vision 2092

Da ich von Natur aus durchaus Optimist bin, stelle ich mir vor, daß die menschheitsgeschichtlichen Abläufe in den kommenden Jahrzehnten im besten Falle durch folgendes Szenario geprägt sein dürften: In vielen Ländern halten sich nach wie vor demokratische Regierungen an der Macht; langfristige Veränderungen werden keinesfalls durch Zwang, sondern durch die einsichtige Übernahme neuer Normen und Vorstellungen herbeigeführt; die Menschheit weigert sich, weiterhin als ferngesteuerte Sklaven moderner Ausprägung zu leben, und Kriegshandlungen werden begrenzter und seltener.

Überleben wir das 21. Jahrhundert, so wohl deshalb, weil der Grundanspruch unserer Gesellschaft nach ständig weiterem Wirtschaftswachstum durch die Idee der Tragfähigkeit unserer Entscheidungen abgelöst wird. Die allgemeinen Kriterien einer tragfähigen Ordnung sind im Grunde ja bereits bekannt. Ich habe sie in meinem Buch „Ökotopia“ geschildert und Lester Brown hat hierzu eine ausführliche Analyse und eine elegant ausgearbeitete Definition geliefert („unser Leben verläuft dann nach Kriterien der Tragfähigkeit, wenn wir unseren Kindern und Kindeskindern die Chance bewahren, auf diesem Planeten zu überleben“).

Natürlich bringt uns dieses Wissen nicht automatisch ans Ziel. Dennoch brauchen wir ein Ziel, da wir nur dann unsere Einstellungen und Handlungsweisen daraufhin zu überprüfen in der Lage sind. Hier nun meine Zukunftsvision einer tragfähigen Welt im Jahr 2092:

Fangen wir mit „einfachen“ Dingen an: In jedem Erdteil (auch im östlichen Amerika) wurden ursprünglich belassene beziehungsweise regenierte Gebiete, die groß genug sind, um die biologische Vielfalt zu erhalten, unter Schutz gestellt, gleichzeitig dienen weitaus größere Regionen als natürlicher Lebensraum, den sich Einheimische mit einer gleichgroßen Anzahl Einwanderer teilen: zum Überleben benötigt man Feuer, etwas Landwirtschaft, die Jagd usw.; diese Bilder entsprechen nun gar nicht den Vorschlägen, die den Buffalo-Commons-Indianern in den großen Präriegebieten im Westen der USA, wo die Farmer langsam aber sicher vertrieben werden, unterbreitet wurden, und unterscheiden sich auch von den tatsächlichen Gegebenheiten im Nationalen Uferpark „Golden Gate“. (Da viele Menschen mindestens etwa fünf Jahre lang in einem relativ ursprünglichen Ort leben möchten, werden die freien Plätze ausgelost.) Ein weltweit anerkanntes Gesetz über den Schutz bedrohter Tier- und Pflanzenarten sieht rigorose Strafen bei Verstößen vor. Fortwirtschaft und Fischerei erfolgen unter strikter Beachtung der ökologischen Prinzipien; wer diese mißachtet, wird mit jahrelangem Freiheitsentzug bestraft; Mitglieder von Ausführungskomitees werden aus dem Volk und nicht aus den Reihen der Industrie, die überwacht und kontrolliert wird, gewählt. Eine tragfähige Landwirtschaft hat sich durchgesetzt (sie zeichnet sich aus durch den niedrigen Einsatz von Pestiziden und eine hohe Arbeitsintensität sowie die Begrenzung der Erosion auf ein Minimum und einen positiven Nettoenergiefluß: es werden mehr Kalorien erzeugt, als bei der Produktion verbraucht werden). Eine gesunde Ernährung der Menschheit mit geringem Fleischanteil ist somit sichergestellt.

Auch im Jahre 2092 kann man einer tragfähigen Zukunft entgegensehen, da die Menschheit bereits Anfang des 21. Jahrhunderts an der wichtigsten ökologischen Notwendigkeit arbeitet: die drastische Reduzierung der Umweltbelastungen auf unserem Planeten. (Auf der Liste langfristiger Faktoren standen unter anderem: Ausrottung, UV-Strahlung, Ausdehnung von Wüstenflächen, Abholzung der Wälder und die globale Erwärmung der Erde.) Auf der Suche nach den wirtschaftlichen Ursachen in den reichen nördlichen Ländern zeigte sich, daß praktisch alle diese Umweltbelastungen in direktem Zusammenhang mit Wohlstand und Pro-Kopf-Verbrauch sowie der Bevölkerungszahl stehen. Jemand, der es sich leisten kann, über 15 000 km in den Urlaub zu fliegen, verschmutzt die Atmosphäre zehnmal so stark wie jemand, der nur 1 500 km weit fliegen kann; legen zwei Menschen diese Strecken mit dem Flugzeug zurück, verdoppelt sich die Umweltbelastung. Somit gilt die knappe Formel: Konsum = biologische Zerstörung. 1992 war der in den nördlichen Ländern verursachte Umweltschaden etwa fünfzigmal so hoch wie der durch arme Bauern aus südlichen Ländern verursachte.

Während dieser 100 Jahre sank der Pro-Kopf-Verbrauch in Amerika – ebenso wie in Europa und Japan – auf etwa die Hälfte des 1992 ermittelten Wertes; der Pro-Kopf-Verbrauch in anderen Industriestaaten, zu denen unter anderem Teile von Indien, China und Lateinamerika zählen, ist leicht gestiegen. Die Bevölkerungszahl in den reichen nördlichen Ländern ist wie in einigen westeuropäischen Ländern bereits 1992 (wie der Anteil der französischsprechenden Bevölkerung in Quebec) allmählich auf die Hälfte der 1992 festgestellten Zahl gesunken. Zusammen mit heroischen Verbesserungen in der Technik führte dies dazu, daß der Grad der Umweltbelastung durch nördliche Länder nun dem der südlichen Hemisphäre entspricht. Dennoch dürfte das Ziel einer wahrhaft tragfähigen Lebensweise noch nicht erreicht sein. Die eingetretenen Veränderungen fielen jedoch weit weniger einschränkend aus als befürchtet: in Amerika entspricht der Pro-Kopf-Verbrauch etwa dem von 1960 – man kann also nicht gerade von einer neuen Steinzeit sprechen. Die Ursache für das Umdenken und den Rückgriff auf bewährte Verhaltensmuster liegt sicherlich nicht im Öko-Altruismus; wir haben nur langsam, aber sicher begriffen, daß es außer Arbeit und Geldausgeben noch andere Beschäftigungsformen gibt, die unserem zeitlich begrenzten Dasein einen Sinn verleihen. Immerhin führten die ökologischen, persönlichen und ökonomischen Folgen eines Lebens als Konsumterrorist irgendwie dazu, daß wir der kommerziellen Gehirnwäsche der Nachkriegsjahre unsere Gefolgschaft verweigerten.

Der Grad der Umweltbelastung hängt natürlich weitgehend von der Art der eingesetzten Technologien ab. Die globale Wirtschaft arbeitet weitgehend mit Solartechnik. Rein technisch betrachtet, standen wir ja bereits 1992 direkt vor dem Zeitalter der Solarenergie: unter Berücksichtigung der militärischen Kosten für Öl zeichnete sich bereits deutlich ab, daß Umweltschutz, Sonnenwärme und Wind die günstigsten Energieformen darstellten, die längst weltweit angenommen worden wären, wenn dies nicht durch die Engstirnigkeit der Vorstandsgremien und nationalen Energiekommissionen, durch Bestechungsfälle bei der Kreditvergabe für die Dritte Welt, usw. verhindert worden wäre. Auch die Diskussion über das Transportmittel Auto war etwas, das nicht länger auf die lange Bank geschoben werden durfte. Es stellte sogar das größte Öko-Problem des 21. Jahrhunderts dar, und kein technisch aufgeklärter Mensch konnte die sozialen und umweltschädlichen Auswirkungen als gegeben hinnehmen. Erst als der militärisch-industrielle Komplex durch ein neues öko-industrielles Wirtschaftssystem abgelöst wurde und die Abhängigkeit von der Dreiermacht Fernstraße – Öl – Auto somit durchbrochen war, begannen Amerika und andere führende Wirtschaftsländer ernsthaft damit, den Trümmerhaufen der städtischen Zivilisation wiederaufzubauen. 1992 wiesen lediglich autofreie Zonen sowie Straßenbahnschienen in Deutschland daraufhin, daß es doch noch eine Zukunft geben könnte.

Im Jahr 2092 halten wir kompakte Ministädte mit ausgereiften Zugverbindungsnetzen sowie den Einsatz elektrisch oder durch Brennstoffzellen oder Alkohol angetriebener Taxis und Minibusse für selbstverständlich.

Dennoch gilt die Rückkehr der Eiszeit als wahrscheinlich, so daß die Menschheit gezwungen ist, eine neue Runde der Anpassung an die Umwelt einzuläuten. Zwischenzeitlich sind die Menschen des Jahres 2092 jedoch darauf aus, dem Überleben soviel Spaß wie möglich abzugewinnen. Schließlich ist die menschliche Rasse mit Verstand, Spontaneität, körperlicher Anziehungskraft und anderen erfreulichen Qualitäten gesegnet – Eigenschaften, die zum Großteil durch die Institutionen des industriellen Lebens verdreht und pervertiert wurden. Andererseits weist der Mensch auch andere, blutrünstige und von diesen Institutionen vielmals geförderte Eigenschaften auf. Erst jetzt, nachdem wir sichergestellt haben, daß die Erde für uns und zukünftige Generationen ein angenehmes Zuhause ist und bleibt, sind wir wirklich in der Lage, das Wunder unserer Existenz in diesem erstaunlichen Universum zu genießen.

Ein angenehmes und für unsere Rasse angemessenes Leben im Einklang mit diesen im Jahr 2092 vorherrschenden Prinzipien erfordert neue soziale, unseren Bedürfnissen angepaßte Institutionen, auch wenn diese in den Augen von Buchprüfern und Wirtschaftswissenschaftlern als „unproduktiv“ gelten. Im Jahr 2092 arbeiten wir ungefähr 20 Stunden die Woche und nehmen dafür gerne in Kauf, daß dies zwar zu Lasten unserer Kaufkraft geht, aber dafür umweltschonender ist. Wir arbeiten in Betrieben, die den Mitarbeitern gehören, und haben bei allen Entscheidungen Mitspracherecht, auch, was die ökologischen Konsequenzen unserer Produkte betrifft. Wir leben in Großfamilien, die nicht nur aus Familienangehörigen bestehen und uns größere emotionale Unterstützung und Anregung bieten als die geschrumpfte Kleinfamilie. Das Leben in den Städten, der Nachbarschaft und auch am Arbeitsplatz ist geprägt von Ritualen, Feiertagen, Tanz, Poesie und Musik. Wir gehen liebevoll mit unseren Kindern um und verbringen viel Zeit mit ihnen; wir bringen ihnen die Namen der Sterne bei und zeigen ihnen die Wege der Käfer sowie den Heimweg aus der Wildnis.

VIII. Anhang

a) Literatur und Quellen

Adler, A./Mackwitz, H.: Ökotricks und Bioschwindel. Wien, 1990

Alioth, A.: Entwicklung und Einführung alternativer Arbeitsformen. Bern, 1980

Altenkirch, W.: Ökologie. Frankfurt, 1977

Altrop Verlags- und Vertriebsgesellschaft (Hrsg.): Das alternative Branchenbuch. München, Ausgabe IV

Anderson, J. M.: Ecology for environmental sciences: Biosphere, ecosystems and man. London, 1981

Barth, W.-E.: Praktischer Umwelt- und Naturschutz. Berlin, 1987

Bateson, G.: Ökologie des Geistes, Frankfurt 1983

Bechmann, A.: Leben wollen. Anleitungen für eine neue Umweltpolitik. Köln, 1984

Beck, U./Offe, C./Fischer J. u.a.: Politik i.d. Risikogesellschaft. Frankfurt, 1991

Beckmann, A./Michelsen, G., Öko-Institut (Hrsg.): ,,Global Future – es ist Zeit zu handeln''. Freiburg, 1981

Berthel, J./Becker, F. (Hrsg.): Unternehmerische Herausforderung durch den Europäischen Binnenmarkt 1992. Berlin, 1990

Bick, H.: Ökologie. Grundlagen, terrestr. und aquat. Ökosysteme, angewandte Aspekte. Stuttgart, 1989

Bieter, W.: Mehr autonome Produktion, weniger globale Werkbänke. Karlsruhe, 1986

Birnbach (Hrsg.): Ökologie und Ethik. Berlin, 1980

Black, H./Kreibisch, R. (Hrsg.): Evolutionäre Wege in die Zukunft. Wie lassen sich komplexe Systeme managen? Weinheim, 1991

Bleicher, K.: Das Konzept integriertes Management. Frankfurt, 1991

Bossel, H.: Umweltwissen. Berlin, 1990

Böhret, C./Franz, P.: Technologiefolgenabschätzung. Institutionelle und verfahrensmäßige Lösungsansätze. Frankfurt, New York, 1982

Braunschweig, A.: Die ökologische Buchhaltung als Instrument der städtischen Umweltpolitik. Grüsch, 1988

Brandt – Report: Der Bericht der Nord-Südkommission, Köln 1980

Brödner, P.: Fabrik 2000: Alternative Entwicklungspfade in der Zukunft der Fabrik. Berlin, 1986

Bund für Umwelt und Naturschutz (Hrsg.): Umwelt-Bilanz. Hamburg, 1988

Cairncross, F.: Costing the Earth. London, 1991

Capra, F.: Das Tao der Physik, München 1985

Capra, F.: Wendezeit, München 1986

Crutzen, P. J.: Das Ende des blauen Planeten? München, 1989

Darwell, R. M.: Ecology and man. Dubuque, 1973

Drucker, P.: Die Chancen des Unternehmers von morgen. München, 1987

Dyllick, T.: Management der Umweltbeziehungen. Wiesbaden, 1989
Dyllick, T.: Ökologische Lernprozesse in Unternehmen. Bern, 1990
Elkington, J./Burke, T.: Umweltkrise als Chance. Wiesbaden, 1989
Fabian, P.: Atmosphäre und Umwelt. Berlin, 1984
Fassing, W.: Planungssysteme in der Umweltpolitik. Frankfurt/M., 1977
Fellenberg, G.: Ökologische Probleme der Umweltbelastung. Berlin, 1985
Fischer, J.: Ökologie im Endspiel. München, 1989
Flickinger, H. G./Summerer, S.: Voraussetzungen erfolgreicher Umweltplanung in Recht und Verwaltung. Göttingen, 1975
Foerster, H. v./Böhringer, H./Flusser, V. u.a. (Hrsg.): Philosophie der neuen Technologie. Linz, 1989
Förstner, U.: Umweltschutztechnik. Berlin, 1990
Freimann, J.: Instrumente sozial-ökologischer Folgenschätzung im Betrieb. Wiesbaden, 1989
Freimann, J.: Ökologische Herausforderung für die Betriebswirtschaftslehre. Wiesbaden, 1990
Frey, S.: Umweltökonomie. Göttingen, 1985
Furley, P. A./Newey, W.: Geography of the Biosphere. London, 1983
Günther, I.: Umweltberater/in im Betrieb. Würzburg, 1991
Gunter, G. (Hrsg.): Der kreative Weg. Kreativität in Wirtschaft, Kunst und Wissenschaft. Landsberg, 1990
Guth, B./Schmitt, S.: Bitsi – ein ökologisches Informationssystem auf der Basis semantischer Netze. Wien, 1986
Hammer/Hinterhuber/Kapferer u.a.: Strategisches Management in den 90er Jahren. Entwicklungstendenzen, Controlling, Human Ressources. Wien, 1990
Hansen, U./v. Brandt, A. (Hrsg.): Ökologisches Marketing. Frankfurt/M., 1988
Hartkopf, G./Bohne, E.: Umweltpolitik, Grundlagen, Analysen und Perspektiven. Opladen, 1983
Heinzelmann, R.: Umweltschutz. Frankfurt/M., 1991
Henderson, H.: Das Ende der Ökonomie, München 1985
Henderson, H.: Die neue Ökonomie. München, 1989
Höhler, G.: Virtuosen des Abschieds. Neue Werte für eine Welt im Wandel. Düsseldorf, 1989
Hopfenbeck, W.: Umweltorientiertes Management und Marketing. Landsberg/Lech, 1990
Horne, R. A.: The Chemistry of our Environment. New York, 1978
Huber, J.: Unternehmen Umwelt. Frankfurt/M., 1991
Immler, H.: Vom Wert der Natur. Wiesbaden, 1990
Institut für Recycling (Hrsg.): Abfall vermeiden. Frankfurt, 1989
Jänicke, M.: Wie das Industriesystem von seinen Mißständen profitiert. Opladen, 1979
Jansen, P. J./Moeschling, O./Rentz, O.: Quantitatives Modell für ökonomisch-ökologische Analysen. Meisenheim, 1976
Jarass, H. D.: Umweltverträglichkeitsprüfung bei Industrievorhaben. Köln/Berlin, 1987
Jungk, R.: Und Wasser bricht den Stein. München, 1988

Kantonale Handelskammer der Schweiz/Berner Handelskammer (Hrsg.): Umweltbrevier. Bern, 1988
Kirchgeorg, M.: Ökologieorientiertes Unternehmensverhalten. Wiesbaden, 1990
Koch, T. C./Seeberger, J./Petrik, H.: Ökologische Müllverwertung. Karlsruhe, 1986
Königswieser, R./Lutz, Ch.: Das systematisch-evolutionäre Management. Wien, 1990
Kreibich, R./Rogall, H.: Ökologisch produzieren. Beltz Sachbuch V., Weinheim, 1991
Kremers, W./Thiele, J./Wahl, F.: Neue Wege der Energieversorgung. Tübingen, 1982
Langbein, K. u.a.: Reportagen aus der Zukunft. Die sanfte Industriegesellschaft. Wien, 1991
Lengwiler C. (Hrsg.): Ökologie und Umweltschutz. Grüsch, 1989
Lutz, R. (Hrsg.): Bewußtseins (R)evolution/ÖKO-LOG-Buch 2. Weinheim, 1983
Lutz, R.: Die sanfte Wende. Berlin, 1987
Lutz, R. (Hrsg.): Frauenzukünfte/ÖKO-LOG-Buch 3. Weinheim
Lutz, R.: Ökopolis. München, 1987
Lutz, R. (Hrsg.): Pläne für eine menschliche Zukunft. Weinheim, 1988
Lutz, R. (Hrsg.): Sanfte Alternativen, ein ÖKO-LOG-Buch. Weinheim
Mann, R.: Das ganzheitliche Unternehmen. München, 1991
Matthöfer, H.: Energiequellen für morgen. Frankfurt/M., 1976
Maturana, Humberto R./Varela Fr. J.: Der Baum der Erkenntnis. München, 1990
Maturana, Humberto R.: Erkennen. Die Organisation und Verkörperung v. Wirklichkeit. Braunschweig, 1985
Meadows, D./Milling, P./Zahn, E.: Die Grenzen des Wachstums. Bericht des Club of Rome zur Lage der Menschheit. Reinbek, 1973
Merian, E.: Metalle in der Umwelt. Weinheim, 1984
Meyers Lexikon Verlag (Hrsg.): Meyers kleines Lexikon. Ökologie. Mannheim/Wien/Zürich, 1987
Müller, H. J.: Ökologie. Stuttgart, 1984
Müller-Wenk, R.: Die ökologische Buchhaltung. Frankfurt/New York, 1978
Müller, W.: Ökologische Industriegesellschaft. Heidelberg, 1990
Myers, N. (Hrsg.): GAIA – Der Ökoatlas unserer Erde. Frankfurt/M., 1985
Nebel, B. J.: Environmental Science – The World Works. New Jersey, 1981
Oberholz, A.: Umweltorientierte Unternehmensführung. Frankfurt, 1989
Odum, E. P.: Grundlagen der Ökologie, Band 1–2. Stuttgart, 1980
Öko-Institut e.V./Küppers, F. (Hrsg.): Betriebliche Umweltpolitik. Freiburg, 1989
Olschowy, G.: Natur- und Umweltschutz in der Bundesrepublik Deutschland. Hamburg, 1987
Organisation for Economic Co-Operation and Development/OECD (Hrsg.): Environmental Indicators. Paris, 1991
Organisation for Economic Co-Operation and Development/OECD (Hrsg.): The State of the Environment. Paris, 1991
Organisationsforum Wirtschaftskongreß e.V. (Hrsg.): Umweltmanagement im Spannungsfeld zwischen Ökologie und Ökonomie. Wiesbaden, 1991
Patzig, G.: Ökologische Ethik innerhalb der Grenzen bloßer Vernunft. Bonn, 1983
Pfriem, R.: Ökologische Unternehmenspolitik. Frankfurt/M., 1986

Priddat, B. P./Meran, J./Zundel, St./Institut für ökologische Wirtschaftsforschung (Hrsg.) Ökologische Ethik der Ökonomie? Kiel, 1978
Remmert, H.: Ökologie. Berlin, 1984
Rüdenauer, M. A.: Ökologisch führen. Wiesbaden, 1991
Ruske, B./Teufel, D.: Das sanfte Energiehandbuch. Reinbek, 1980
Salzwedel, J./Preusker, W.: Umweltschutzrecht und Verwaltung in der Bundesrepublik Deutschland. Bonn, 1983
Schemel, H.-J.: Die Umweltverträglichkeit von Großprojekten. Berlin, 1985
Schiesser, W.: Umweltschutz – Lebensschutz. Zürich, 1989
Schmid, H.: Informationsinstrumente zur Umweltplanung. Frankfurt/M., 1985
Schönwiese, C.-D./Diekmann, B.: Der Treibhauseffekt. Stuttgart, 1989
Schreiner, M.: Umweltmanagement in 22 Lektionen. Wiesbaden, 1988
Schumacher, E. F.: Small is beautiful, Die Rückkehr zum menschlichen Maß, Reinbek 1981
Schultz, J.: Die Ökozonen der Erde. Stuttgart, 1988
Schwager, S./Knöpfel, P./Weidner, H.: Umweltrecht Schweiz-EG. Basel/Frankfurt, 1988
Sietz, M./Sondermann, W.-D.: Umwelt-Auditing und Umwelthaftung. Taunusstein, 1990
Simonis, U. E. (Hrsg.): Ökonomie und Ökologie. Karlsruhe, 1988
Smith, R. L.: Ecology and Field Biology. New York, 1980
Spiegel-Verlag (Hrsg.): Die Globale Revolution/Club of Rome-Bericht 1991. Hamburg, 1991
Spindler, G. P.: Das Unternehmen in kritischer Umwelt. Wiesbaden, 1987
Spur, G./Mertins, K.: Die Neue Fabrik. Opladen, 1991
Steger, U. (Hrsg.): Umwelt-Auditing. Frankfrut/M., 1991
Steger, U.: Umweltmanagement. Wiesbaden, 1988
Strubel, O.: Gifte in unserer Umwelt. Stuttgart, 1989
Szallies, R./Wiswede, G. (Hrsg.): Wertewandel und Konsum. Landsberg/Lech, 1991
Traube, K.: Wachstum oder Askese? – Kritik der Industrialisierung von Bedürfnissen. Hamburg, 1979
Tschumi, P. A.: Umweltbiologie – Ökologie und Umweltkrise. Frankfurt/M., 1981
Umweltbundesamt (Hrsg.): Bürger im Umweltschutz. Berlin, 1979
Umweltbundesamt (Hrsg.): Was Sie schon immer über Umweltschutz wissen wollten. Stuttgart, 1981
Umweltbundesamt (Hrsg.): Was Sie schon immer über Luftreinhaltung wissen wollten. Berlin, 1983
Umweltbundesamt (Hrsg.): Was Sie schon immer über Abfall und Umwelt wissen wollten. Berlin, 1984
Umweltbundesamt (Hrsg.): Daten zur Umwelt. Berlin, 1984, 1987, 1989
Vester, F.: Vorsprung durch vernetztes Denken. München, 1991
Wagner, G.: Unternehmungen und ökologische Umwelt. München, 1990
Wagner, G. R. (Hrsg.): Unternehmung und ökologische Umwelt. Vahlen, 1990
Watzlawick, P.: Wie wirklich ist die Wirklichkeit? München, 1990

Watzlawick, P./Beavin, J. H./Jackson, D. D.: Menschliche Kommunikation. Bern, 1990

Weimann, J.: Umweltökonomie. Berlin/Heidelberg, 1990

Weizsäcker, von C. F. u.a.: Bilder einer Welt von morgen. Modelle bis 2009. Stuttgart, 1985

Weizsäcker, von E.U.: Erdpolitik. Darmstadt, 1989

Wicke, L./Hucke, J.: Der ökologische Marschallplan. Frankfurt/Berlin, 1989

Winter, Georg: Das umweltbewußte Unternehmen. München, 1990

Wöhlcke, M.: Umweltzerstörung in der dritten Welt. München, 1987

b) Spezielle Literaturliste Ökobilanz

Abbe, Stephan/Braunschweig, Arthur/Müller-Wenk, Ruedi: Methodik für Ökobilanzen auf der Basis ökologischer Optimierung. Bern, 1990

Ahlhaus, Otto: Packmittel aus Glas und Kunststoffen und ihre ökonomisch-ökologischen Vergleiche. 1990

Alber, Sebastian: Ökobilanzen von Verpackungssystemen – Theoretische Grundlagen. Wien, 1985

Alber, Sebastian: „Welche Verpackung ist umweltfreundlich? Nur Ökobilanzen können Klarheit in das Chaos bringen". Wien, 1985

Arbeitsgruppe Wärmedämmstoffe: Wärmedämmstoff – Der Versuch einer ganzheitlichen Betrachtung. Feldbach (CH), 1989

Little, Arthur, D.: Comparative Analysis of Selected Characteristics of Disposable and Reusable Diapers. Cambridge (USA), 1977

Little, Arthur, D.: Disposable versus Reusable Diapers: Health, Environmental and Economic Comparisons. Cambridge-Massachusetts (USA), 1990

Backmann, M.: Beverage Packages and Energy – A Compilation of different Investigation Results. In: Bridgewater, A./Lidgren, K. (Hrsg.): Energy in Packing and Waste. Berkshire (UK), 1983

Basler & Hofmann: Studie Umwelt und Volkswirtschaft. Bern, 1974

Bauer, Werner/Möller, Frank Joachim: Umweltverträglichkeit – Ein neues Kriterium im Verpackungswesen. 1989

Bechmann, Arnim: Stoff- und Energiebilanzen als Orientierungshilfe für umweltfreundliche Technologieentwicklung. Berlin, 1985

Bechmann, Arnim/Hofmeister, Sabine/Schultz, Steffanie: Umweltbilanzierung – Darstellung und Analyse zum Stand des Wissens zu ökologischen Anforderungen an die ökonomisch-ökologische Bilanzierung von Umwelteinflüssen. Berlin, UBA 1987

Berndt, Dieter/Küppers, Udo/Riedel, Andreas/Thiele, Markus: Zusammenhang zwischen Verpackung und Umwelt. Berlin, 1990

Beschorner, Dieter: ,,Ökobilanz: Entscheidungshilfe für eine umweltfreundlichere Wirtschaftsweise?''. Wiesbaden 1990

Binder, Andrea/Bruckner, Wilhelm u.a.: Ökobilanzen zweier Einkäufe. Wien, 1987

Bischoff, Ernst: Verpackung und Umwelt. Le Mont-Pèlerin (CH), 1990

Bischoff, Ernst: Ökobilanzen von Verpackungen. Le Mont-Pèlerin (CH), 1991

BMFT: Analyse des Energie- und Stoffeinsatzes zum Verpacken flüssiger Nahrungs- und Genußmittel. Bonn, BMFT 1981

Bojkow, Egon: Umweltdaten von Verpackungssystemen für flüssige Milchprodukte. Wien, 1988

Bojkow, Egon: Getränkeverpackungen und Umwelt. Berlin, Heidelberg, New York, 1989

Bousteead, Ian/Hancock, Gerry F.: ,,Energiebilanz und Recycling bei Glas- und PET-Getränkebehältersystemen''. Berlin, 1984

Braungart, M./Basil, J./Bujanowski, A./Eckert, B./Engelfried, J./Tiebler, Ch.: Environmental Impact Assesment in Industrialized Consuming Countries of the Transformation, Utilization and Disposal of Synthetic Materials competing with Natural Industrial Fibres. Hamburg, 1990

Braungart, M./Engelfried, J./Rehbock, H.: Die Nutzwertanalyse als Methode zur Bewertung von Stickoxidminderungstechnologien beim Einsatz in MVAs. Hamburg, 1991

Braungart, M./Fuchsloch, N.: Klimarelevanz der Abfallbehandlungstechnologien Verbrennung, Deponierung und Kompostierung unter besonderer Berücksichtigung der geplanten MVA Weißenhorn. Hamburg, 1989

Braungart, M./Fuchsloch, N.: Studie zu Abfall- und Energiebilanzen einer Müllverbrennungsanlage am Beispiel der MVA Weißenhorn. Hamburg, 1989

Braunschweig, Arthur: Ökologische Buchhaltung für eine Stadt. St. Gallen, 1984

Braunschweig, Arthur: Die ökologische Buchhaltung als Instrument der städischen Umweltpolitik. Chur, 1989

Brube, D./Krauch, H.: Ökobilanz von Operations- und Klinikmaterialien. Hohenstein, 1988

Brunner, W./Hansen, J./Hildesheimer, G./Huber, H./Huter, Ch./Schurter, E.: Umweltbilanz Flughafen Zürich. Zürich, 1991

Buchholz, S./Fahnel, P.: Umweltverträglichkeit von Verpackungen für Schulmilch. Landshut, 1990

Bundesamt für Konjunkturfragen: Ökoprofil von Holz. Zürich, 1989

Bundesamt für Umweltschutz: Ökobilanzen von Packstoffen. Bern, 1984

Christiansen, K./Grove, A./Hansen, L. E.: Environmental assessment of PVC and selected alternative materials. The National Agency of Environmental Protection: The Ministry of Environment, 1990

Coruaz, R. A.: ,,Rolle und Einfluß der Ökobilanz auf die Verpackung''. (CH) 1985

Dhillon, B. S.: Life Cycle Costing-Techniques, Models and Application. New York, 1989

Dyllik, Thomas: ,,Vom Öko-Produkt über die Öko-Information zur Öko-Bilanz. Der Beitrag der Managementlehre zur ökologischen Unternehmensführung''. In: Blick durch die Wirtschaft, 1989

Ecobalance: Comparison of the environmental effects of recycling and of the thermal exploitation of used plastic foils: an approach using the case of low density polyethylene foils used in agriculture. 1991

EMPA (Eidgenössische Materialprüfungs- und Versuchsanstalt); Forschungsinstitut für Absatz und Handel: Analyse Joghurt-Verpackung. St. Gallen, 1979

Fecker, Ivo: Was ist eine Ökobilanz? St. Gallen: EMPA, 1990

Feist, Wolfgang: Primärenergie- und Emissionsbilanzen von Dämmstoffen. Darmstadt, 1986

Fichtner Development: Umweltvergleich von elektrischen mit anderen Heizsystemen. Stuttgart, 1986

Franke, M./Thomè-Kozmiensky, K. J.: Umweltrelevanz der Verpackungen – Stand, Erkenntnisse, Tendenzen. Berlin, 1987

Freimann, Jürgen: Instrumente sozial-ökologischer Folgenabschätzung im Betrieb. Wiesbaden, 1989

Freudenberg, A./Kraus, J.: Die ökologische Buchhaltung an der evangelischen Akademie Bad Boll. Bad Boll, 1983

Gebler, Wolfgang: Ökobilanzen in der Abfallwirtschaft. Bielefeld, 1990

Gesellschaft für Verpackungsmarktforschung: Verpacken ohne Kunststoff. Ökologische und ökonomische Konsequenzen aus einem kunststofffreien Packmittelmarkt. Wiesbaden, 1987

Grahl, B./Podbielski, A.: „Kriterien für eine Weiterentwicklung praxisorientierter Öko-Bilanzen am Beispiel Verpackungsmaterialien". In: Verpackungs-Rundschau, 1990

Grießhammer, Rainer: Umweltengel – Umweltteufel. Freiburg, 1986

Grießhammer, Rainer: „Produktpolitik und Umweltzeichen". In: Informationsdienst Chemie und Umwelt, 1991

Groß, D./Kniffert, W.: Die ökologische Buchhaltung an der Akademie Hofgeismar. 1984

Hallay, Hendric: Die Ökobilanz – ein betriebliches Informationssystem. Berlin, 1989

Heinzel, R./Zimmermann, M.: Handbuch umweltschonende Großveranstaltungen. Berlin, 1990

Hofmeister, Sabine: Ökologische Ökonomie. In: Müllmagazin, 1990

Institut für ökologisches Recycling: Dokumentation zum Bundeskongreß Abfallvermeidung. Berlin, 1987

Institut für Produktanalyse und Umwelt: Bewertung der PET-Mehrwegflaschen im Massengetränkemarkt, insbesondere hinsichtlich ihrer Wiederverwertung, Wiederbefüllung. Klein-Umstadt, 1991

International Conference on Industrial Risk Management: Product life: The Overall Design. Life-Cycle-Engineering. Zürich, 1989

Jasch, C./Hegenbart, B./Hraude, G./Regatschnig, H.: Biopac-Plan Ökobilanz. Wien, 1991

Jenne, Helmut: „Ökobilanzen von Verpackungswerkstoffen im Vergleich". In: Verpackungsrundschau, 1991

Klöpffer, Walter: ,,Produktlinienanalyse und Ökobilanz – Methodische Ansätze zur rationalen Beurteilung von Produkten unter Umweltaspekten. IN: UWSF – Zeitschrift für Umweltchemie, 1991

Lehmann, Sabine: ,,Ökobilanzen und Öko-Controlling als Instrumente einer präventiven Umweltpolitik in Unternehmen''. In: Fleischer, G.: Vermeidung und Verwertung von Abfällen. Berlin, 1990

Lentz, R./Franke, M./Thomè-Kozmiensky, K. J.: ,,Vergleichende Umweltbilanz für Produkte am Beispiel von Höschen- und Baumwollwindeln''. In: Schenkel, W./Thomè-Kozmiensky, K. J.: Konzepte in der Abfallwirtschaft 2. Berlin, 1989

Liebich, M.: Bewertungsschema für Ökobilanzen. Zürich: MGB 1986

Marks, K. E./Massey, H. G.: Life Cycle Analysis Procedures and Technics: An Appraisal and Suggestions for Future Research. Santa Monica (USA) 1977

Mekel, O. C. L./Huppes, G.: Environmental Effects of Different Package Systems for Fresh Milk. Leiden, 1990

Migros: Systemvergleich Einweg-/Mehrwegverpackung. Zürich, 1979

Migros: Die Joghurt-Verpackung im Vergleichstest. Zürich, 1985

Möller, Frank-Joachim: ,,Umweltverträglichkeit von Produkten unter Berücksichtigung des Verpackungswesens''. Berlin, 1989

Mosthaf, Helmut: ,,Wie erstellt man eine Ökobilanz?''. In: neue verpackung, 1990

Mosthaf, Helmut: ,,Aufgabe und Struktur einer Ökobilanz''. In: Wirtschaftswissenschaftliches Studium, 1991

Müller-Wenk, Ruedi: Die ökologische Buchhaltung. Frankfurt/New York, 1978

Osterod, Stephan: Einführung einer Ökobilanz in einem Industriebetrieb. 1988

Pfriem, Reinhard: ,,Ökobilanzen für Unternehmen''. Frankfurt/New York, 1986

Pfriem, Reinhard: Ökologische Unternehmenspolitik. Frankfurt/New York, 1986

Podbielsky, A./Grahl, B.: Konzept zur Beurteilung von Verpackungsmaterialien. Bremen, 1989

Polack, Heinz: Ökobilanzen sprechen für Kunststoff – Objektivität ganzheitlicher Betrachtung. In: Der Lichtbogen, 1989

Prior, Valentin: Betriebliche Umweltinformationssysteme. Osnabrück, 1989

Procter & Gamble: Life Cycle Analysis for Packaging Environmental Assessment. Schwalbach, 1990

Rieckmann, Karin: Ökobilanzen. Studien und Faltblätter über Getränkeverpackungen im Vergleich. Freiburg, 1990

Schonert, M.: Vergleichende Bewertung der Umweltauswirkungen durch die Herstellung und Entsorgung von Schaumstoffen aus Polyethylen, Polystyrol und Polyurethan. Berlin, 1990

Schorb, Achim: Environmental profiles of industrial wipes, hand towels and protective clothing made from Cellulose, Paper, Plastic and Textile Material. Heidelberg, 1991

Schulz, Werner: ,,Betriebliche Umweltinformationssysteme''. In: Umwelt und Energie, 1989

Schwarz, Jutta: Ökologie im Bau. Bern/Stuttgart, 1991

Seidemann, Thomas: ,,Die Entsorgungsbilanz als Voraussetzung zur Bewertung komplexer Produkte''. Freiburg i. Br., 1991

Spreng, Daniel: Wieviel Energie braucht die Energie? Zürich, 1991

Stricker, Daniel: Die Stellung der Kunststofftechnologie im ökologischen Umbau der Industriegesellschaft. Berlin, 1990

Stricker, Urban: Perspektiven des Kunststoffrecycling. Berlin, 1990

Studentische Projektgruppe am FB 14 der TU Berlin: Stoff und Energiebilanzen – Ein Instrument zur Kontrolle und Einschätzung ökologischer Auswirkungen des Produktionsbereichs dargestellt am PVC-Werk ICI Wilhelmshaven. Berlin, 1984

Swissair: Ökobilanz Swissair. Zürich, 1991

Tellus-Institute: Environmental impacts of packaging production. Boston MA (USA), 1990

Thalmann, W. R./Humbel, V.: Herstellung von Papieren und Karton: Ökologische Bilanzbetrachtungen. Zürich, 1985

Thalmann, W. R.: ,,Öko-Ausweis für die Verpackungspraxis''. In: Verpackungs-Rundschau, 1988

Thalmann, W. R.: Herstellung von PVC: Ökologische Bilanzbetrachtungen. St. Gallen, 1989

Thalmann, W. R./Humbel, V.: Herstellung der Kunststoffe LD-PE, HD-PE, PVC und HI-PS. Ökologische Bilanzbetrachtungen. Zürich, 1985

Thalmann, W. R./Humbel, V.: Herstellung von Glas: Ökologische Bilanzbetrachtungen. St. Gallen, 1985

Thomè-Kozmiensky, K. J./Franke, M.: Umweltauswirkungen von Verpackungen aus Kunststoff und Glas. Berlin, 1988

Umweltbundesamt: Vergleich der Umweltauswirkungen von Polyethylen- und Papiertragetaschen. Berlin, 1988

Wachta, Hansjörg: ,,Umweltbilanzen – ein neues PR-Instrument''. In: Werbeforschung und Praxis, 1990

Walder, E./Hofstetter, P./Frischknecht, R.: Bewertungsmodell für Ökobilanzen. Zürich, 1991

Weßling, B.: Kunststoffe in der Umwelt. Problem oder Problemlöser? In: Kunststoffe, 1990

World Wildlife Fund: Conversation Foundation: Product Life Assessments: Policy issues and implications. Washington (USA), 1990

Wotte, Joris: Methoden zur Umweltverträglichkeitsprüfung. Bewertung von Verfahren und Erzeugnissen vom Standpunkt der abfallarmen und -freien Technologie. 1990

Zielonka, T./Wiemer M.: Umweltfreundliches Büro. Dortmund, 1990

c) Adressen: Organisationen und Institutionen

Allgemeiner Deutscher Fahrrad-Club e.V. (ADFC)
Am Dobben 91
28203 Bremen
Tel.: 0421 / 74052

Arbeitsgemeinschaft der Verbraucherverbände e.V. (AgV)
Heilsbacher Str. 20
53123 Bonn
Tel.: 0228 / 641011

Arbeitsgemeinschaft für Umweltfragen e.V.
Matthias-Grünewald-Str. 1–3
53175 Bonn

Arbeitsgemeinschaft Umweltschutz e.V.
Friedrich-Ebert-Ring 44
56068 Koblenz

Arbeitskreis ökologischer Forschungsinstitute (AGÖF)
Rheingasse 8–10
53113 Bonn
Tel.: 0228 / 630129

Arbeitskreis Umwelt, Gesundheit und Ernährung (AUGE)
Christian-Förster-Str. 21
20253 Hamburg
Tel.: 040 / 402697

Arbeitskreis Verkehr und Umwelt e.V.
Kirchstr. 4
10557 Berlin
Tel.: 030 / 3926164

Bund für Umwelt- und Naturschutz Deutschland e.V. (BUND)
In der Raste 2
53129 Bonn
Tel.: 0228 / 230081

Bundesdeutscher Arbeitskreis für umweltbewußtes Management (B.A.U.M.)
Tinsdaler Kirchenweg 211
22559 Hamburg
Tel.: 040 / 810101

Bundesforschungsanstalt für Naturschutz und Landschaftsökologie
Konstantinstr. 110
53179 Bonn

Bundesministerium für Umwelt, Naturschutz und Reaktorsicherheit
Kennedyallee 5
53175 Bonn

Bundesverband Bürgerinitiativen Umweltschutz e.V. (BBU)
Friedrich-Ebert-Allee 120
53113 Bonn
Tel.: 0228 / 233099

Bundesverband für Umweltberatung e.V. (BfUb)
c/o Gerd Adelmann
Prinz-Albert-Str. 43
53113 Bonn

Deutsche Gesellschaft für Sonnenenergie
Augustenstr. 79
80333 München

Die Verbraucher Initiative e.V.
Breite Str. 51
53111 Bonn
Tel.: 0228 / 65904

Deutsche Gesellschaft für Windenergie
Lawetzweg 3
22767 Hamburg
Tel.: 040 / 386629

Deutsche Umwelthilfe e.V.
Güttinger Str. 19
78315 Radolfzell

Forschungsinstitute für Umwelt-, Technologie- und Unternehmensführung (FUTURAS)
Stadtbahnstr. 100
22393 Hamburg
Tel.: 040 / 6015502

Fortbildungszentrum Gesundheits- und Umweltschutz Berlin e.V.
Kleiststr. 23–26
10787 Berlin

future e.V.
Kollegienwall 22 a
49074 Osnabrück

Gesellschaft für interdisziplinäre Technologie
Platzgasse 2
89182 Bernstadt
Tel.: 07348 / 6529

Gesellschaft für Strahlen- und Umweltforschung
Ingolstädter Landstr. 1
91465 Ergersheim

GFIT – Gesellschaft für interdisziplinäre Technologie mbH
Platzgasse 2
89182 Bernstadt
Tel.: 07348 / 6529

Greenpeace e.V.
Vorsetzen 53
20459 Hamburg
Tel.: 040 / 361 1208-0

IFEU – Institut für Energie- und Umweltforschung e.V.
Im Sand 5
69115 Heidelberg
Tel.: 06221 / 12956

Institut für ökologische Forschung und Bildung e.V.
Hafenweg 26
48155 Münster

Institut für ökologisches Recycling e.V. (IföR)
Kurfürstenstr. 14
10785 Berlin

Institut für Umweltkrankheiten
IFU-Forschungsgesellschaft für Umweltmedizin
Im Kurpark 1
34308 Bad Emstal

IÖW, Institut für ökologische Wirtschaftsforschung
Giesebrechtstr. 13
10629 Berlin
Tel.: 030 / 8826094

Katalyse-Institut für angewandte Umweltforschung
Engelbertstr. 41
50674 Köln
Tel.: 0221 / 235963

Ökobank e.G.
Bornheimer Landstr. 22
60316 Frankfurt
Tel.: 069 / 439534

Öko-Institut
Hindenburgstr. 20
79102 Freiburg
Tel.: 0761 / 36439
Prinz-Christians-Weg 7
64287 Darmstadt
Tel.: 06151 / 45018

Robin Wood
Postfach 102122
28021 Bremen
Tel.: 0421 / 500405

Umweltbundesamt (UBA)
Bismarckplatz 1
14193 Berlin
Tel.: 030 / 8903-0
Umwelttelefon: 030 / 8903-497

World Wildlife Fund (WWF)
Ökologiestation
Am Güthpol 9
28757 Bremen
Tel.: 0421 / 656662

Mitgliederinstitute der Arbeitsgemeinschaft ökologischer Forschungsinstitute (AGÖF)

AGAT Interdisziplinäre Arbeitsgruppe für angepaßte Technologie
Menzelstraße 13
34121 KASSEL (0561) 8045308
- Nahrung/Landwirtschaft
- Behausung/Wohnen, Bauen
- Verkehr
- Energie

Analytisches Labor Aachen
Lothringer Straße 105
52070 AACHEN (0241) 509575
- Wasser, Abwasser- und Klärschlammuntersuchungen (zugelassen vom RP Köln zur Untersuchung von Abwassereinleitungen nach § 60 LWG und zur Klärschlammuntersuchung nach Klärschlammverordnung)
- Trinkwasseranalysen
- Düngemitteluntersuchungen
- Gutachten und Beratung über Altlasten

Arbeitsgemeinschaft Hydrogeologie und Umweltschutz
Bachstraße 62–64
52066 AACHEN (0241) 509364
Beratung und Planung
- Grundwassergewinnung, Grundwassererkundung, Grundwassererschließung, wasserwirtschaftliche Planung, Grundwassermodelle
- Grundwasserschutz, Abfallagerung, Untersuchung kontaminierter Standorte, Schutzzonen, Risikoanalysen
- Grundwasser und Vegetation: Untersuchung von Vegetationsveränderungen, Beweissicherung, Risikoanalyse

Arbeitskreis Alternativenergie Tübingen
Postfach 1169
72001 TÜBINGEN
- Folgenabschätzung für Energiesysteme
- kommunale Energiekonzepte
- Biogaskonzept für Landwirtschaft/Verkehr
- Kosten-Nutzen-Rechnung rationeller Ernergieanwendung
- Energieberatung
- Rechenmodelle für Energieeinsparung durch Wärmedämmung/aktive und passive Sonnenenergienutzung

Arbeitskreis Chemische Industrie
Palmstraße 17
50672 KÖLN (0221) 245211 / 239121
- Probleme der Energiepolitik
- Braunkohlenutzung
- Waldsterben-Gegenmaßnahmen
- Folgen der Chemieproduktion

Arbeitskreis Natur und Gesellschaft e.V.
Leobener Straße, Wohnheim Mensa 4–7
28359 BREMEN (0421) 219364
- Optimierung eines auf ökologischer Basis entwickelten Gartenbausystems für feuchttropische Regionen im Amazonastiefland Perus

ARENHA Arbeitsgemeinschaft Energieberatung Hannover e.V.
Alleestraße 1
30167 HANNOVER (0511) 716001
- Energiegutachten
- kommunale Energiekonzepte
- Beratung
- ökologisches Bauen

Bremer Umweltinstitut für die Analyse und Bewertung von Schadstoffen e.V.
Wielandstraße 25
28203 BREMEN (0421) 76078
- Rückstandsanalysen von chlorierten Kohlenwasserstoffen in Wasser, Abwasser, Luft, Boden, Nahrungsmitteln, Holz u. a. (speziell Rückstände von Holzschutzmitteln)
- Rückstandsanalysen von Phosphorpestiziden in Nahrungsmitteln
- Untersuchung von Schwermetallbelastungen in der Umwelt (Wasser, Boden, Lebensmittel u. a.)
- Untersuchung spezieller Umweltschadstoffe wie Formaldehyd, Nitrat u. a.
- Gutachten, Stellungnahmen, Publikationen, Beratungen, Erwachsenenbildung

ebök, Büro für Energieberatung und ökologische Konzepte
Dorfackerstraße 12
72074 TÜBINGEN (07071) 82529
- Energieberatung, Energiebedarfsberechnung, Auslegung von Heizanlagen
- passive und aktive Sonnenenergienutzung
- regionale Energiekonzepte
- Vorträge und Fortbildungsveranstaltungen zu den genannten Themen

Energie- und Umweltzentrum am Deister
Am Elmchenbruch
31832 SPRINGE-ELDAGSEN (05044) 380
Arbeitsschwerpunkte:
- Energieberatung, Gutachten, Planung von Energieanlagen
- Seminare in eigenem Tagungshaus zu Themen aus dem Umwelt- und Energiebereich (u. a. Kurse für Selbstbauinteressierte)
- Entwicklungsarbeiten auf den Gebieten Sonnenkollektorenbau, Wärme-Kraft-Kopplung, Verwendung umweltfreundlicher Baustoffe, Biogasanlagen
- Abwassertechnik, insbesondere dezentrale Klärverfahren (u. a. Teich- und Pflanzenverfahren)
- Wanderausstellung „Es geht auch anders“
- Verkauf umweltfreundlicher Produkte
- Verlag und Vertrieb von Büchern

Energiesparladen
Gartenstraße 2
90443 NÜRNBERG (09 11) 26 25 35
- Dichtung und Dämmung für vorhandene Bausubstanz
- Berechnung von Energieflüssen und Energieverbräuchen
- Rechnergestützte Energieberatung
- Solaranlagen und Solarzellen
- Wassersparer

Forschungs- und Informationsbüro Kollert & Donderer
Landweg 6
28203 BREMEN (04 21) 32 64 48
- Computergestützte Fachinformations-Vermittlung, Beratung bei Forschungs- und Entwicklungsvorhaben (FuE-Betreuung) u. a. zum Stand von Wissenschaft und Technik, zu Produkt- und Markt-Recherchen, Unternehmens- und Personendaten
- Expertenvermittlung
- Recherchen zu Energie- und Umweltfragen, Technikfolgenabschätzung, Literatur- und Datenbeschaffung

Forschungsarbeiten zu
- eingegrenzten Fragestellungen im Energie- und Umweltbereich
- Technikfolgenabschätzung

GFIT, Gesellschaft für Interdisziplinäre Technologie mbH
Platzgasse 2
891182 BERNSTADT (0 73 48) 65 29
Beratung, Planung, know-how, Spezialteile
- Bio- und Deponiegas, Gewinnung, Reinigung, Verwertung
- Sonnenenergie: thermische und elektrische Kollektoren, Speicheroptimierung, neuartige Steuergeräte
- Chemie: Analytik und Entwicklung umweltfreundlicher Produkte, Recyclingberatung

Gruppe Ökologie, Institut für ökologische Forschung und Bildung e.V.
Immengarten 31
30177 HANNOVER (05 11) 6 96 31 30
- Atommüllproblematik/Zwischen- und Endlager, Wiederaufbereitung
- ökologischer Landbau, Lebensmittelqualität, Rückstandbelastung
- militärische Aspekte der Kernenergienutzung
- Arbeitsplätze in Atomanlagen
- Probleme der Mülldeponierung, Abschätzung der Langzeitgefährdung von Mülldeponien, Sondermüllprobleme

IBEK, Ingenieur- und Beratungsgesellschaft Kuhnle Spenk und Partner mbH
Zähringer Straße 41
76133 KARLSRUHE (07 21) 37 40 22
- ökologischer Umgang mit Müll
- Unternehmensforschung (Humanisierung der Arbeitswelt/EDV)
- Alternativ-Ökonomie
- Unternehmensberatung (konventionelle und kollektive Unternehmen)

IBEK, Büro Bremen
Waterbergstraße 11
28237 Bremen (0421) 647944
- Nutzung regenerativer Energiequellen
- rationelle Energieverwendung
- angepaßte Technologie für die Dritte Welt

Ifes, Institut für Energieplanung und Systemanalyse
Wermelingstraße 13
48147 MÜNSTER (0251) 272260
- Analyse und Vergleich bestehender und geplanter Energiesysteme in bezug auf ihre Auswirkungen auf Mensch und Umwelt, ihr Gefährdungspotential und weitere Technologiefolgen
- Erstellung von Konzepten zur rationellen und möglichst umweltverträglichen Energiepolitik
- Erstellung von Nahwärmekonzepten
- systemanalytische Betrachtungen und Erarbeitung von Lösungskonzepten im Bereich Müllentsorgung, Wasserhaushalt
- Bewertung von Technologie – Technikfolgenabschätzung, Umweltverträglichkeitsprüfung

IFEU, Institut für Energie- und Umweltforschung e. V.
Im Sand 3
69115 HEIDELBERG (06221) 12956/10101
Ökosystem-Forschung:
- kommunale und regionale gesamtökologische Konzepte
- genetische Überlebenssicherung gefährdeter Tier- und Pflanzenarten
- Risikoanalysen und Technologiefolgenabschätzung

Abfallwirtschaft:
- Müllvermeidung
- kommunale und regionale Abfallwirtschaftsplanung
- Umweltgutachten zu Müllverbrennungsanlagen

Luftreinhaltung:
- Schadstoffbelastung und Belastungsminderung
- Emissionen von Kraftwerken und Autoverkehr

Energie:
- kommunale und regionale Energiekonzepte (alternative, regenerative und umweltverträgliche Energiequellen)

Umweltökonomie:
- Kosten-Nutzen-Analyse von energie- und abfallwirtschaftlichen Einzel- und Gesamtmaßnahmen

IföR, Institut für ökologisches Recycling e.V.
Kurfürstenstraße 14
10785 BERLIN
- Müllvermeidungskonzepte
- Erarbeitung von Informationsmaterial und kommunalen Konzepten zur Durchsetzung von müllreduzierenden Maßnahmen
- Durchführung von Vorträgen, Seminaren und Beratung im Bereich Hausmüll und Recycling

IFUA, Institut für Umwelt-Analyse e.V.
Eckendorfer Straße 10
33609 BIELEFELD (0521) 321241
- Umweltanalytik: Untersuchung von Wasser, Boden und Lebensmitteln auf Schadstoffe
- physikalisch-chemische und biologische Dienstleistungen
- Beratung und Gutachten in den Bereichen Umweltchemie/Toxikologie
- Bildungsarbeit und Verbraucherberatung

INCO, Ingenieurcollectiv
Gottfriedstraße 16
52062 AACHEN (0241) 22761
- Entwicklung, Konstruktion und Fertigung von Maschinen, Geräten und Anlagen unter Beachtung ökologischer Gesichtspunkte
- Analyse und Folgeabschätzung technischer Prozesse, Erstellung von Simulationsprogrammen
- Beratung in Fragen des Maschinenbaus (z. B. Geräuschminderung, Wärmerückgewinnung, Sicherheitstechnik etc.)

Institut für angewandte Biologie
Kirchweg 17 c
21614 BUXTEHUDE (04161) 85506
- Schadstoffanalysen
- Trinkwasseranalysen
- faunistische und floristische Kartierungen
- Gewässergüte-Untersuchungen
- Bildungs- und Öffentlichkeitsarbeit
- Bürgerberatung zu Umweltfragen

Institut für Baubiologie-Ökologie
Holzham 25
83115 NEUBEUERN (08035) 2039
- Herausgabe des Fernlehrgangs Baubiologie
- Redaktion der Zeitschrift „Wohnung und Gesundheit"
- Herausgabe der Schriftenreihe „Gesundes Wohnen"
- baubiologische Forschungsprojekte

Institut für ökologische Chemie e.V.
Hilbringer Straße 2
90469 NÜRNBERG
Geschäftsstelle: Königstraße 125
90762 FÜRTH (0911) 745051
- chemische Analysen, Schadstoffbeurteilungen
- chemisch-ökologische Forschung
- Gutachten, Beratung, Berechnungen und Prognosen im Chemiebereich, speziell bei Emissionen, Immissionen, Genehmigungsverfahren (BlmSchG, TA Luft, Wasserrecht)
- ökologiepolitische Beratung und Bildung
- Probleme des Technologietransfers in die Dritte und Vierte Welt
- Arbeiterschutz, Verbraucherschutz
- Wissenschaftstheorie („soziale Naturwissenschaft")

Institut für ökologische Forschung und Bildung e.V.
Hafenweg 26 b
48155 MÜNSTER (02 51) 66 10 35
- Jugend- und Erwachsenenbildung
- Entwicklung methodisch-didaktischer Bildungskonzepte, Medien
- Entwicklung und Vertrieb von Umweltspielen für Unterricht und Freizeit
- Recyclingberatung sowie Erprobung einfacher Selbstbautechnologien in der Energiegewinnung
- Buch- und Spiele-Verlag

ISIS, Institut für Sozialökologie und Interdisziplinäre Studien e.V.
Zähringer Straße 41
76133 KARLSRUHE (07 21) 37 40 22
- Wirtschaftsforschung
- Beratung örtlicher Beschäftigungsinitiativen

KATALYSE, Umweltgruppe e.V.
Engelbertstraße 41
50674 KÖLN (02 21) 23 29 23
- wissenschaftlicher Journalismus
- Gutachtertätigkeit
- wissenschaftliche Informationsvermittlung durch online-Verbindung mit allen wissenschaftlichen Datenbanken
- Labor für Umweltanalytik
- Wasser-, Boden-, Luft-Proben
- Rückstände in Lebensmitteln
- Schadstoffe in Produkten

MAUS, Meßstelle für Arbeits- und Umweltschutz per Adr. Fachbereich Physik
Universität Bremen
28359 BREMEN (04 21) 2 18 24 33 / 2 18 22 13
- Verbraucher- und Arbeiterberatung
- Messungen u. a. von Schwermetallen und Radioaktivität in Luft, Boden, organischen Substanzen
- amtlich anerkannte Meßstelle nach § 26 BImSchG

ÖKO-Institut, Institut für Angewandte Ökologie e.V.
Hindenburgstraße 20
79102 FREIBURG i. Breisgau (07 61) 3 64 39
Energie:
- Energieversorgungskonzepte
- Wirtschaftlichkeitsuntersuchungen
- Umweltauswirkungen von Energiesystemen

Atomenergie:
- Risikountersuchungen kerntechnischer Anlagen und ihre Auswirkungen auf den Menschen und seine Umwelt; Leichtwasser- und Hochtemperaturreaktoren, Wiederaufbereitungsanlagen, Endlagerung

Chemie:
- Bilanzierung von Schadstoffen und Schadstoffströmen
- Abschätzung der Risiken von Anlagen und Produkten für Beschäftigte, Bevölkerung und Umwelt

Wirtschaft:
- ökologisch orientierte Wirtschaft
- Branchen- und Produktfolgenuntersuchungen
- Regionalentwicklungsfragen

Technologiefolgenabschätzung
Gentechnik
Zeitschrift „Öko-Mitteilungen" und zahlreiche Publikationen

Öko-Projekt, Verein für sanfte Technik und biologischen Anbau e.V.
Herwarthstraße 22
50672 KÖLN (02 21) 52 58 55
- Aufbau eines Ökologie-Zentrums
- Informationsbörse „Ökologie"
- alternative Formen der Energiegewinnung
- Solar- und Bioarchitektur
- Entwurf und Planung von Bildungsprogrammen
- Durchführung von Kursen, Workshops, Wochenendseminaren, Bildungsurlaub
- biologischer Anbau

ökos, Beratergemeinschaft für angewandte Ökologie
Quellenstraße 20
CH-8005 ZÜRICH (00 41-1) 44 38 47
Tätigkeitsbereiche:
- Toxikologie von Chemikalien in der Umwelt und am Arbeitsplatz
- Pestizidökologie und -toxikologie
- Umweltverträglichkeitsprüfungen von Anlagen und Stoffen
- umfassende Risikoanalysen von Stoffen, Prozessen und Anlagen
- Lufthygiene und allgemeine Schadstoffökologie
- ökologische Gewässerschutztechnologien
- ökologische Strategien in der Abfallbewirtschaftung
- ökologische Stadt- und Regionalentwicklung

In diesen Bereichen führen wir folgende Arbeiten aus:
- Konzeption, Planung und Durchführung von wissenschaftlichen Untersuchungen und Gutachten
- Planung und Auswertung von chemischen Analysen
- Immissionsanalytik (Gas und Niederschläge)
- Kurse
- Presserohstoffe

OEKOTEC e.V., Gesellschaft für ökologische Technologie und Forschung
Jaderlangstraße 13
26349 JADE (0 44 83) 4 26
- Innovations- und Technologieberatung
- Technologiefolgenabschätzung und Umweltverträglichkeitsanalyse
- umweltfreundliche Konversionstechnologien zur Nutzung regenerativer Energiequellen wie Sonne, Wind und Biogas
- kommunale/lokale/regionale Abfallverwertungs-, Energieversorgungs-, Abwasserreinigungs- und Recycling-Konzepte, Wärme- und Emissionskataster
- ökologische Umweltgestaltung und Stadtsanierung

- klimagerechte und energiesparende Bau- und Architektur-Konzepte (Bio-, Öko- und Solar-Architektur)
- bauphysikalische, energie- und umweltschutztechnische Software-Verfahren

Oekotop, Gesellschaft für angepaßte Technologie in ländl. Entwicklungsgebieten
Paul-Lincke-Ufer 41
10999 BERLIN (030) 6124082
- angepaßte Technologie
- Energieberatung
- Biogasanlagen
- sozio-ökonomische Untersuchungen

Öko-Zentrum, Zentrum für angepaßte Technologie und Sozialökologie Langenbruck
Schwengistraße 12
CH-4438 LANGENBRUCK (0041-62) 601460
- passive Sonnenenergienutzung, Holzvergasung, integrale Energiesanierung (rationelle Energienutzung), Handlungskonzepte auf lokaler und regionaler Ebene
- „sanfte“ Abwasserreinigung, Aquakultur
- Entwicklungsländer
- Landwirtschaft
- Solararchitektur

Planungsbüro Dipl.-Ing. Peter Gehrmann, Verkehrsplaner
Grafenstraße 39
64283 DARMSTADT (06151) 27344
- alternative Verkehrskonzepte
- ÖPNV-Konzepte
- Alternativplanung zu konkreten Projekten
- Schienenverkehrsuntersuchungen
- verkehrstechnische Berechnungen und Entwürfe
- Beratung politischer Gruppen

Projektgruppe Energie und Gesellschaft
TU Berlin, Sektr. Ack 6
Ackerstraße 71–76
13355 BERLIN (030) 31472717 / 18 / 19
- Wärmedämmung, leitungsgebundene Versorgung, regenerative Energiequellen, energiewirtschaftlicher Handlungsrahmen der Energiepolitik
- Entwicklung der Siedlungsstruktur
- soziale Kosten des Autoverkehrs
- sanfte Energie und Arbeitsplätze

stadt und land, gesellschaft für raumpolitsche Forschung, planung und beratung e.V.
Hebbelstraße 15
24116 KIEL (0431) 554059
- Verkehrsplanung
- Freizeit und Fremdenverkehr
- regionale und lokale Energiekonzepte
- kommunale, regionale und sektorale Wirtschaftspolitik (ökologische Regionalentwicklung)
- Umweltschutz und Arbeitsplätze

– Stadtentwicklung
– Regionalplanung in Entwicklungsländern

SYNOPSIS, Institut de recherche alternative
Route d'Olmet
F-34700 LODEVE (00 33-67) 44 04 10
– Erprobung einfacher Selbstbautechnologien auf der Basis von wiederverwertbaren Materialien
– gesellschaftliche Folgen von Technik

UTEC, Ingenieurbüro für Entwicklung und Anwendung umweltfreundlicher Technik GmbH
Waterbergstraße 11
28237 BREMEN (04 21) 64 79 44
– Energiekonzepte und Systemplanung
– Energieberatung
– Nutzung regenerativer Energiequellen, Schwerpunkt Biogas
– Forschung, Detailplanung und Realisierung
– angepaßte Technik, Energiekonzepte und rationelle Energieverwendung in der Dritten Welt

UWI, Umweltwissenschaftliches Institut e.V.
Hauptmannsreute 45
70192 STUTTGART (07 11) 29 38 74
– Studien zu Energie/Verkehr/Chemie/Alltagsökologie
– Wissenschaft- und Technikfolgenabschätzung
– Politikberatung von Bürgerinitiativen

Verein zur Förderung der Ökologie im Bildungsbereich e.V.
c/o Michael Lohmann, Uphoven 10
48301 NOTTULN (0 25 02) 66 42
– Herausgabe der Zeitschrift „ökopäd"
– Veranstaltungen von Seminaren etc. zu Fragen einer ökologisch orientierten Bildungsarbeit
– Förderung einer qualifizierten Kommunikation und Zusammenarbeit von Organisationen, die in der Umwelterziehung tätig sind

Wagner & Co. GmbH
Aföller Straße 30
35039 MARBURG (0 64 21) 6 31 55
– Herstellung und Vertrieb von Solaranlagen
– Planung und Vertrieb von Wärmerückgewinnungs- und Regenwassernutzungsanlagen
– Herstellung von Meß- und Regeleinrichtungen
– Verlag und Vertrieb von Energiebüchern

Wartig Chemieberatung GmbH
Ketzerbach 27
35094 LAHNTAL-STERZHAUSEN (0 64 20) 5 50
Industrieberatung:
– Recycling
– Abwasser
– Umweltchemie
– Umweltanalyse

Zukunftswerkstatt, Future Lab Institute
Wulf-Rüdiger Lutz
Prof. Dipl.-Ing. M.A.
Bergstraße 19
31832 SPRINGE (0 50 41) 47 45
- Technology Assessment
- Umweltverträglichkeitsprüfung
- Öko-Design
- ökologische Umweltgestaltung
- Friedenspädagogik
- Futurologie
- Kommunikation
- Sozialökologie

Umweltrelevante Kongresse, Messen, Foren etc.

UTECH Umwelttechnologieforum
Berlin, Fortbildungszentrum Gesundheits- und Umweltschutz Berlin e.V.
Kleiststraße 23–26, 10787 Berlin

Organisationsforum Wirtschaftskongreß e.V.
Neumarkt 49, 50667 Köln

Europäische Umweltakademie,
Pröbstinger Alle 14, 34582 Borken

Institute for International Research,
Lyonerstr. 15, 60528 Frankfurt/M

Management Circle,
Schuhmannstr. 34 b, 60325 Frankfurt/M

Technische Akademie Wuppertal e.V.
Postfach 100409, 42004 Wuppertal

Europäische Umweltakademie, Köln,
Hohenstaufenring 16–18, 50674 Köln

Rationalisierungs-Kuratorium der Deutschen Wirtschaft e.V.
Sohnstraße 70, 40237 Düsseldorf

Verband der Betriebsbeauftragten für Umweltschutz e.V. VBU
Alfredstr. 77–79, 45130 Essen

Umweltberatungsgesellschaft A.U.G.E. m.b.H.
Christian-Förster-Str. 19
20253 Hamburg

Bundesverband Solarenergie e.V. (BSE)
Kruppstr. 5, 45128 Essen

Berufsbildungswerk des DGB Umwelt- und Naturschutz
Postfach 101527, 40006 Düsseldorf

GTU-Informatik im Umweltschutz
Pfingstweidestr. 11, 60316 Frankfurt/M

Umweltinstitut Offenbach G.m.b.H.
Frankfurter Str. 121, 63067 Offenbach am Main

Arbeitsgemeinschaft Fortbildung im Umweltschutz AFU
Postfach 3640, 76021 Karlsruhe

Institut für Ökologie und Unternehmensführung, European Business School
Schloß Reichartshausen, 65375 Oestrich-Winkel

Fachschule für Umweltschutztechnik
Am Teichfeld 5, 35066 Frankenberg

B.A.U.M., Bundesdeutscher Arbeitskreis für umweltbewußtes Management e.V.
Tinsdaler Kirchenweg 211,
22559 Hamburg

G.U.T., Gesellschaft für Umwelttechnologie
Christaweg 8,
79114 Freiburg

GWU, Gesellschaft für Weiterbildung im Umweltschutz mbH
Vor dem Celler Tor 46,
31303 Burgdorf

Förderkreis Umwelt, future e.V., Lengerich
Rahestr. 44, 49525 Lengerich

Institut für ökologische Wirtschaftsforschung (IÖW) GmbH
Giesebrechtstr. 13, 10629 Berlin

Umweltberatung aktuell, BUND-Landesgeschäftsstelle
Erbprinzenstr. 18, 79098 Freiburg

Zukunfts-Institut Barsinghausen, gemeinnützige GmbH
Wennigserstraße 1, 30890 Barsinghausen

Chemie-Umweltberatungs-GmbH
Karlstraße 19–21, 60329 Frankfurt/M

Arbeitsgemeinschaft PVC und Umwelt e.V.
Adenauerallee 45, 53113 Bonn

d) Elektronische Datenbanken

Chemical Safety Newbase
● Chemikalien in Betrieb und Labor; Sicherheit, gesundheitliche Risiken, Entsorgung; Abstracts aus internationalen Print-Medien und audiovisuellen Medien
Hersteller: The Royal Society of Chemistry
Host: FIZ Chemie Orbit Search Service

COMPENDEX
● Dokumentation umweltrelevanter Literatur aus dem Ingenieurswesen; Umwelt-, Verfahrens-, Meß- und Regeltechnik
Hersteller: Engineering Information Inc.
Host: Orbit Search Service. STN International

DBUM
● Online-Informationssystem für Umweltschutz (im Aufbau); umweltrelevante Produkte, Verfahren, Dienstleistungen
Hersteller: Deutsche Bank AG, G.U.T. Gesellschaft für Umwelttechnologie mbH & Co. KG, Online Gesellschaft für Informationsvermittlung mbH
Host: FIZ Technik

DEQUIT
● Produktdatenbank; Herstellerverzeichnis; Lieferanten; Firmenaddressen auch aus dem Bereich der Verfahrenstechniken
Hersteller: DECHEMA, FIZ Chemie
Host: STN International
Anbieter: FIZ Chemie

DERES

● Forschung und Lehre zur chemischen Technik, Biotechnologie, Werkstoffkunde
Hersteller: DECHEMA, FIZ Chemie
Host: STN International
Anbieter: FIZ Chemie

DETEQ

● Produktdatenbank, Hersteller und Lieferanteninformationen aus dem Bereich der Anlagentechnik, Apparate, Maschinen etc. in bezug auf Umwelttechnologie
Hersteller: DECHEMA
Host: STN International
Anbieter: FIZ Chemie

EABAS

● Veröffentlichungen von Ergebnissen und Forschungsvorhaben zum Thema Umweltschutz, die von der EG-Kommission finanziert werden
Hersteller: EG-Kommission
Host: ECHO

ENERGYLINE

● Literaturnachweis, Themenschwerpunkt Energie: -nutzung, -politik, -wirtschaft
Hersteller: EIC/Intelligenca Environment Information Venter Inc.
Host: ESA-ISA. Orbit Search Service

ENREP

● Online-Verzeichnis von Forschungsprojekten im Rahmen der EG
Hersteller: EG-Kommission zusammen mit nationalen Projektkoordinationsstellen
Host: ECHO

ENVIROLINE

● Bibliographische Datenbank aus Wissenschaft und Umweltforschung; Luftverschmutzung, Abfallentsorgung, Umwelterziehung und weitere Bereiche
Hersteller: EIC/Intelligence Environment Information Center
Host: ESA-IRS. DIMDI. Orbit Search Service

FORKAT

● Nachweis über Förderungsmaßnahmen des Bundesministeriums für Forschung und Technologie
Hersteller: Bundesministerium für Forschung und Technologie, FIZ Karlsruhe
Host: STN International

HSDB

● Literaturauswertungen im Bereich der potentiell gefährlichen chemischen Substanzen
Host: DIMDI

NTIS

● Multidisziplinäre bibliographische Datenbank; Schwerpunkte: Umweltschutz, Umwelttechnik; Forschungsvorhaben, gefördert durch Mittel der US-Regierung
Hersteller: National Technical Information Service. FIZ Karlsruhe
Host: Orbit Search Service. STN International. ESA-IRS

PASCAL
● Literaturhinweise zu technischen, wissenschaftliche Disziplinen und zum Umweltschutz
Hersteller: Centre de Documentation Scientifique et Technique, Centre National de la Recherche Scientifique
Host: ESA-IRS

POLLUTION
● Auswertung weltweiter Literaturbeiträge zum Umweltschutz
Hersteller: Cambridge Scientific Abstracts
Host: Data-Star. ESA-RS.

SIGEDA
● Gefahrstoffdatenbank
Verlag: Ecomed Verlagsgesellschaft mbH
Postf. 1752
84910 Landsberg

SIGLE
● Informationssystem über Graue Literatur in Europa; Forschungsberichte, Konferenzbeiträge, Hochschulschriften etc.
Hersteller: EAGLE/Europäischer Verein für die Erschließung von Grauer Literatur
Host: STN International

UFOR/UFORDAT
● Informationen über Entwicklungs- und Forschungsprojekte in der Bundesrepublik, Österreich und der Schweiz; entspricht Umweltforschungskatalog des Umweltbundesamtes
Hersteller: Umweltbundesamt. FIZ Karlsruhe
Host: Data-Star. FIZ Technik, STN International

UMEDIA
● Umweltdatenbank der Wirtschaft; Übersicht über einschlägige Print- und elektronische Medien
Hersteller: Institut der deutschen Wirtschaft
Host: Institut der deutschen Wirtschaft

UMPLIS
● Umweltdatenbank zu verschiedenen Themenbereichen des Umweltschutzes
Hersteller: Umweltbundesamt Berlin
Host: Umweltbundesamt Berlin

UMPLUS
● Recherchemöglichkeit für diverse Umweltschutzbelange; Produzenten-, Hersteller-, Lieferantennachweise
Hersteller: Deutscher Sparkassenverlag GmbH
Host: Gesellschaft für Betriebswirtschaftliche Information (GBI)

Franz Zink

Wendezeit für Manager

Ullstein Buch 35353

Management

Um das Ansehen deutscher Managerkunst ist es derzeit schlecht bestellt. Die Schlaglichter der jüngsten Vergangenheit – der durch Hoechst ausgelöste Umweltskandal und die Ermittlungen der Staatsanwaltschaft gegen den VW-Hardliner José Ignacio López – lassen vermuten, daß Wirtschaft und Moral per se unvereinbar seien. Das Ende der Schonzeit hat aber begonnen, so der renommierte Wirtschaftsjournalist Franz Zink. Was kann, was muß getan werden, um die Glaubwürdigkeit der Wirtschaft zurückzugewinnen? Eine Lösung für diese Krise besteht darin, den Weg zu einem ganzheitlichen Management zu finden, das betriebswirtschaftlich effektiv und effizient vorgeht und dabei die gesellschaftlichen Belange achtet. Daß dies nur durch strukturell verankerte Kommunikationsformen auf allen Ebenen des Unternehmens gelingen kann, weist dieses Buch anhand konkreter Beispiele nach.